CAMDEN COUNTY LIBRARY
203 LAUREL ROAD
VOORHEES, NJ 08043

CCLS - RUTGERS

0500000662930 2

SPANISH 248.83 Abr
Abraham, Ken.
Levantate y pelea

LEVÁNTATE

Y

PELEA

D0874362

KEN ABRAHAM

CASA
CREACIÓN

DEC 1 9 2013

La mayoría de los productos de Casa Creación están disponibles a un precio con descuento en cantidades de mayoreo para promociones de ventas, ofertas especiales, levantar fondos y atender necesidades educativas. Para más información, escriba a Casa Creación, 600 Rinehart Road, Lake Mary, Florida, 32746; o llame al teléfono (407) 333-7117 en Estados Unidos.

Levántate y pelea por Ken Abraham
Publicado por Casa Creación
Una compañía de Charisma Media
600 Rinehart Road
Lake Mary, Florida 32746
www.casacreacion.com

No se autoriza la reproducción de este libro ni de partes del mismo en forma alguna, ni tampoco que sea archivado en un sistema o transmitido de manera alguna ni por ningún medio—electrónico, mecánico, fotocopia, grabación u otro—sin permiso previo escrito de la casa editora, con excepción de lo previsto por las leyes de derechos de autor en los Estados Unidos de América.

A menos que se exprese lo contrario, el texto bíblico ha sido tomado de la versión Reina-Valera © 1960 © Sociedades Bíblicas en América Latina; © renovado 1988 Sociedades Bíblicas Unidas. Utilizado con permiso.

Otra versión utilizada es la Santa Biblia, Nueva Versión Internacional ® NVI ® Derechos de autor © 1999 por Bíblica, Inc. ® Usado con permiso. Todos los derechos reservados mundialmente.

Las citas de la Escritura marcadas (LBLA) corresponden a La Biblia de las Américas, Edición de Texto, ©1997 por The Lockman Foundation. Usada con permiso.

Las citas de la Escritura marcadas (NTV) corresponden a la Santa Biblia, Nueva Traducción Viviente, © Tyndale House Foundation, 2010. Usado con permiso de Tyndale House Publishers, Inc., 351 Executive Dr., Carol Stream, IL 60188, Estados Unidos de América. Todos los derechos reservados.

Las citas de la Escritura marcadas (DHH) corresponden a la Biblia
Dios Habla Hoy, 2ª edición © Sociedades Bíblicas Unidas, 1983.
Usada con permiso.

La grafía y significado de los términos griegos corresponden a la
Nueva concordancia exhaustiva de la Biblia de Strong, de James
Strong, Editorial Caribe, 2003. Usada con permiso.

Traducido por: María Mercedes Pérez, María Bettina López y
María del C. Fabbri Rojas.
Revisión y edición: María del C. Fabbri Rojas
Director de diseño: Bill Johnson

Originally published in the U.S.A. under the title: *Stand up and
Fight Back*
Published by Charisma House, A Charisma Media Company,
Lake Mary, FL 32746 USA
Copyright © 2013 Ken Abraham
All rights reserved

Visite las páginas web del autor: www.kenabrahambooks.com

Copyright © 2013 por Casa Creación
Todos los derechos reservados

Library of Congress Control Number: 2012954466
ISBN: 978-1-62136-125-1
E-book: 978-1-62136-137-4

Nota de la editorial: Aunque el autor hizo todo lo posible por
proveer teléfonos y páginas de Internet correctas al momento de la
publicación de este libro, ni la editorial ni el autor se responsabilizan
por errores o cambios que puedan surgir luego de haberse publicado.

Impreso en los Estados Unidos de América
13 14 15 16 17 * 7 6 5 4 3 2 1

SPANISH
248.83
Abr

RECONOCIMIENTOS

L A REDACCIÓN DE un libro siempre es un proceso colaborativo y es bendecido el autor que tiene un buen equipo de asistentes con los que poder trabajar. Me incluyo en ese grupo porque el equipo de Charisma House y los amigos y la familia que me rodean y que me sostuvieron en oración mientras trabajé en este proyecto han ido más allá de lo que me hubiera podido imaginar. Estoy en deuda con todos ellos.

Agradezco especialmente a Michael Briggs, de Briggs Creative, quien reconoció la necesidad de este libro e inició este proceso. Conozco a Mike desde hace más tiempo del que cualquiera de los dos seríamos capaces de admitir, y valoro su opinión y su conocimiento del mundo editorial. Más importante aún, lo valoro porque es uno de mis mejores amigos. ¡Gracias, Mike! A cada persona que halle inspiración en estas páginas, que sean enormemente bendecidas, ahora y por siempre.

Un agradecimiento especial a Debbie Marrie y Adrienne Gaines de Charisma House por guiarme en todo el proceso editorial. Valoro su entendimiento espiritual y su deseo de producir un libro que rinda homenaje a Jesús y sea práctico y fácil de leer.

A mi sobrino, Brandon Bailey—que se interesó en este libro desde el principio y me ayudó a mantenerme en el buen camino aún cuando no tenía muchas ganas de seguir escribiendo, supervisando mis progresos, motivándome y alentándome a terminarlo—estoy verdaderamente agradecido. ¡Gracias, Brandon! Que este libro te ayude a "levantarte y pelear" espiritualmente.

CONTENIDO

Capítulo 1

ESTAMOS EN UNA PELEA

L O MÍO ES el amor, no la pelea. Así es como opera mi personalidad. Normalmente soy una persona tranquila; pocas veces pierdo el equilibrio y no me pongo nervioso fácilmente. Soy, de tres hermanos, el segundo, así que como la mayoría de los hijos del medio, mi rol en la familia es generalmente el de pacificador. Durante la mayor parte de mis años de escuela secundaria me esforcé por ayudar a la gente a llevarse bien. Incluso durante los turbulentos años sesenta y setenta, cuando iba a la universidad, estaba más interesado en construir puentes entre hermanos que en volar edificios. Todavía hoy no ando por allí buscando peleas sino que intento evitar el conflicto tanto como me resulte posible.

Pero en lo que concierne a nuestra vida espiritual, no tenemos opción. Ser cristiano significa que estamos envueltos en un conflicto, en una guerra espiritual entre los hijos de Dios y las fuerzas de Satanás. Como en cualquier guerra, lo queramos o no somos afectados.

Estamos en guerra contra el mal, un mal personal, un mal sobrenatural encabezado por el mismísimo Satanás. El diablo no es un gracioso personaje de dibujitos animados con cuernos que le sobresalen de la cabeza, que viste una malla roja y lleva una horquilla en la mano. No, el diablo es real, y es tu enemigo. Él ha enviado al mundo a sus mensajeros demoníacos para que

1

se te opongan y hagan todo lo posible para evitar que tú seas la persona que Dios quiere que seas.

La guerra está rugiendo en las ciudades y pueblos de toda la tierra. El frente no se limita a las áreas metropolitanas, aunque sin duda el diablo ha enviado grandes regimientos demoníacos a esos lugares. Fuerzas igualmente perturbadoras y destructivas han invadido también las zonas rurales. Además, la batalla no se limita a lo que podríamos vernos tentados a llamar "el patio de recreo del diablo": bares, librerías para adultos y tiendas de hechicería. La guerra ha atravesado las puertas de los gobiernos, escuelas, iglesias y hogares.

Lamentablemente Satanás está ganando victorias en muchos frentes. Está derribando personas como bolos, pateando fuera de la plataforma a numerosos líderes del reino de Dios. El diablo y séquito de demonios están destrozando amistades, matrimonios y otras relaciones familiares. Están dividiendo iglesias, minando el sustento de muchos creyentes, llevando derecho al infierno a algunos de tus amigos y familiares.

¿Qué vamos a hacer para impedirlo?

¡Es tiempo de levantarse y pelear! En el nombre de Jesús, por el poder de su Espíritu Santo que obra en nosotros, y por la sangre del Cordero, es hora de que cada uno de nosotros le digamos al diablo dónde debe irse. Dios nos está llamando dejar nuestra comodidad para convertirnos en guerreros de Cristo. Él quiere que aprendamos a ponernos toda la armadura de Dios, cómo vencer al maligno y desafiar a los poderes demoníacos que han capturado tantos sistemas mundiales, nuestras iglesias, escuelas, amigos y familiares.

Va a ser una pelea hasta el final, pendiendo de un hilo entre la vida y la muerte. El cielo y el infierno están literalmente en juego. No es broma. Es real. ¡Es una guerra!

"¡Basta! ¡Basta! ¡Basta!": Casi puedo oírte protestar. "Yo no me anoté para ir a ninguna guerra. No fui reclutado, y por supuesto no me ofrecí de voluntario. No confié en Jesús como mi Salvador y Señor para verme envuelto en una pelea que no comencé. Vine a Jesús para encontrar el amor, el gozo y la paz que escuché que Él podía darme. Todos me dijeron que podría tener 'satisfacción garantizada' aquí en la tierra, y que podría ir al cielo algún día, dentro de mucho tiempo, cuando muera. Nadie me dijo nada sobre pelear. ¡Y estoy seguro de que nadie me dijo que yo tendría que ir a la guerra!".

Me identifico contigo. Cuando recién puse mi confianza en Jesús, pensé que me había sumado a una fiesta eterna. "La vida cristiana es como una gran celebración", me decían mis amigos. No mentían ni trataban de engañarme. Pero, como yo, ellos no entendían que a pesar de que la vida cristiana está llena de gozo, paz, amor y alabanza a nuestro Dios, la verdadera fiesta no empezará hasta que Jesús vuelva y establezca su reino celestial. Hasta ese momento, aunque podamos disfrutar algunas celebraciones y respiros ocasionales, estaremos permanentemente en guerra.

Todo el que nace en el reino de Dios hereda el conflicto que ha estado rugiendo desde que Adán y Eva pecaron en el Jardín del Edén. Piensa en esto: los bebés que nacieron durante el bombardeo nazi de Londres en la Segunda Guerra mundial no pidieron estar involucrados en esa guerra. Solo despertaron una mañana mientras las bombas retumbaban a su alrededor. Los edificios se derrumbaban. El fuego y el humo llenaban el aire. Sonaban las sirenas. Había muerte y destrucción alrededor de esos preciosos bebés recién nacidos. Día tras día, noche tras noche, los aviones de Hitler zumbaban en sus tímpanos, y luego llegaban los horribles sonidos de más bombas que explotaban en el devastado distrito comercial de Londres.

Los bebés nacidos durante ese tiempo no escogieron pelear

contra Hitler y sus secuaces. Esos bebés heredaron un enemigo mortal, y Hitler odiaba a esos niños británicos tanto como odiaba a sus padres.

De la misma manera, tú has heredado una guerra contra el diablo y sus demonios. Adán y Eva te dejaron ese legado, mucho antes de que tus padres te concibieran. La guerra ya está en marcha; la única cuestión ahora es ¿te levantarás y pelearás?

Pero yo no quiero pelear

A la mayoría de nosotros no nos gusta pelear con el diablo. Eso es inteligente. Solo un tonto buscaría una confrontación con un ser sobrenatural demoníaco. Lamentablemente ese maléfico intruso ha venido a buscarte a ti, está tratando de violarte, robarte y hacerte pedazos en todas las maneras posibles. Él no juega limpio, y tampoco espera una invitación. Jesús lo llamó mentiroso, asesino y ladrón (Juan 8:44; 10:10). Es un matón y un embaucador. Puedes defenderte y aprender a tomar autoridad sobre él, o sentarte a ver cómo saquea y destruye tu hogar, tu familia y tu futuro.

Dios me ha bendecido con una familia maravillosa, con tres preciosas hijas y una increíblemente maravillosa nieta (la primera: ¿se nota?). Las amo profundamente y haría lo que fuera por ellas. Aunque por naturaleza no soy un peleador, si me despertara en mitad de la noche y descubriera un agresor en su habitación, créeme que no me quedaría a conciliar. No me dejaría estar, sereno ni despreocupado. Ni tampoco pensaría: "Bueno, supongo que este intruso tendrá una buena razón para estar en nuestra casa, invadiendo nuestra propiedad. Sin duda ha visto el amor y el gozo que se comparte entre los miembros de nuestra preciosa familia y ha venido para admirarnos o para traernos un regalo".

Eso sería absurdo. Me pondría furioso, y sea o no un peleador, sacudiría mis puños contra cualquiera que siquiera sospechara que pudiera ser una amenaza para mi familia.

Sin embargo, muchos de nosotros nos limitamos a mirar las incursiones satánicas en nuestros gobiernos, iglesias, escuelas, hogares o vidas personales como algo que debemos aceptar. ¡Oh no, no debemos aceptarlo! No debemos soportar esta opresión demoníaca en forma de dolencias, enfermedades inspiradas por demonios, depresión, desánimo, cierta clase de persecuciones y otras dificultades que traen el enemigo y su malvada pandilla. De acuerdo, no todos los desastres que sufren los cristianos son directamente atribuibles al maligno. No obstante, demasiados creyentes están dejándose golpear y maltratar por oposiciones demoníacas.

Muchos cristianos no entienden realmente quién es Jesús, quiénes son ellos en Cristo, ni cómo Jesús derrotó al diablo al morir en la cruz. Otros se preguntan por qué deben luchar si el diablo ya ha sido derrotado. Por consiguiente, cada vez que son atacados con golpes demoníacos, dan otro paso hacia atrás y esperan que los demonios se vayan.

No se irán.

Cada vez que retrocedes ante un golpe del diablo, dalo por descontado: recibirás otro golpe, probablemente más duro. Los demonios son como las moscas; pululan en la sangre que rezuma de las heridas frescas. Son como buitres, sobrevolando el cielo, esperando el momento oportuno para bajar en picada por su presa. La única manera de derrotar esas fuerzas demoníacas opositoras es levantarse y pelear. Cuando el enemigo está en la habitación, no alcanza con decir: "Bueno, Jesús ya es el vencedor; me daré vuelta y seguiré durmiendo". Tienes que levantarte y pelear.

¡Prepárate para la guerra!

La iglesia de Jesucristo no es un club campestre. Es un ejército. Desde luego, cuando recién conoces a Cristo, su iglesia te parece un santuario, un lugar donde puedes amar y ser amado incondicionalmente. Es un hospital donde puedes encontrar sanidad para los chichones y moretones que recibes al andar por la vida. Pero debes entender que la iglesia no es un lugar para esconderse; es donde te vendan, te alientan y luego te mandan de vuelta a la batalla contra el enemigo.

Desde la caída de Adán y Eva, Dios ha estado preparando a su iglesia para una guerra sin cuartel. Muchos guerreros valientes que han marcado el camino antes que nosotros ya se han encontrado en feroces batallas con el enemigo. Sin duda, en los días por venir experimentaremos la guerra espiritual más intensa que el mundo jamás haya conocido. Podremos ver algunas victorias de Dios de maneras que antes considerábamos más que imposibles, contra fuerzas que se creían impenetrables. A la vez, podremos experimentar algunos de nuestros peores contratiempos.

¿Por qué? Porque Satanás sabe que su tiempo es limitado. Jesús regresa pronto para una victoria final y definitiva. Él quebró el poder del diablo en la cruz del Calvario, y ya casi es tiempo de que lo arroje junto a sus demonios al lugar del tormento eterno. Hasta entonces, el enemigo está llevando a cabo un esfuerzo de última hora. Satanás está haciendo uso de todos sus recursos. Ahora, además de engañar sutilmente, lo hace abiertamente y entra en confrontación directa con los miembros del reino de Cristo. El diablo está tratando de destruir todo lo que pueda en este tiempo. No se detendrá hasta que todo el mundo quede sumergido en guerra: el conflicto final, conocido en la Biblia como la batalla de Armagedón.

Aunque sabemos que Jesús ya tiene la victoria, y la tendrá entonces, hasta ese momento debemos pelear. Las influencias demoníacas siempre han estado entre nosotros, pero como vemos que la batalla final entre el reino de Dios y el reino del mal se acerca, debemos esperar el derramamiento de una actividad satánica como ninguna otra que el mundo haya visto jamás. Ya hemos visto el crecimiento del ocultismo, con una abierta lealtad hacia Satanás, un renovado interés por la hechicería y el florecimiento de médiums, videntes, psíquicos y adivinos. Hemos estado observando cómo las falsas religiones siguen creciendo en fuerza y en cantidad.

El abuso infantil, la inmoralidad sexual, la homosexualidad, la pornografía y las películas, música y otros materiales inspirados por demonios son comunes hoy en día. La próxima vez que vayas al centro comercial presta atención a las tiendas que venden productos con tendencias demoníacas: todo, desde música, películas y revistas de historietas hasta video juegos. Es posible que te sorprendas al descubrir que muchos de estos productos incluyen el culto a deidades antiguas junto con sus personajes de ficción, temas y líneas argumentales. Muchos dibujos animados creados para los niños hacen lo mismo. Si bien algunas de estas formas de entretenimiento pueden ser inofensivas, otras pueden no serlo. La exposición frecuente a estos contenidos es el resultado, así como también la causa, de la actividad demoníaca en la vida de una persona. Una vez que se le abren las puertas, otros demonios toman ventaja de la oportunidad de ejercer sus influencias negativas.

LOS CRISTIANOS TAMBIÉN ESTÁN SUFRIENDO

Además de las áreas más obvias de ataque demoníaco mencionadas más arriba, muchos cristianos sinceros están sufriendo a causa de la actividad directa y opresiva de espíritus malignos. Mientras los eruditos sugieren interesantes teorías y los teólogos debaten sobre si un cristiano puede estar o no poseído por un demonio, oprimido por demonios, o endemoniado, muchas personas están enfrentando genuinos combates demoníacos en sus vidas cotidianas. Multitud de cristianos admiten estar esclavizados a sentimientos, pensamientos y acciones que saben que son incompatibles con su fe. Se sienten fuerte e irresistiblemente atraídos hacia el mal; a menudo repiten compulsivamente los mismos pecados que rechazan, ante los que se sienten impotentes. Con frecuencia este sometimiento se puede rastrear hasta una de dos áreas: la inmoralidad sexual o la rebelión contra la autoridad espiritual (especialmente autoridad de los padres). Con frecuencia tiene que ver con ambas.

Beth, una rubia menudita, "nacida y criada" en un hogar cristiano, comenzó a tener citas cuando tenía solo trece años. Para cuando tuvo quince, ya había tenido relaciones sexuales con varios muchachos. Comenzó a tomar bebidas alcohólicas y a consumir drogas más o menos al mismo tiempo. Para cuando tuvo dieciséis estaba enredada en una extraña relación con un joven que abusaba de ella verbal, física y sexualmente. Sin embargo, sentía que no podía alejarse de él. Se peleaban un sábado por la noche, pero el lunes a la tarde él se disculpaba, prometía que nunca más maltrataría a Beth, y ella lo perdonaba.

Los padres de Beth estaban fuera de sí. Habían hecho todo lo posible para educar a su hija de la manera que creían correcta. La amaban mucho y le habían dado todo lo mejor que podían comprar. La rebeldía de Beth no tenía ningún sentido para ellos. ¿Por qué se rebelaría tan agresivamente cuando sus padres habían sido tan buenos con ella? Ellos oraban por Beth constantemente y sumaban a otros miembros de su familia y círculo de amigos para orar por ella, pero la muchacha continuaba con sus patrones autodestructivos.

Sus padres la castigaban, no le permitían que viera a sus

amigos, y especialmente a su novio, pero ella se escapaba de la casa a la noche, y regresaba con frecuencia antes del amanecer, alcoholizada o drogada, alborotada y con muchos moretones. Su papá la llevaba a la escuela y la iba a buscar para intentar alejarla de la influencia negativa de sus mal llamados amigos. Una vez, después que el papá de Beth la dejó frente a la escuela, el novio de ella y varios de sus amigos rodearon su vehículo y amenazaron con matar a su papá si no dejaba de jorobar a su hija.

Nada que alguien dijera o hiciera podía disuadir a Beth de volver con su abusivo novio. Hasta que una noche, después de tomar unas cuantas cervezas con sus amigos, el novio de Beth "magnánimamente" decidió pasársela a sus compinches. Beth se resistió, y en la lucha que siguió, los amigos de su novio la violaron y casi la mataron. Cuando terminaron, la arrojaron en el jardín de su casa en las primeras horas de la mañana y se marcharon, riendo a carcajadas. Allí fue donde los padres de Beth la encontraron cuando salió el sol.

El papá de Beth estaba tan furioso que tomó del armario su rifle para cazar y comenzó a buscar a los matones que habían violado a su hija. Solo los gritos angustiados de Beth evitaron que se convirtiera en un justiciero. La mamá de Beth quería llamar a la policía, pero la muchacha se negaba a hacer la denuncia. Finalmente, después de los análisis que le hicieron en el hospital, accedió a ver a su pastor.

El pastor Reynolds, el ministro de la familia, era amable, canoso, y parecía un abuelo. Estaba consciente de la situación de Beth y había estado orando por ella durante algún tiempo. El pastor Reynolds sabía, sin embargo, que poco cambio duradero podría haber hasta que la misma Beth buscara liberarse de su atadura. Ahora, ese momento había llegado.

El pastor tenía plena convicción de que debido a la inmoralidad sexual de Beth y su uso de drogas, le había abierto la puerta a la relación demoníaca en su vida, proporcionándole así al enemigo un bastión de fácil acceso. Por ello el pastor le preguntó a Beth y a sus padres si estarían de acuerdo en reunirse con un equipo de hombres y mujeres cristianos para que los ayudaran a lidiar con los demonios que estaban ejerciendo una influencia tan poderosa sobre la vida de Beth. Ella y sus padres no conocían mucho sobre la actividad demoníaca ni lo que significaba ser libre de ella, pero confiaron en el pastor y accedieron.

El grupo se encontró en la iglesia un domingo por la tarde: Beth, sus padres, el pastor Reynolds, el pastor de jóvenes de Beth, dos ancianos de la iglesia, y varios hombres y mujeres con experiencia en liberación. El pastor Reynolds, un poco en broma, se refirió a los ayudantes extras como su "equipo de liberación".

Indicó a Beth y a los demás que era importante que comenzaran por arrepentirse de todo pecado conocido. Los padres de Beth pidieron a Dios que los perdonara por no haber sido buenos padres. Beth pidió a Dios que la perdonara por su comportamiento pecaminoso y por sus actitudes. Otros en el grupo también se arrepintieron de sus pecados.

Luego el pastor Reynolds le dijo al grupo que iba a hablar directamente con las fuerzas demoníacas que estaban influenciando a Beth. "Sal de la vida de Beth", dijo con una voz normal, pero con gran firmeza. "Ella no te pertenece más. En el nombre del Señor Jesucristo, te ordeno que salgas de ella y la dejes sola".

Con seguridad, tan pronto como el pastor Reynolds comenzó a reprender a los demonios, los ojos de Beth y sus rasgos faciales comenzaron a cambiar. Sus ojos adquirieron una mirada perdida, como si estuvieran contemplando algo en el fondo de la iglesia. Su cara comenzó a retorcerse y sus labios empezaron a temblar. Finalmente, con una voz que sonaba más como la de un hombre que como la de Beth, bramó: "No puedes tenerla. ¡Ella es mía!"

La mayoría de las personas de la habitación instintivamente retrocedieron, impactadas. El pastor Reynolds, sin embargo, se mantuvo firme y miró directamente a Beth a los ojos mientras le hablaba tranquila, pero enfáticamente. "Eres un mentiroso. Jesucristo es el Señor. Jesús venció a Satanás en la cruz, y tú estás derrotado junto con él. Deja ir a esta chica y sal de ella".

Beth vomitó encima del pastor Reynolds.

El pastor permaneció impertérrito. Le pidió a una de las mujeres que estaba orando junto con los otros miembros del equipo de liberación, que fuera a la otra habitación y le trajera algunas toallas de papel. Cuando regresó, el pastor se limpió con indiferencia el vómito y siguió hablándoles a las fuerzas demoníacas que estaban dentro de Beth como si nada hubiese pasado.

A diferencia de las sesiones de liberación representadas en las películas o en las novelas, esta llevó un buen tiempo. De hecho, duró horas. Las influencias demoníacas parecían ir y venir en la personalidad de Beth. Por momentos ella era mala y chillona; lanzaba lenguaje indecente al pastor y a sus padres. En otros momentos Beth era como siempre, normal. Los demonios que estaban dentro de ella respondían con mayor violencia cuando los miembros del grupo leían las Escrituras.

Durante un tiempo en el que Beth estuvo calmada, el pastor Reynolds le preguntó sobre el juego de collar y pulsera que llevaba puestos. Ambos eran de oro y tenían un dije con forma de estrella. "¿Dónde obtuviste ese colgante tan bonito?", le preguntó el pastor.

"Mi novio me lo regaló", respondió Beth sinceramente.

"¿Y la pulsera también?", preguntó el pastor con tranquilidad.

"Si, él me la dio también".

"Creo que sería mejor si te los quitaras", contestó el pastor Reynolds.

"¿Qué? ¿Lo dice en serio?", preguntó Beth con incredulidad.

"Sí. ¿Te importaría? No lo entiendo completamente, pero sé que a veces los dijes pueden ser símbolos satánicos. No tienen poder en sí mismos, pero los demonios los usan de la misma manera que nosotros usamos una bandera, como un recordatorio de nuestra lealtad. Podrás ponértelo de nuevo si no encontramos nada de qué preocuparnos".

De mala gana, Beth extendió sus manos hacia atrás de su cuello para desabrochar el colgante, pero cuando las manos llegaban a la altura de los hombros, ella gritó: "¡No puedo mover los brazos!".

El pastor Reynolds y el grupo se acercaron más a Beth y comenzaron a orar por ella en el nombre de Jesús, pero no le quitaron el collar ni la pulsera. "Creo que tu misma debes quitarte el collar y la pulsera, Beth", le dijo el pastor Reynolds. "Oraremos por ti y contra los demonios, pero tu misma deberás quitarte esas joyas".

"¡No puedo!", protestó.

"Sí, puedes", dijo el pastor Reynolds, "y debes hacerlo".

Durante los siguientes cuarenta y cinco minutos pareció como si Beth estuviera entrenando en un gimnasio haciendo ejercicios isométricos. Cuando levantaba los brazos para quitarse la cadena, era como si un observador invisible se los hiciera bajar. Cuando bajaba los brazos podía relajarse y descansar, pero apenas intentaba sacarse el collar o a la pulsera, encontraba resistencia.

Casi exhausta y con lágrimas que caían torrencialmente por su rostro, Beth gritó: "No quiero tener nada más que ver contigo, diablo. No quiero tus drogas. No quiero tu sexo. No quiero tu bebida. ¡No te quiero!". Y así estiró sus manos y pudo alcanzar su cuello, se desprendió el broche del collar y lo arrojó a través del santuario. Hizo lo mismo con la pulsera.

Casi de inmediato una preciosa calma vino sobre Beth. Se sentó en el suelo y comenzó a llorar suavemente, solo que estas eran lágrimas de gozo. Luego levantó sus manos y miró hacia arriba, y continuó repitiendo suavemente: "¡Gracias, Jesús! ¡Gracias, Jesús!".

Eso fue hace más de tres años. Desde entonces Beth ha experimentado algunos contratiempos además de varios encuentros con fuerzas demoníacas que intentaron regresar a su vida; el enemigo no cede el territorio fácilmente. Pero Beth se ha mantenido centrada en Jesús. Ahora, cuando llegan los ataques demoníacos, rápidamente llama a sus líderes espirituales para que oren por ella y con ella. Ha dejado el alcohol y las drogas y se comprometió a esperar hasta el matrimonio para tener relaciones sexuales. "Me siento como una virgen otra vez", dijo. "Dios me perdonó y borró todo mi pasado. Estoy limpia, y quiero permanecer así".

No es momento para ser ingenuo

Entiende, experimentar tentación sexual o un creciente deseo de ser independiente de la autoridad no es necesariamente algo pecaminoso. Pero cuando cedes ante expresiones sexuales inapropiadas o actitudes irrespetuosas hacia la autoridad, le ofreces al enemigo un punto de apoyo para que entre en tu vida. Sorprendentemente muchos cristianos reconocen que algo anda mal. Saben que por alguna razón sus vidas cristianas no están funcionando "bien". Sin embargo, como Beth, pocos sospechan la posibilidad de que haya una dimensión demoníaca en sus problemas. Por consiguiente, las fuerzas del diablo les siguen pasando por encima a muchos cristianos. Al no tener oposición, las influencias demoníacas no se van; amplían sus áreas de operación, tomando aún más terreno espiritual fuera de la persona que están atacando.

En este libro descubrirás cómo puedes discernir los ladinos mecanismos del diablo. Aprenderás a reconocer a Satanás tal y como es, cuáles son sus metas, cómo planea atacarte y cómo puedes armarte y defenderte para vencer las fuerzas del infierno. Encontrarás información sincera que te ayude a evitar abrir puertas que puedan dar al diablo la oportunidad de ejercer alguna influencia sobre tu vida. Examinarás también formas para discernir si alguien que amas está bajo una influencia demoníaca y qué puedes hacer al respecto. Principalmente, descubrirás que Jesús ha derrotado al diablo en la cruz, y que él puede vencer—y lo hará—diariamente en tu vida si le permites hacerlo.

Debo advertirte que algunas cosas que estás por encontrar pueden llegar a sorprenderte. Pueden agitar tu statu quo. Muchos cristianos contemporáneos han estado durmiendo con el enemigo por tanto tiempo que se han acostumbrado a sus influencias. Se sorprenden al darse cuenta de cómo el enemigo y su séquito los han hecho balancearse sobre el infierno, como marionetas con hilos, mientras las llamas arden cada vez más alto.

De alguna manera espero que este libro te haga enojar. Enojo por el pecado. Enojo hacia Satanás. Enojo por la manera en que ha engañado a tantos de tus amigos y miembros de tu familia. Anhelo que te enojes lo suficiente como para que hagas algo al respecto, suficientemente enojado como para que te pares y pelees en el poder del nombre de Jesús.

No estarás solo. Dios está levantando un ejército de hombres y mujeres que están dedicados a Jesucristo, que se mueven en el poder del Espíritu Santo y están recuperando el territorio que Satanás había robado. Se están poniendo toda la armadura de Dios, usando las armas y la autoridad que Dios les ha dado, y dicen: "Satanás, no vamos a aceptar más tus tonterías. Eres un mentiroso. No eres igual a Dios; no eres más que un ser creado, y Jesucristo te derrotó. Así que quita tus sucias manos de nosotros. Le pertenecemos a Jesús, y no tienes nada que hacer con la propiedad de Dios".

Como en cualquier guerra, no todos pelean en el frente de batalla. De hecho, muy pocos "soldados de infantería" blandirán sus espadas en un combate mano a mano con el enemigo, pero todos los miembros del ejército de Dios deben saber qué hacer y cómo hacerlo cuando sean atacados.

En lo que concierne a la guerra espiritual, la mayoría de nosotros estaremos detrás del frente de batalla. Dios necesita "doctores" y "enfermeras" que puedan tratar con compasión y amor a sus guerreros malheridos. Él nombra a algunos para que den aliento y ofrezcan palabras de inspiración. Él utiliza personas que oran por los que están en el frente de batalla intercediendo contra las fuerzas demoníacas de oposición.

Dios también utiliza personas que pelean a través de la alabanza. El verdadero poder espiritual se libera cuando el pueblo de Dios lo alaba, algo que todos podemos hacer. El enemigo odia oír esas alabanzas, y a pesar de que hace un escándalo, Satanás tiene el hábito de replegarse de cualquier sitio en el que se exalte el nombre de Jesús.

Como sea y donde sea que el Señor te llame para que participes en la guerra espiritual, tu principal preocupación debe ser la obediencia a su "voz de mando". No necesitas saber todas las respuestas, ni todas las preguntas para el caso. Tu respuesta simplemente debe ser: "Heme aquí, Señor, envíame a mí. Me reporto para el servicio donde quiera que sea para hacer lo que quieras que haga". Cuando lo obedeces, ganarás la batalla. "No con ejército, ni con fuerza, sino con mi Espíritu, ha dicho Jehová de los ejércitos" (Zacarías 4:6).

Así que ven. Permíteme darte algunos consejos que te ayudarán a estar listo para entrar en la zona de guerra. Pero primero, una palabra de advertencia…

Capítulo 2

LA SERPIENTE EN EL CÉSPED

ALGO NO DEBE estar bien en mi cerebro. La verdad es que disfruto al cortar el césped. De veras. Sé que te parecerá extraño, especialmente si consideras que cortar el pasto es una tarea realmente pesada. Quizás paso tanto tiempo encerrado en una oficina que salir al aire libre por una o dos horas me da placer, aunque eso implique empujar una cortadora de césped.

Un caluroso día de verano hace algunos años, cuando todavía empujábamos la cortadora de césped manualmente, estaba cortando el pasto tranquilamente cuando sentí que algo se envolvía alrededor de mi tobillo. No le presté mucha atención al principio y seguí empujando la cortadora algunos pasos más. Pensando que se me había desatado un cordón, hice una pausa por un momento, pero seguí cortando el pasto mientras le echaba una ojeada a mi calzado. Allí, para mi sorpresa, en lugar de un cordón desatado, había una serpiente azul grisácea envuelta en mi pierna.

Al tiempo que gritaba: "¡Agggggg!" (o alguna frase que sonaba espiritualmente como esa), empujé la cortadora de césped hacia adelante algunos pies, y sacudí la pierna para alejar a la serpiente. Luego, en un mismo movimiento, giré y agarré la cortadora, que seguía andando, y la atraje hacia atrás, encima de la serpiente, para cortarla en pedazos.

Tomé el tiempo suficiente como para asegurarme de que la

serpiente estuviera muerta (créeme, estaba muerta). Luego volví a encender el motor de la máquina y seguí cortando el resto del césped. Solo que ahora mis ojos estaban pegados al suelo. "Donde hay una serpiente, puede haber dos o tres más", pensé.

Es gracioso, pero antes de encontrarme con ese reptil azul grisáceo casi nunca había pensado que pudiera haber serpientes en nuestro jardín. Me encantaba cortar el pasto todas las semanas, me gustaba estar afuera, y saludaba a los vecinos mientras lo hacía, estaba totalmente ajeno a la existencia de serpientes azul grisáceas. Ahora, sin embargo, veo "serpientes" por todas partes: entre los arbustos, debajo de las piedras, entre la maleza. Estaba seguro de que nuestro jardín estaba infestado de serpientes. Palos y ramas que hubieran caído de los árboles me parecían serpientes. Las hojas que volaban en el césped y rozaban mis tobillos me hacían girar, alarmado.

Una dulce damita que encontré en la oficina de correos me dijo que a las serpientes no les gustan las bolas de naftalina. Eso me alcanzó. Me fui y compré un cajón de bolas de naftalina y rodeé el perímetro de nuestra propiedad con ellas. No estoy seguro de qué efecto surtió el olor de las bolas de naftalina en la población local de serpientes, ¡pero no volví a ver una polilla en meses! Y ningún amigo ni vecino llegó a visitarnos.

DOS EXTREMOS A EVITAR

Muchos cristianos responden del mismo modo a la guerra espiritual, inclinándose a exagerar o subestimar el asunto. Algunos cristianos siguen alegremente su paso por la vida, haciendo caso omiso a la existencia de la batalla sobrenatural que está rugiendo a su alrededor o al peligro inmediato de ser atacados. Mientras tanto, la serpiente se enreda alrededor de sus piernas, lista para hundirles los dientes en la carne cuando ella quiera.

Es comprensible que muchas personas se hayan "asustado"

por todo lo que se habló sobre los demonios en años recientes. En casi toda ciudad se puede encontrar a un grupo tildado de "loco" por la comunidad local porque intentan echar fuera demonios de cualquier lugar, desde salones de baile hasta guardabarros. Al no querer ser asociados con "esa" gente, muchos cristianos cometen el error de ignorar por completo la guerra espiritual. La idea de que: "Si no hablamos del diablo, ¡quizás se vaya!" es tan ridícula como decir: "Si no hablamos de la guerra nuclear, el racismo, la opresión política, o los inminentes desastres ecológicos, todas esas cosas que dan miedo desaparecerán". No, no lo harán. Cuando se trata de guerra espiritual, la ignorancia no es felicidad.

Satanás no se va a deslizar debajo de alguna piedra si lo ignoras. Debes sacudirlo de tu pierna, hacer que te deje tranquilo. El diablo no se va porque no creas en él. No te dejará simplemente porque tú lo dejes solo.

Por otro lado, algunos cristianos son como yo después de haber visto a la serpiente. Aunque solo era una serpiente en una parte del jardín, de repente comencé a ver "serpientes" por todos lados. Del mismo modo, algunos cristianos realmente experimentan genuinos encuentros sobrenaturales con el diablo o, más probablemente, con alguno de sus demonios. Pero luego comienzan a atribuir a los demonios todo o cualquier cosa más o menos mala que suceda en sus vidas. Al hacerlo, están renunciando a su propia responsabilidad por sus acciones y actitudes, que es exactamente lo opuesto a lo que enseñan las Escrituras.

Quizás hayas conocido personas que tienden a culpar a la actividad demoníaca por todo lo negativo que haya en sus vidas. Tienen un demonio de comer demasiado, o un demonio de fumar cigarrillos o de la lujuria o de las apuestas. Si fracasan en obtener una promoción en su trabajo, es porque un demonio estaba interfiriendo con su capacidad para pensar claramente (cuando convenientemente ignoran el hecho de que no se habían preparado adecuadamente para la entrevista y estuvieron haciendo un trabajo de mala calidad en el puesto que ocupan en ese momento). Si el auto no arranca, hay un demonio en el motor. He oído culpar a los demonios por cualquier cosa, desde una caries hasta cheques rechazados, pasando por la haraganería y la incapacidad para conseguir una cita para algún evento importante.

En lugar de hacer que esto lleve a la gente a creer en Dios (o en el diablo), el trivializar las influencias demoníacas hace que la mayoría de las personas no tomen en serio a ninguno de los dos. Al atribuir todo a los demonios, le hacen el juego al enemigo, haciendo sonar la actividad satánica como si fueran tonterías.

Por otra parte, muchos cristianos que se preocupan por los demonios parecen no llevarse bien con sus hermanos creyentes. Sus vidas están en conflicto constante con algo o alguien. La paz de Dios pocas veces se evidencia en ellos. En cambio, siempre están nerviosos, frecuentemente juzgan o critican a sus hermanos, siempre buscando pelea. Parecería que todos sus conocidos tuvieran un demonio de algún tipo.

John Dawson es un maestro de Biblia y autor cuyas reflexiones espirituales respeto enormemente. En el prólogo del libro de C. Peter Wagner, *Engaging the Enemy*, (Combatir al enemigo), John nos anima a tener cuidado y equilibrio en nuestras actitudes hacia la guerra espiritual:

Siempre ha existido el peligro ya sea de negar por completo la actividad demoníaca o de concentrarse demasiado en ella. Si adquirimos conocimiento del nombre y la naturaleza de un espíritu maligno y lo divulgamos abiertamente, el enemigo tratará de llevarse la gloria o de inculcar temor en los inmaduros. Josué advirtió a los israelitas sobre esta tentación: "No mencionéis el nombre de sus dioses" (Josué 23:7, LBLA). La fascinación malsana es un apetito carnal que puede llevarnos a tratar de descubrir el conocimiento oculto del mundo maligno. La Biblia dice en Romanos 16:19: "Quiero que seáis sabios para el bien, e ingenuos para el mal". Es verdad, Dios revela los secretos escondidos a sus amigos más cercanos. "La comunión íntima de Jehová es con los que le temen" (Salmos 25:14). Sin embargo, nuestro deseo debería estar centrado en el privilegio de conocer al mismísimo Dios.[1]

¡EL DIABLO NO TE HIZO HACERLO!

La verdad es que la mayoría de las cosas con las que lidiamos tú y yo en nuestra vida cotidiana no están inspiradas por demonios. Ellas pueden atribuirse a nuestra propia insensatez, defectos, debilidades, impedimentos físicos, caprichos, deslices o manías. Además, todos cargamos con algún tipo de bagaje emocional de nuestra niñez. Debajo de todo esto se encuentra el hecho de que nacimos en un mundo pecador y tenemos una naturaleza pecadora. Por ejemplo, nuestros padres jamás tuvieron que enseñarnos a ser egoístas; naturalmente buscamos el primer lugar.

Con nuestra innata inclinación a la autocomplacencia, es fácil sucumbir a las tentaciones del placer, la codicia, el orgullo, la lujuria o cualquier cosa que satisfaga nuestro interés personal. Ni siquiera se necesita una mínima provocación satánica ni un codazo para que nos dejemos llevar por nuestra carne. Estamos más que ansiosos de hacerlo solitos.

Cualquiera de estos factores puede convertirse en una herramienta que el enemigo use contra nosotros. Es como si un ladrón estuviera pasando por nuestra casa y viera las ventanas y las puertas abiertas de par en par, con todas nuestras posesiones más valiosas expuestas, sin ninguna protección, a la vista de todo el mundo. Nadie se sorprendería si ese ladrón entrara y se llevara tu propiedad.

Del mismo modo, cuando el enemigo de tu alma pasa y te ve desprotegido, distraído de lo que realmente importa, gastando la mayor parte de tus limitadas reservas espirituales luchando con pecados habituales o hablando mal de los demás, se ríe: "¡Qué bien! Este es un lugar para mí. Esta es mi clase de gente. Creo que podría quedarme por aquí un tiempo. Mejor aún, creo que me voy a mudar aquí y haré de esta mi casa".

Por otro lado, si tu vida está llena con el Espíritu Santo, el Espíritu de Jesús, cuando el diablo venga a golpear a tu puerta, Jesús la abrirá. Satanás reconoce instantáneamente a Jesús y sabe que no tiene poder para tocar lo que le pertenece a Él, así que se retira rápidamente. "¡Ups! Lo siento. Dirección equivocada. Por cierto, ¡barrio equivocado! De hecho, ¡debo estar en la ciudad equivocada! ¡Adiós!". Por supuesto, esto es una simplificación excesiva, pero brinda una representación precisa de lo que pasa cuando el diablo viene a llamar a un creyente lleno del Espíritu.

Nuestro Señor Jesús es mucho más grande y poderoso que Satanás y todas sus abyectas hordas del infierno combinadas. Si tu vida está humildemente sometida al señorío de Cristo y confiesas tus pecados cuando el Espíritu Santo te da convicción, si mantienes "las cuentas al día" con Dios, no tienes nada de qué preocuparte en cuanto al enemigo. Si confías en Jesús, "El Espíritu que vive en ustedes es más poderoso que el espíritu que vive en el mundo" (1 Juan 4:4, NTV). Eso significa que tienes tantas posibilidades de ser poseído hoy por un demonio ¡como de ser atacado por King Kong en el estacionamiento del centro comercial!

EL EQUILIBRIO ES LA CLAVE

Entiende, no estoy tratando de que te confíes demasiado ni de complacerte. Por el contrario, el propósito de este libro es ayudarte a que estés más consciente y más preparado para el conflicto sobrenatural que se está desarrollando a tu alrededor. Nuestra atención, sin embargo, debe estar siempre en Jesús, no en el diablo. A Satanás le gusta la atención, y cuando le damos demasiado crédito o le dedicamos mucho tiempo, el diablo se lleva la gloria más bien que Dios. Cuando eso sucede, el enemigo gana la batalla por defecto, porque ha logrado apartar nuestra atención de Cristo sin tener que hacer nada.

Evita el desorden. Si bien definitivamente no quieres ignorar las maquinaciones del enemigo, debes concentrarte en las prioridades de Dios para tu vida. Sus dos prioridades principales para ti son las mismas que para todo el mundo: (1) Él quiere salvar a todos los perdidos y a los que están muriendo sin tener una relación con Jesucristo (2) Quiere ayudar a su familia a "crecer" espiritualmente para que esté lista para pasar la eternidad con Él.

Por supuesto estas son precisamente las prioridades que Satanás espera impedir. Por consiguiente, cuando te concentras más y te dedicas a las prioridades que están en el corazón de Dios, es de esperar que encuentres oposición de parte de Satanás. Más aún, es seguro que chocarás con gente que está viviendo en esclavitud y necesita liberación. Cuando esto pase, puedes estar seguro de que esas fuerzas del infierno tratarán de ponerte obstáculos a tu paso cuando intentes que esos individuos sean libres, porque Satanás los tiene como rehenes.

Pero para ser eficaz en la guerra espiritual, como señala el autor Dean Sherman, necesitas estar "consciente del enemigo pero impactado por Dios. Jamás debe ser al revés. No deberíamos dejarnos impresionar por Satanás y solo ser conscientes de Dios. Si no ponemos cuidado, nuestras conversaciones pueden centrarse en el asombroso poder de las tinieblas, y en todo lo que el maligno esté haciendo...En realidad jamás deberíamos dejarnos atemorizar por lo que haga el enemigo, sino que debemos aprender a identificar lo que esté tratando de hacer en nuestras vidas. Debemos ser capaces de decir: `Esta es una jugada del enemigo' o: `El enemigo está detrás de esto'".[2]

¿ES SATANÁS O ES LA PIZZA?

A muchos cristianos se les hace difícil discernir si sus impresiones espirituales son de Dios, de Satanás, de las circunstancias, o de una severa indigestión por haber comido demasiada *pizza* la noche anterior. ¿Cómo puedes diferenciarlo?

Primero, Jesús dijo que conoceríamos su voz. Al compararse con un buen pastor, Cristo dijo: "Las ovejas oyen su voz; y a sus ovejas llama por nombre, y las saca... las ovejas le siguen porque conocen su voz. Mas al extraño no seguirán, sino huirán de él, porque no conocen la voz de los extraños" (Juan 10:3,5).

En caso de que alguien no hubiera entendido, Jesús fue aún más específico: "Yo soy el buen pastor; y conozco mis ovejas, y las mías me conocen... mis ovejas oyen mi voz, y yo las conozco, y me siguen" (Juan 10:14,27). Jesús estaba dejando bien en claro que si lo conocemos y tenemos una relación íntima con Él, no tendremos problemas en reconocer su voz.

Mi papá falleció en 1997, pero la mayor parte de su vida, cuando yo lo llamaba por teléfono, no necesitaba decir: "Soy tu hijo del medio, ¿me recuerdas?". No, Él reconocía mi voz al instante. Cuando mi papá me llamaba, jamás comenzaba una conversación presentándose. Por lo general, apenas levantaba el teléfono, escuchaba su voz resonando en la línea: "Ey, ¿cómo estás?". Jamás le pregunté: "¿Quién habla?". Inmediatamente reconocía su voz.

Del mismo modo, cuando tienes una relación íntima con Jesús, conoces su voz, y lo que es igualmente importante, en especial respecto a la guerra espiritual, sabes cuándo no es su voz.

Segundo, algunas personas tienen un legítimo don espiritual de distinguir o de "discernimiento de espíritus" como se menciona en 1 Corintios 12:10. Esto es más que mera intuición o conjeturas. Es una habilidad especial que otorga el Espíritu Santo a ciertos individuos. Como todos los dones espirituales, son para la edificación del Cuerpo de Cristo. Cuando se usa correctamente, el don suele ser un medio de gran bendición para el reino, ya que la persona que tiene ese don puede percibir sobrenaturalmente la influencia bajo la cual operan esos espíritus. Entonces esa persona, u otros que estén trabajando juntos en un ministerio de liberación, con frecuencia pueden dirigirse a los espíritus malignos por nombre y echarlos fuera de la persona endemoniada.

Si el don se utiliza mal, puede convertirse en un espectáculo barato, un insulto, o un error extremadamente destructivo. Después de todo, ¿cómo te sentirías si alguien dijera que puede reconocer demonios en ti, cuando no tienes ninguno?

Probablemente sea por eso que el Espíritu Santo no nos da el espíritu de discernimiento a todos. Él sabe que pasaríamos tanto tiempo buscando demonios en los demás que no haríamos nada para el reino de Dios. También pasaríamos tanto tiempo tratando de discernir falsos espíritus, que podríamos no ver los verdaderos espíritus demoníacos.

UN DON JUSTO A TIEMPO

Aunque no todos tenemos el don de discernimiento de espíritus, Dios muchas veces nos da una percepción espiritual y la sabiduría que necesitamos para lidiar con ciertas situaciones repentinas. Al comienzo de mi andar con el Señor, tocaba la batería para una banda de rock contemporáneo cristiana constituida por miembros de mi familia y algunos amigos. Una noche estábamos en un concierto evangelístico en un antiguo cine que antes había sido usado para proyectar películas pornográficas. El cine estaba oscuro y sucio y hubiera sido un lugar asqueroso para tocar aunque no hubiera habido espíritus malignos allí. Pero los había.

Descargamos nuestro equipo de sonido y los instrumentos y comenzamos a prepararnos para el concierto. Los miembros de la banda, uno por uno, empezaron a enfermarse. Todos sentíamos en el edificio algún tipo de presencia que nos dificultaba cada vez más respirar. Pese a ello, como éramos cristianos relativamente nuevos, con una experiencia muy limitada en guerra espiritual, ingenuamente seguimos trabajando, a pesar de la obvia presencia en el edificio.

Subí hasta el salón de proyección para ver si podía encontrar algunas luces extra para el escenario, pero el salón estaba vacío, excepto por algunos viejos carretes de alimentación desparramados por el piso. Cerré la puerta, me volví y comencé a bajar por las angostas y empinadas escaleras que salían de la sala de proyección. Pero al hacerlo, una fuerza poderosa—es la única manera en que puedo describirla—me dio un manotazo, arrojándome literalmente hacia atrás, con los brazos y piernas en cruz, sobre las escaleras. Me deslicé varios escalones sobre mi espalda antes de darme cuenta de lo que estaba sucediendo. Quedé aturdido e inmediatamente me enfermé del estómago, me tambaleé suavemente y con esfuerzo seguí bajando las escaleras del cine.

Junté al grupo y les dije: "Banda, necesitamos orar. Hay algo extraño en este lugar". No tuve necesidad de convencer a los otros miembros de la banda. Nos paramos en la sala y comenzamos a orar. Oramos por nuestra propia protección. Oramos por el concierto de esa noche y por las personas que asistirían allí. Entonces, a pesar de que ninguno de nosotros era un experto en guerra espiritual, el Señor dio a varios miembros del grupo el discernimiento de que debíamos orar contra la presencia maligna que había en ese lugar. Así lo hicimos. No fue una oración elaborada ni profunda. Éramos simplemente un grupo de jóvenes creyentes orando en el nombre de Jesús y tomando autoridad sobre la presencia demoníaca que acechaba en ese lugar. Mientras orábamos, todos sentimos cómo esa presencia salió del cine.

Esa noche tuvimos un maravilloso concierto, y al final en todo el frente de la plataforma había una ancha hilera de unas seis a diez personas, hombres y mujeres jóvenes que se arrepintieron de sus pecados, confiaron en Jesús como su Salvador y lo invitaron a tomar el control total de sus vidas. Mi hermano John todavía estaba predicando a la gente cuando de repente una joven entre los que buscaban comenzó a hablar en lenguas. En realidad sonaba más como si "chillara en lenguas". Ninguno de nosotros se hubiera alarmando si la mujer hubiera estado alabando al Señor en una lengua desconocida, pero era obvio que esa mujer no estaba exaltando a Jesús.

Yo estaba detrás de la batería, escuchando a mi hermano, mientras oraba atentamente por la audiencia, pero apenas oí la voz de esa joven, supe que ese arrebato no era de Dios. Salí de atrás de la batería dando saltos, tome un micrófono y hablé con tanta firmeza como fui capaz: "En el nombre de Jesús, ¡cállate! Nuestro Dios es un Dios de orden, y en este momento tú estás fuera de orden". La mujer se calmó instantáneamente, y el Señor se extendió a través de todo el cine con otro poderoso mover de su Espíritu Santo. Docenas de personas se acercaron al frente del salón para encontrar a Jesús.

A pesar de que yo no tengo el don de discernimiento de espíritus, de vez en cuando el Señor ha hecho algo similar a lo que hizo esa noche. Él me ha dado una habilidad instantánea e inusual para reconocer algo malo o bueno en el plano espiritual. Cuando la situación estaba encarrilada, el don desaparecía. Yo no podía buscar la próxima situación y esperar tener la misma percepción espiritual. Lo que sí podía, sin embargo, era hacer lo mismo que siempre se puede hacer cuando no se está seguro si algo es "del Señor" o si es una obra del diablo.

Cuando tienes dudas ¡pregunta!

¿Recuerdas la canción de la popular película *Los cazafantasmas*, que aparentemente era una comedia sobre al actividad paranormal? Si tienes que llamar a alguien, ¡no llames a esos muchachos!

Cuando necesitas saber si estás o no enfrentando una situación demoníaca, pregúntale solo a Dios. Él con gusto te hará saber si el diablo está obrando en tu medio. No tienes por qué andar tropezando en la oscuridad, preguntándote si deberías reprender algo, aceptarlo o ignorarlo. Pregúntale al Señor para que te haga saber qué es lo que está sucediendo en las circunstancias que estés enfrentando y que te muestre cómo debes responder. Luego, haz lo que Él te diga para derrotar al enemigo.

Ayuda, sin embargo, si sabes contra quién estas peleando y por qué.

Capítulo 3

¿DE DÓNDE VINO SATANÁS?

E STABA SENTADO EN un avión, de regreso a Nashville después de una difícil semana de encuentros evangelísticos en Pensilvania, donde había estado dando conferencias. Habíamos obtenido varias extraordinarias victorias espirituales aquella semana, pero el enemigo nos había atacado. Uno de los líderes de la iglesia resumió la semana cuando dijo: "Satanás ha tenido el dominio sobre esta iglesia y esta ciudad por años. Ahora, por fin, se ha roto". Yo sabía que tenía razón, pero también supe que habíamos estado en una íntima batalla con el diablo toda la semana.

Estaba completamente exhausto emocional y físicamente agotado mientras me hundía en mi asiento para leer un libro. Un joven que se sentó a mi lado se fijó en el título del libro y me preguntó: "¿Es usted cristiano?".

"Sí, lo soy", respondí, casi dormido.

"Qué bueno, hermano. ¡Encantado de conocerlo!", dijo aceleradamente. Me dijo su nombre y que era un estudiante de una prestigiosa universidad cristiana. Aunque estaba feliz de conocer a otro cristiano en el avión, en verdad no tenía muchas ganas de hablar con ese joven. Eso no importó. Él hablaba lo suficiente por ambos.

Escuché sus historias sin prestarle demasiada atención, haciendo todo lo posible por mantener el interés. Él me contó sobre su familia, su novia y sus planes ministeriales.

Yo asentía educadamente en todos los momentos apropiados. Estaba genuinamente feliz por el muchacho, pero estaba demasiado cansado como para ofrecer algún tipo de conversación emocionante.

El joven, sin embargo, despertó mi interés cuando comenzó a hablar de la guerra espiritual que se estaba llevando a cabo en el campus. "Satanás está trabajando horas extras en nuestra universidad", me dijo. "Justo hoy tuvimos una situación en la que tuvimos que echar al diablo fuera de un estudiante. Satanás ha estado molestando a nuestra universidad todo el año".

"Mmm, eso es interesante", pensé. Acabo de salir de una parte de Pensilvania en la que la congregación estaba luchando contra Satanás. Ahora este muchacho me dice que Satanás está vivito y coleando y causa estragos en un campus universitario en el otro extremo del estado". "Ese Satanás debe viajar rápido", reflexioné.

Cuando llegué a casa tarde, esa noche, encendí la televisión y miré un programa cristiano cuyo anfitrión hablaba sobre lo que Satanás estaba haciendo en ese preciso momento en su ciudad, casi a mil quinientas millas de Pensilvania. "¡Increíble!", pensé. "Parecería que el diablo estuviese en todas partes".

El gran predicador Billy Sunday acostumbraba preguntar a sus feligreses: "¿Cuántos de ustedes se han encontrado personalmente con el diablo hoy?". Si tan solo algunas personas levantaban las manos, Sunday bromeaba: "Bueno, si no se ha encontrado hoy con el diablo cara a cara, probablemente sea porque va en la misma dirección que él".[1] La mayoría de los miembros de la audiencia se reían, pero algunos tomaban las palabras de Sunday literalmente.

¿Alguna vez te has preguntado cómo Satanás puede estar en tantos lugares al mismo tiempo? La verdad es: no puede. Satanás es un ser creado; por lo tanto, él puede estar en un solo lugar a la vez. El diablo no es omnipresente como Dios, que sí puede estar en todos lados al mismo tiempo.

¿Cómo, entonces, puede el diablo estar en miles de lugares al mismo tiempo, plantando sugerencias malignas en las mentes de las personas y tentándolas a desobedecer a Dios? Satanás hace esto enviando a sus fuerzas demoníacas, ángeles caídos, a los distintos lugares de todo el mundo.

Nadie en la tierra sabe cuántos demonios tiene el diablo a su disposición, pero sí sabemos que el número es limitado. Satanás no puede crear nada, así que no tiene poder para producir más demonios. Debe arreglarse con los que tiene.

UNA GUERRA EN EL CIELO

La gran pregunta es: ¿De dónde vienen estos seres sobrenaturales y malignos? Obviamente Dios no los creó para que fueran el diablo y sus demonios. Todo lo que Dios creó era bueno (Génesis 1:31). Pero algo salió mal. De alguna manera, en algún lugar, aparentemente antes de la creación del hombre, hubo una rebelión en el cielo. Una poderosa criatura angélica llamada Lucifer—nombre que viene de la traducción latina de "lucero de la mañana" (Isaías 14:12, NVI)—condujo a un vasto ejército de ángeles que se oponían al Señor Dios. La Biblia cuenta pocos detalles de esta rebelión, pero un fuerte indicio sugiere que Lucifer fue el ángel que más tarde llegó a ser conocido como Satanás.

A pesar de que no se lo nombra específicamente, muchos estudiosos de la Biblia creen que Ezequiel 28:12,14 se refiere a Lucifer: "Tú eras el sello de la perfección, lleno de sabiduría, y acabado de hermosura…Tú, querubín grande, protector, yo te puse en el santo monte de Dios, allí estuviste".

Este pasaje profético parece tener un triple cumplimiento, en el futuro, en el presente y en el pasado. La referencia futura es a la "bestia", revelada en Apocalipsis 13:4, también conocida como el anticristo, que está bajo el control directo de Satanás. El cumplimiento contemporáneo de la profecía de Ezequiel señala al rey de Babilonia, el déspota que había saqueado Jerusalén y obligó al pueblo de Dios a exiliarse. El cumplimiento pasado se cree que es una referencia a Lucifer.

Lucifer debe haber sido una criatura bien parecida, ya que en la Biblia se menciona su hermosura, mientras que no se lo hace de la mayoría de los otros ángeles. Como Gabriel y Miguel, Lucifer tuvo el privilegio de estar frente a Dios, adorándolo y esperando sus instrucciones. Lucifer también era extremadamente sabio (Ezequiel 28:12).

Aparentemente Lucifer tenía gran participación en el programa de música del cielo, ya que las Escrituras llaman la atención sobre la preparación de los tamboriles y flautas (Ezequiel 28:13). El conocido líder de adoración LaMar Boschman cree que este texto bíblico implica que Lucifer dirigía la alabanza en el cielo.[2] De ser así, quizás eso explique en parte el interés de Satanás en la música. Él conoce más que cualquier otro ángel caído, el poder que la música puede tener en la vida de una persona, ya sea positiva o negativamente.

Otros eruditos creen que Lucifer era más un superguardián, una especie de agente del servicio secreto celestial, como sugiere la frase: "querubín grande, protector" (Ezequiel 28:14). El mismo Dios dio a Lucifer esa autoridad especial. Sin importar cuál haya sido exactamente su rol, Lucifer tenía acceso directo a Dios y una posición o cargo sin igual en el ámbito angelical.

No sabemos cuánto tiempo toleró el Señor la rebelión de Lucifer, pero sí sabemos que un día Lucifer fue echado de la presencia de Dios y sacado del cielo. ¿Por qué sucedió todo esto? ¿Qué hizo Lucifer que fuera tan malo? Una pregunta mucho más desconcertante es cómo el pecado puede existir en los cielos, un reino completamente carente de pecado. Más específicamente, ¿cómo pudieron pecar contra Dios los ángeles sin pecado?

La Escritura no lo dice. La Biblia simplemente establece ese registro como un hecho, similar al inexplicado: "En el principio Dios" (Génesis 1:1). No se intenta explicar la existencia de Dios; simplemente se la declara. De la misma manera, la caída de Lucifer y el nombre que tomó posteriormente, Satanás, es considerado como un dato por la mayoría de los escritores bíblicos.

De la misma forma en que nuestro Padre celestial nos creó como más que meros autómatas, o robots humanos que Él pudiera manipular a su antojo, Dios también dio cierto libre albedrío a sus ángeles. Hasta Lucifer y los otros ángeles tuvieron que escoger obedecerlo o desobedecerlo.

Los detalles de cómo Lucifer fue transformado de un ángel brillante y de alto rango en un asesino mentiroso y ladrón no se cuentan en la Biblia. Cualquier historia que puedas leer o escuchar que describa ese suceso estará basada en conjeturas o en la febril imaginación de alguien. Obviamente Dios no tenía la intención de que pensáramos demasiado en la caída del diablo, o nos hubiera dado más información.

Lo que sí sabemos, sin embargo, es que Satanás engañó a un gran número de ángeles de Dios para que lo siguieran, y al igual que su amo, estos ángeles fueron echados del cielo. La Escritura dice que la cola del gran dragón escarlata arrastró a "la tercera parte de las estrellas del cielo, y las arrojó sobre la tierra" (Apocalipsis 12:4). Muchos eruditos bíblicos creen que estas "estrellas caídas" hacen referencia a la despoblación que provocó el diablo en el cielo. En Apocalipsis 12:9 se explica que el dragón es "la serpiente antigua, que se llama diablo y Satanás, el cual engaña al mundo entero".

En ningún lugar en las Escrituras existe ni la más mínima insinuación de que Satanás y sus demonios vayan a ser salvos jamás, ni que se les vaya a permitir volver a entrar en el reino de Dios. Por el contrario, la Biblia está repleta de referencias a la destrucción final de Satanás, así como de todo el que lo siga. El apóstol Juan registra la última palabra sobre el diablo y sus endemoniados seguidores:

> Y vi a la bestia, a los reyes de la tierra y a sus ejércitos, reunidos para guerrear contra el que montaba el caballo, y contra su ejército.
>
> Y la bestia fue apresada, y con ella el falso profeta que había hecho delante de ella las señales con las cuales había engañado a los que recibieron la marca de la bestia, y habían adorado su imagen. Estos dos fueron lanzados vivos dentro de un lago de fuego que arde con azufre…Y el diablo que los engañaba fue lanzado en el lago de fuego y azufre, donde estaban la bestia y el falso profeta; y serán atormentados día y noche por los siglos de los siglos.
>
> —APOCALIPSIS 19:19-20; 20:10

El diablo y sus demonios saben que están condenados. Ellos odian a Dios y jamás se van a arrepentir, aunque tiemblan ante su inminente y eterno tormento en el lago de fuego.

ES UNA CUESTIÓN DE ELECCIÓN

Lucifer fue echado del cielo por su propia elección. Dijo: "Subiré al cielo; en lo alto, junto a las estrellas de Dios, levantaré mi trono, y en el monte del testimonio me sentaré, a los lados del norte; sobre las alturas de las nubes subiré, y seré semejante al Altísimo" (Isaías 14:13-14). Lucifer estaba afirmando que sería otro dios parecido al verdadero Dios, y hasta hoy, no ha cambiado de plan.

Pero Dios no iba a sentarse a mirar mientras Lucifer se rebelaba. Dios siempre ha castigado las rebeliones en su contra, y siempre lo hará. La Escritura sigue: "Mas tú derribado eres hasta el Seol, a los lados del abismo. Se inclinarán hacia ti los que te vean, te contemplarán, diciendo: '¿Es éste aquel varón que hacía temblar la tierra, que trastornaba los reinos; que puso el mundo como un desierto, que asoló sus ciudades, que a sus presos nunca abrió la cárcel?'" (Isaías 14:15-17).

Pronto, esta profecía se cumplirá por completo. Las personas que antes temían a Satanás y a sus huestes lo mirarán y dirán "¿Eso es todo lo que había para ellos?". Muchos cristianos están adoptando esa actitud ahora.

Steve hizo dos cortos viajes misioneros. Como parte de su viaje exploratorio, aprendió los principios básicos de la guerra espiritual, que incrementaron su fe y proveyeron una tremenda confianza a su vida espiritual.

"Hubo un tiempo", explicaba Steve, "en que me quedaba petrificado de miedo ante todo lo que tuviera que ver con el diablo o los demonios. Después aprendí quiénes son ellos—simplemente ángeles caídos, seres creados—y que incluso siendo un cristiano relativamente nuevo, con Jesús en el asiento del conductor de mi vida, tengo más poder sobrenatural a mi disposición que todos los demonios del infierno. Ahora, cuando el diablo o uno de sus demonios trata de molestarme, simplemente digo: «Oh, eres tú. En el nombre de Jesús, ¡vete de aquí!»".

Steve está en lo correcto. Aunque no queremos subestimar jamás al enemigo, muchas personas, inclusive los cristianos, piensan que Lucifer es como otro dios. Creen que Dios es el Dios del bien y Satanás el dios del mal; ven a Dios y a Satanás como iguales, pero opuestos. El diablo ha engañado a millones de personas para que crean esta mentira.

Entiéndelo: Dios y Satanás no están en el mismo nivel. Solo Dios es Dios. Él es el creador. Es eterno e infinito. Él es omnisciente (todo lo sabe); omnipotente (todo poderoso); omnipresente (está en todos lados al mismo tiempo) y soberano (tiene autoridad suprema).

Lucifer es simplemente un ángel caído: creado, finito y limitado en conocimiento y en capacidad. Él no lo sabe todo. No puede hacer todo. No puede leer tu mente. Es más, como mencioné antes, solo puede estar en un lugar a la vez.

Jesús se refirió a Satanás como el "príncipe de este mundo" (Juan 12:31), y el apóstol Pablo fue más allá al acusar al diablo diciendo: "El dios de este siglo cegó el entendimiento de los incrédulos, para que no les resplandezca la luz del evangelio de la gloria de Cristo, el cual es la imagen de Dios" (2 Corintios 4:4).

Aún así estaría mal suponer que Satanás tiene poder absoluto sobre la tierra. La historia de Job en el Antiguo Testamento muestra otra cosa. Satanás no pudo tocar a Job sin el permiso de Dios, e incluso así, no podía matarlo. Satanás tramó una serie de desastres para hacer que el "perfecto y recto" Job maldijera a Dios. Pero a pesar de que incentivó satánicamente una tragedia tras otra, Job siguió confiando en Dios, y el diablo fue derrotado en su vida.

¿Cómo puede ser entonces que Satanás sea el príncipe de este mundo? Él es el príncipe del sistema de pensamientos y valores de este mundo. Las palabras de Pablo en 2 Corintios 4:4 pueden leerse "dios de esta edad", que significa, como Pablo explica, que Satanás hace que la gente crea las mentiras que la ciegan a la verdad sobre Jesús. En otras palabras, el "reino" de Satanás está edificado sobre el engaño; él es el príncipe de una casa de naipes, que pronto se va a derrumbar.

¿Cómo puede Satanás ser tan estúpido?

Era ridículo que Satanás intentara usurpar la autoridad de Dios. Ni en un millón de años podría haber sido como Dios. Simplemente no es posible que un ser creado se convierta en su propio Creador. Dios es Dios, y nada en el universo se puede comparar con Él. Por supuesto que los seres humanos fueron hechos a su imagen, pero las personas, aún haciendo su mejor esfuerzo, no pueden saberlo todo, ni ser todopoderosas, ni pueden ser capaces de estar en más de un sitio al mismo tiempo. Cuando la Escritura dice que fuimos hechos a imagen de Dios, se refiere a una imagen moral que debemos reflejar, no a sus características físicas.

Si era tan imposible que Lucifer se volviera como Dios, ¿por qué lo intentó? La respuesta se puede encontrar dentro de cada uno de nosotros. Todos hemos intentado algo similar; hemos tratado de ser el amo de nuestro propio universo, el capitán de nuestro barco, el jefe, el mandamás, la mujer o el hombre número uno. Como quiera que lo llamemos, cuando nos determinamos en nuestros corazones a vivir sin Dios, cuando decimos: "Yo no necesito a nadie más en mi vida", lo que en realidad estamos diciendo es: "Yo puedo ser mi propio dios. Soy el ser más importante de mi universo".

Lo que hizo Lucifer, el poderoso arcángel, fue absurdo. Pero igual, nosotros, seres débiles, finitos, sujetos a todo, desde el cáncer hasta la demencia, pasando por el acné, creemos que podemos manejar nuestras vidas sin Dios. ¡Qué mentira! ¡Qué arrogancia! Tratar de vivir sin Dios es tratar de ser Dios. Este absurdo e insensato orgullo entró en el corazón de Satanás, y, lamentablemente, todos hemos sido expuestos a él. Es una enfermedad extremadamente contagiosa.

¿QUÉ HAY EN UN NOMBRE?

En años recientes el nombre de Satanás se ha utilizado frecuentemente como burla. Comediantes como Flip Wilson ("The devil made me do it!" [¡El diablo me hizo hacerlo!³]) y la tristemente célebre "Mujer de la iglesia" de Saturday Night Live, Dana Carvey ("Could it be…Saaa—tan?"⁴ [Puede haber sido Saaa—tanás]), han trivializado el nombre del diablo. Los terroristas islámicos han tildado a los Estados Unidos y a Israel como "el gran Satanás" y el "pequeño Satanás". Sin duda que al diablo no le molesta. Después de todo, si puede mantenerte riendo y poniendo el reflector sobre su existencia, o confundiendo respecto a su rol en las relaciones internacionales, tú estarás pobremente preparado para defenderte de cualquier ataque demoníaco que te pueda lanzar.

Sin embargo, en oposición a la frívola imagen de Satanás representada por los comediantes, o por las equivocadas atribuciones de líderes gubernamentales anticristianos o antijudíos, Satanás es maligno, y su mismo nombre se ha convertido en un símbolo del mal. Satanás literalmente significa "adversario" o "el que está en contra o en oposición a".[5] Ese es él. Es tu archienemigo, se opone a todas las cosas que Dios quiere hacer en y a través de tu vida.

A veces la palabra *Satanás* se usa en la Biblia para referirse a las fuerzas demoníacas, no solo a Lucifer en forma individual. (En este libro haré lo mismo; utilizaré el nombre Satanás para referirme al diablo mismo o a sus huestes demoníacas de ángeles caídos). Sin embargo, es fundamental entender que el ser llamado Satanás es solo un arcángel caído. Él es nuestro adversario, y debemos considerarlo como tal, ni más ni menos.

Cuando Lucifer fue echado del cielo, arrastró a muchos ángeles con él. La Biblia no lo dice claramente, pero parece razonable que estos ángeles caídos son los que ahora la Biblia llama demonios y espíritus malignos o inmundos. Estos espíritus tienen personalidades verdaderas. No estamos luchando contra "la fuerza" o contra un poder místico, impersonal y maligno ni contra una energía todopoderosa. Jesús no hizo frente a una vaga fuerza del mal. Cristo confrontó espíritus malignos, y los echó fuera de la persona en la que estaban habitando.

Como todas las personalidades, los ángeles caídos pueden pensar, escuchar, comunicar, experimentar, actuar y reaccionar.

Del registro bíblico sobre los ángeles y los demonios, sabemos que son capaces de interactuar con seres humanos. Aparentemente tienen la capacidad de hablar a nuestras mentes. (Por ejemplo, el diablo puso en la mente de Judas la idea de traicionar a Cristo, de acuerdo con Juan 13:2.) Ellos oyen lo que decimos, observan nuestras reacciones y planean sus estrategias de ataque en nuestras áreas débiles.

Dado que estas personalidades malignas oyen, debemos hablarles cuando entramos en guerra espiritual. Algunos cristianos pueden ser renuentes a dirigirse al enemigo. No obstante, la Biblia es clara; debemos resistir a los poderes de la oscuridad (Santiago 4:7; 1 Pedro 5:9). ¿Cómo oponemos resistencia a una personalidad? ¿Debemos agitar nuestras Biblias, colocar carteleras, usar camisetas de creyente, cerrar los ojos o aguantar la respiración? La única manera que conozco de oponer resistencia a una personalidad, fuera de una pelea a puñetazos, es pronunciar palabras de resistencia.

El brillante ministro autodidacta A. W. Tozer predicaba bastante seguido un sermón titulado "Le contesto al diablo". Tozer estaba en lo correcto. Los cristianos deben dirigirse a Satanás y a sus poderes de las tinieblas directamente, reprendiéndolos y negándoles verbalmente el acceso a sus vidas. Jesús se dirigió al enemigo directamente. Al decirnos que nosotros también haríamos cosas mayores que las que Él hizo (Juan 14:12), Jesús nos dio un ejemplo de que nosotros también debemos dirigirnos al enemigo, oponerle resistencia y tomar autoridad sobre él.

En Marcos 16:17, Jesús nos encargó que usáramos su nombre al ir contra el enemigo. Él no dijo que pelearía contra el diablo y sus demonios por nosotros: Dijo que en su nombre, nosotros echaríamos fuera demonios.

Pero antes de que ahondemos en ese tema, mejor miremos más detenidamente cómo nos introdujimos en esta pelea. Quizás recuerdes que todo comenzó en un jardín.

Capítulo 4

¿CÓMO NOS METIMOS EN ESTO?

LA GUERRA ESPIRITUAL tal y como la conocemos ahora comenzó en el jardín del Edén. Dios creó a Adán y a Eva y los colocó en un paraíso idílico. ¡Imagínate qué increíble habrá sido!

Piensa en esto: Te levantas una mañana en una fabulosa isla tropical; te das vuelta en el césped sobre el que habías estado durmiendo en tu "traje de nacimiento", ¡y qué traje! Tu cuerpo es perfecto en todo sentido: piel perfecta; cabello perfecto; músculos perfectos; dientes blancos y perfectamente derechos y una sonrisa que puede derribar a cualquiera a través de la habitación.

Entonces, oyes un crujido detrás de ti, y rápidamente te das vuelta para mirar…¡Oh! ¡Mi corazón! ¡Parada allí, frente a ti, está la criatura más maravillosa que jamás hayas visto! Cuerpo perfecto; cabello perfecto; dientes perfectos…¿por qué? ¡Es como si ambos hubieran sido hechos el uno para el otro!

Los dos están desnudos, pero no tienen vergüenza alguna porque Dios los unió. Fue la primera ceremonia de matrimonio que se llevó a cabo. Sin damas de honor ni padrinos presentes, pero con la sensación de que toda la historia te miraba por encima del hombro. ¡Y esos votos! Jamás olvidarás esas palabras:

> Dijo entonces Adán: Esto es ahora hueso de mis huesos y carne de mi carne; ésta será llamada Varona, porque del varón fue tomada.
>
> —GÉNESIS 2:23

Dios mismo los declaró marido y mujer al decir: "Por tanto, dejará el hombre a su padre y a su madre, y se unirá a su mujer, y serán una sola carne" (Génesis 2:24).

¡Qué vida! Ustedes dos, solos, viviendo enamorados el uno del otro, y en armonía con la naturaleza. ¿Quién podría pedir más? Sin embargo, hay más. Si, más. El mismo Dios anda entre ustedes y les habla. No tienen un montón de reglas ni normas para llegar a conocerlo; tienes una relación especial con Él, una comunión íntima con Dios en la que disfrutas de su presencia todo el tiempo.

Cada día es otro día en el paraíso. En verdad disfrutas de tu trabajo al cultivar el jardín. Todo está allí para darte placer. Puedes hacer lo que gustes; puedes comer cada planta del lugar...excepto del árbol que está en el medio del jardín del cual Dios te prohibió que comieras. *Mmm, ese árbol. Me pregunto qué tiene de especial ese fruto prohibido...*

Adán y Eva lo tenían todo hasta que Satanás lanzó su primer ataque sobre la humanidad. El patrón de engaño de Satanás y las acciones y reacciones de Adán y Eva se han repetido en la guerra espiritual a lo largo de toda la historia. Demos una mirada.

EL CAMINO A LA DESTRUCCIÓN

Eva andaba caminando sola un día cuando el diablo se le acercó con una pregunta sutilmente formulada: "¿Conque Dios os ha dicho: 'no comáis de todo árbol del huerto'?" (Génesis 3:1). Allí mismo Eva debería haberle bajado la persiana al diablo y haberle dicho que se calle. Pero no lo hizo. Ella consideró su pregunta y entró en una discusión con el diablo, una conversación manipulada y controlada por Satanás. A pesar de que ella no lo conocía en ese entonces (hasta donde sabemos, nunca había visto ni oído sobre el diablo hasta este momento). Eva violó la primera regla de la guerra espiritual, que analizaremos en los próximos dos capítulos:

1. Nunca, jamás, dialogues con el diablo en sus términos

Si estás siendo tentado o provocado por el diablo o por sus demonios, haz lo que hizo Jesús. Él respondió a los maliciosos comentarios de Satanás diciendo: "¡Vete Satanás!…Porque escrito está…" (Mateo 4:10, NVI). Jesús no iba a aceptar nada de labios del diablo. En lugar de ello, Él usó "la espada del Espíritu, que es la Palabra de Dios" (Efesios 6:17), y respondió al diablo directamente con las Escrituras. Tú puedes hacer lo mismo.

Eva no disfrutó el lujo de tener a su disposición la Palabra de Dios escrita. Obviamente la Biblia no se había escrito todavía. De todos modos, tenía la palabra personal de Dios para ella y para Adán. Ella sabía lo que Dios había dicho. Dios no les había prohibido que comieran de todo árbol del huerto, como dijo el diablo. Por el contrario, ellos podían comer de cualquier árbol…excepto de uno, el del conocimiento del bien y del mal. Pero el diablo tergiversó las palabras de Dios, engañó a Eva, y le hizo violar la otra regla de la guerra espiritual:

2. Nunca, jamás, consideres los pensamientos diabólicos sobre la bondad de Dios

Quizás, mientras Eva pensaba en la sugerencia de Satanás, se diría: "Sí, ¡eso es! Quiero decir, después de todo, ¿por qué Dios puso esa fruta prohibida delante de mi propia cara, precisamente donde tengo que verla todos los días? No es justo. Es como si Dios quisiera que yo fallara". Todos tenemos dudas de vez en cuando. A veces las dudas pueden conducir a una mayor fe en Jesucristo, especialmente cuando estás forcejeando con temas sobre la razón y la fe y sobre cómo pueden concordar ambas. La duda no implica necesariamente incredulidad o falta de fe. El autor Winkie Pratney ofrece esta sabia distinción entre la duda y la incredulidad:

> La incredulidad es: "No me importa lo que Dios diga; no voy a hacerlo". La incredulidad es negarse a comprometerse con algo que se ve claramente que es verdad... La duda es: "Estoy indeciso acerca de eso. No sé qué hacer. Estoy en el aire. Estoy en duda. No estoy seguro..." La duda no es lo opuesto a la fe. Cuando uno duda, no está traicionando cobardemente a Jesús ni entregándose al bando equivocado. La relación entre la duda y la fe es como una relación de valor y temor. Lo opuesto al valor es la cobardía, no el temor. Aquí hay una persona en una guerra que, a pesar de que tiene miedo, deja que el valor tome el control de su miedo y sigue delante de todas formas... Así que la fe no significa que no vayas a tener dudas. Solo significa que una desautoriza a la otra.[1]

Cuando Satanás tergiversó la Palabra de Dios sobre qué frutos Adán y Eva podían comer, sutilmente estaba colocando en la mente de Eva una duda sobre la bondad de Dios hacia ellos. Era como si el diablo estuviera diciendo: "¡Vean qué malo que es Dios! Les está negando todos los manjares de este jardín. ¿Cómo puede ser posible que Dios sea bueno si los trata así? Él no los ama; no quiere lo mejor para ustedes. Él solo quiere evitar que ustedes disfruten la vida". Todo esto y más se enredaba en la engañosa pregunta del diablo a Eva.

¡Qué mentiroso! Con razón Jesús dijo del diablo que ha sido "homicida desde el principio, y no ha permanecido en la verdad, porque no hay verdad en él. Cuando habla mentira, de suyo habla; porque es mentiroso, y padre de mentira" (Juan 8:44).

Las tácticas del enemigo no han cambiado mucho con el correr de los años. Satanás susurra esas ásperas dudas en nuestras mentes: "Ves, Dios no es tan bueno en verdad. ¿Cómo puede ser bueno si permite que atravieses tiempos difíciles? ¿Cómo puede ser Dios bueno si te niega lo más quieres en al vida? ¿Cómo puede ser Dios bueno si deja que tu esposa te pida el divorcio, o que una persona que amaste y en la que confiaste se aparte de tu vida? ¿Cómo puede ser Dios bueno y no hacer nada para evitar los abusos infantiles, el hambre en el mundo o el cáncer?"

Todos hemos escuchado esas preguntas en nuestras mentes. Preguntarse por qué le suceden cosas malas a la gente buena o dudar no es pecado, pero cuando permitimos que estas preguntas se conviertan en falta de fe, estamos insultando a Dios. Además, cada vez que consideras una duda que arroja un reproche sobre la bondad de Dios, estás yendo en la dirección equivocada y abriendo la puerta al engaño demoníaco. La bondad de Dios es parte de su carácter, que se revela en toda la Biblia. Al cuestionar su bondad estás dudando de toda su voluntad para tu vida.

Eva dio un segundo paso hacia la destrucción cuando permitió que esa clase de duda diabólica siguiera su curso. Ella no buscó las dudas del diablo, pero apenas reconoció que Satanás insultaba a Dios, le debería haber dicho al diablo que se fuera a pasear.

Entiende, el enemigo va a atacar tu mente con dudas siempre que se lo permitas. Él intenta minar tu fe en el Señor y tu confianza en la bondad de Dios señalando lo que se podría considerar como contradicciones en la palabra de Dios y en sus acciones. Debes aprender a reconocer lo que en verdad son, no meros cuestionamientos académicos, intelectuales, sino ataques demoníacos.

Shannon, una estudiante de primer año de una universidad grande, había entregado su vida a Cristo cuando era niña. Ella conservó su fe cristiana y su testimonio en toda la escuela secundaria, a pesar de las burlas de sus amigos y las fuertes tentaciones para que transigiera. Entró a la universidad con sus valores y su virginidad intacta.

Durante el primer semestre en el campus de la universidad, Shannon encontró que su fe estaba bajo fuego constante. En sus cursos de literatura inglesa así como en las clases de ciencias sentía como si le estuvieran arrancando la alfombra de debajo de su fe cristiana. Parecía como si hubiera un esfuerzo conjunto de parte de los profesores de la universidad para destruir su confianza en Cristo.

"Podría haber sido una atea, una feminista radical, una comunista, o una budista Zen, y todo el mundo me habría considerado una buscadora de la verdad", decía Shannon. "Pero como comenté que era cristiana, mis profesores y compañeros me consideraban una enana intelectual. Al principio intenté defender el cristianismo en clase siempre que alguno de mis profesores comenzaba un discurso tendencioso contra Jesús, Dios, la Iglesia o el cristianismo en general. Pero mis profesores me ensartaban. Tenían su material muy bien preparado de antemano y sabían exactamente cómo atraparme; trituraban mis respuestas a sus preguntas tan fácilmente como si fueran hielo en una licuadora. Al poco tiempo mis fáciles respuestas sobre la Biblia comenzaron a desvanecerse. Pronto dejé de levantar la mano para oponerme a sus ácidos comentarios sobre el cristianismo.

"Comencé a dudar de la existencia de Dios. Quizás estas cosas sobre Jesús son como creer en Papá Noel, una linda ilusión cuando eres niño, pero no algo en lo que la gente educada cree en la vida real. Oí todas esas preguntas tantas veces: 'Si hay un Dios, ¿por qué permite que haya sufrimiento en el mundo? ¿Por qué permite que los bebés mueran?' Comencé a pensar: 'Quizás tengan razón; quizás Dios, si existe, no puede o no quiere ayudarme'. Después de un tiempo, mis dudas empezaron a molestarme, y comencé a agobiarme con respuestas equivocadas.

"Al dejar que todas esas dudas socavaran mis valores, no pasó mucho tiempo hasta que también me pareció algo tonto defender mi virginidad. Empecé a participar en el ambiente de la noche del campus, y una noche, después de haber tomado algunos tragos—otra cosa a la que me había negado mientras estuve en la secundaria—un muchacho bien parecido que apenas conocía me preguntó si quería ir con él al piso de arriba. No recuerdo mucho esa noche, excepto que fue horrible. Fue también el comienzo de un camino cuesta abajo en mi vida.

"Deseché todas las prohibiciones de las creencias de mi niñez y me zambullí en el ambiente de la noche con un abandono temerario. Mamá y papá se dieron cuenta de que algo andaba mal cuando fui a casa para las vacaciones de Navidad, pero lo disimulé bastante bien. Luego llegaron mis notas, y no pude disimularlas. Había pasado de ser una estudiante A, a ser una estudiante en período de prueba en unos pocos meses. No levanté las notas en el segundo semestre, ese primer año de universidad sería el último.

"Regresé a la universidad después de esas vacaciones e inmediatamente caí en el mismo patrón de fiestas y promiscuidad. Luego, una noche, unos amigos me preguntaron si quería ir con ellos a una conferencia en la que se trataría la influencia de los espíritus sobrenaturales sobre los seres humanos. Cuando llegamos allí no me llevó mucho tiempo darme cuenta de que el hombre era cristiano, y casi me levanto y me voy. Pero estaba hablando sobre cómo los espíritus demoníacos atacan la mente de las personas y poco a poco socavan su fe.

"Entre más escuchaba, más me sonaba como si estuviera hablando de mí. Me quedé a toda la conferencia y presté mucha atención a la sesión de preguntas y respuestas que hubo después. El hombre respondía a muchas de mis propias preguntas. Una de las cosas que dijo realmente me llegó: que cuando tenemos esas dudas muy arraigadas sobre Dios plagando nuestra mente, debemos reconocer que es un intento demoníaco para hacernos desobedecer a Dios. Él explicó: 'Hable en voz alta y dígale a los demonios que se callen. Luego reafirme su fe en Dios'.

"Esa noche, más tarde, regresé a mi dormitorio, me arrodillé junto a mi cama, y por primera vez en mucho tiempo, oré. Me arrepentí de mis pecados y le pedí a Dios que me perdone y me cambie. Comencé a leer la Biblia nuevamente. También empecé a seguir el consejo de ese disertante. Cuando me sentía tentada a dudar de Dios—ya sea intelectual, espiritual o moralmente— hablaba en voz alta, como hizo Jesús, y decía: 'Apártate de mí, Satanás'; luego decía: 'Jesús, tal vez no entienda esto, pero creo en ti y confío en ti, sin importar lo que pase'.

"Algo maravilloso sucedió. A medida que rechazaba las ideas negativas del diablo y declaraba mi fe en Jesucristo, mis dudas desaparecieron. La Palabra de Dios se hizo viva en mí, y comencé a ver en las Escrituras cosas que nunca había visto antes. No todo pasó de la noche a la mañana. Aún así, todo fue lento pero seguro. He estado recobrando mi confianza en Cristo. Estoy convencida de que el enemigo estaba usando mis dudas para intentar destruir mi vida aquí en la tierra y mi futuro con Jesús en el cielo."

La historia de Shannon ilustra la tercera regla importante de la guerra espiritual:

3. Nunca creas que necesitas defender a Dios.

Eso es lo que Eva trató de hacer cuando entabló esa conversación con el diablo. Desde luego que necesitas saber en qué crees y por qué crees. Además, jamás debes dejar de ser testigo de Cristo, aún si te cuesta la vista, o tu familia, o tus compañeros de trabajo. El apóstol Pedro escribió estas palabras de aliento:

Ahora bien, ¿quién querrá hacerles daño si ustedes están deseosos de hacer el bien? Pero, aun si sufren por hacer lo correcto, Dios va a recompensarlos. Así QUE NO SE PREOCUPEN NI TENGAN MIEDO A LAS AMENAZAS. En cambio, adoren a Cristo como el Señor de su vida. Y, si alguien les pregunta acerca de la esperanza cristiana que tienen, estén siempre preparados para dar una explicación. Pero háganlo con humildad y respeto.

—1 PEDRO 3:13-16A, NTV, ÉNFASIS AÑADIDO.

Eva probablemente pensó que estaba haciendo bien al dar la cara por Dios frente al diablo. "¡No señor!", le dijo a Satanás. "Estás equivocado. Dios dijo que podemos comer cualquier fruto de por aquí excepto el fruto del árbol que está en medio del jardín. Dios dijo que si comemos ese fruto moriremos, sea lo que sea que eso signifique" (mi paráfrasis de Génesis 3:2-3).

Pobre Eva. No se dio cuenta de que Dios no se sentía amenazado por las acusaciones del diablo. Pero ella sí. Es fácil poner en duda y criticar a Eva, mirando atrás con el beneficio de todo el resto de la revelación bíblica. Pero ella no tenía idea de cuán mortal podría ser entretenerse con el diablo.

Sin embargo, ella sí conocía a Dios, y todo lo que sabía le confirmaba que Él es un Dios bueno y amoroso. Lo mejor que podría haber hecho cuando Satanás cuestionó las motivaciones de Dios hubiera sido decirle: "No sé quién eres ni lo que eres, pero me niego a escuchar tus tonterías. Dios es Dios, y es bueno. Aún si en este momento no lo comprendo, si dijo que no coma ese fruto, sé que es por mi propio bien. Así que cierra la boca, llévate tus dudas y vete de aquí".

La mayoría de los cristianos son demasiado amables cuando el diablo intenta plantar dudas en sus mentes. Ya sea en palabras o pensamientos, parece que dijeran algo como: "Bueno, gracias,

Sr. Satanás, por su interesante idea. No coincide con lo que sé de Dios, pero desde luego consideraré su sugerencia".

Esas son puras tonterías. No seas amable con el diablo. Repréndelo. Dile que se calle y se vaya al infierno o a donde quiera que Jesús lo envíe.

No te preocupes por ofender al diablo. El diablo no es un caballero. Lamentablemente no puedes herir sus sentimientos. No vas a estropear su ego al punto de que no vuelva por ti. ¡Qué pena!

Practica estas palabras: "¡Cállate, diablo!". Anda, dilo en voz alta, y cuando el diablo o sus demonios comiencen a golpear las puertas de tu corazón y tu mente, diles esas palabras.

Lamentablemente Eva fue demasiado cortés cuando Satanás comenzó a lanzarle dudas sobre la bondad de Dios. Ella le abrió la puerta, y antes de que pudiera darse cuenta, el diablo la había convencido de negar todo lo que había creído como verdadero. Podría pasarnos a cualquiera de nosotros, si negamos la Palabra de Dios. Eso es lo que le sucedió a Amanda.

Capítulo 5

¿QUIÉN CREES SER?

CUANDO RECIÉN CONOCÍ a Amanda, era la perfecta personificación de la típica reina de belleza alta, rubia de ojos azules. Recién acababa de ganar el primer concurso de una serie local que terminaría en la gran final nacional televisada. Resulta fácil creer que la mayoría de las mujeres que participan en tales competencias tienen una imagen de sí mismas bastante alta. Amanda era lo contrario.

Su padre frecuentemente se burlaba de ella porque era alta y torpe cuando era chica. La llamaba con sobrenombres como "espárrago" y "larguirucha". Por ende, cuando ella se miraba en el espejo no veía una preciosa muchacha precozmente desarrollada. Lo único que veía era un fenómeno más grande que la mayoría de sus amigas.

En los primeros años de secundaria, los muchachos comenzaron a fijarse en ella...por todas las razones equivocadas. Con frecuencia ella oía sus comentarios fuertes y lujuriosos sobre su cuerpo totalmente desarrollado y se sonrojaba avergonzada.

"¿Por qué Dios me hizo tan fea?", se lamentaba ante su mamá.

"Eso no es verdad, Amanda", trataba de consolarla su madre. "Eres preciosa".

"Sí. Un poco grande, pero preciosa", agregaba su papá en broma, sin darse cuenta del impacto negativo que esas palabras causaban en su hija.

Una maestra sugirió que Amanda entrara en un concurso de belleza. Amanda se presentó y ganó. Por unos maravillosos minutos mientras estaba en la plataforma, se sintió hermosa. Eso disparó la obsesión de Amanda por participar en concursos de belleza. Aunque no se daba cuenta en aquel momento, con cada concurso ella estaba tratando inconscientemente de ganar el favor de su padre, además de la corona. Mientras las otras chicas alardeaban sobre su porte, encanto, inteligencia y belleza, cada vez que Amanda se miraba en el espejo veía una adolescente desgarbada y oía las palabras negativas de su padre.

Amanda se convirtió a Cristo, pero nunca confió verdaderamente en Dios como su Padre celestial y nunca se sintió aceptada ante sus ojos. Dijo con toda honestidad: "Quiero amar a Dios y creer que Él me ama, pero no puedo".

Eso era lo único que las fuerzas del infierno necesitaban oír. Amanda fue objeto de ataques del diablo y comenzó a tener pesadillas terribles en las cuales veía criaturas que se parecían a su padre que le gritaban: "¡Eres tan fea!" "¿Por qué no te matas?" Noche tras noche Amanda se despertaba envuelta en sudor frío. Se miraba en el espejo y sentía la urgente necesidad de tomar una navaja y cortar en jirones su preciosa cara. Afortunadamente, resistió la tentación. Pero le llevó más de un año de sesiones de consejería, oración y liberación poder ser libre de esas influencias demoníacas y aceptarse como alguien precioso para su Padre celestial.

Si quieres derrotar a los demonios que atacan la imagen que tienes de ti mismo, es vital que sepas y creas lo que la Palabra de Dios dice sobre su actitud hacia ti. La Biblia dice que Dios te ama, y lo probó al dar la vida de su único Hijo, Jesús, para comprar tu liberación del diablo. Además, mucho antes de que tú nacieras, mucho antes de que Él formara la tierra, Dios te amó e imaginó un maravilloso diseño para tu vida. Cuando estabas en el vientre de tu madre—en realidad, antes de que fueras concebido por tus padres—Dios puso su sello de aprobación sobre ti.

El rey David, un agudo poeta y compositor, lo dijo de esta manera en una canción de alabanza y agradecimiento a nuestro Creador:

> Tú creaste las delicadas partes internas de mi cuerpo y me entretejiste en el vientre de mi madre. ¡Gracias por hacerme tan maravillosamente complejo!
> Tu fino trabajo es maravilloso, lo sé muy bien.
> Tú me observabas mientras iba cobrando forma en secreto, mientras se entretejían mis partes en la oscuridad de la matriz.
> Me viste antes de que naciera.
> Cada día de mi vida estaba registrado en tu libro.
> Cada momento fue diseñado
> antes de que un solo día pasara.
> —SALMOS 139:13-16, NTV

¿Te habías dado cuenta de la maravillosa verdad de este pasaje de la Escritura? A pesar de tu apariencia, talentos, habilidades o cualquier otra característica física, tu Padre celestial te ama. Él te creó como su obra maestra única. Tienes un valor inestimable para Dios porque fuiste diseñado por Él como una expresión de su inconmensurable grandeza. La Biblia dice: "Somos hechura suya, creados en Cristo Jesús para buenas obras, las cuales Dios preparó de antemano para que anduviésemos en ellas" (Efesios 2:10).

En otras palabras, un buen Dios te creó para que hagas cosas buenas con tu vida, para su gloria. Él te hizo, Él te ama y quiere lo mejor para ti. Ese es el testimonio constante de la Palabra de Dios en cuanto a su actitud hacia ti. Por desgracia Amanda dejó que el diablo distorsionara esa verdad, lo que le hizo desobedecer la cuarta regla de la guerra espiritual:

4. ¡Nunca, jamás, niegues la Palabra de Dios!

Adán y Eva fueron los primeros que violaron esta regla en el jardín del Edén. Cuando Satanás vio que la confianza de Eva en la bondad de Dios había sido debilitada, se volvió aún más atrevido en su ataque hacia ella. Descaradamente negó la autoridad de la Palabra de Dios. Es como si pudiéramos oírlo burlándose: "No moriréis" (Génesis 3:4). El diablo estaba mintiendo otra vez. Dios específicamente les había dicho a Adán y a Eva que si probaban el fruto prohibido morirían (Génesis 2:17). Ahora el diablo estaba tratando de hacer que Eva dudara de la Palabra de Dios y de la seriedad de las consecuencias que su desobediencia acarrearía.

Él trata de hacer lo mismo conmigo y contigo. Una vez que cedemos en cuanto a la bondad de Dios, Satanás nos alienta a dar el siguiente pasito de dudar y descreer de la Palabra de Dios. Uno de los trucos predilectos de Satanás en sugerir: "Dios en realidad no quiso decir eso". Cuando dudamos de la Palabra de Dios se hace más fácil creer que la Biblia es "tan solo un libro más". Tiendes a pensar: "Sí, puede ser que Dios me hable por medio de este libro, pero también puede hablarme a través del *Reader's Digest* o de *Playboy* o *Cosmopolitan*".

Por eso las batallas más importantes de la guerra espiritual no se ganan echando demonios fuera de la gente poseída. El terreno crucial, y el que es combatido más implacablemente, es la batalla por tu mente. Debes derrotar al diablo en esa batalla si quieres ganar alguna vez la guerra por las almas de las demás personas (así como la tuya). ¿Cómo puedes lograr eso? ¿Cómo puedes resistir a los ataques demoníacos contra tu mente?

Un buen lugar para comenzar es 2 Corintios 10:3-5. Aquí el apóstol Pablo escribe: "Pues aunque andamos en la carne, no militamos según la carne; porque las armas de nuestra milicia no son carnales, sino poderosas en Dios para la destrucción de fortalezas, derribando argumentos y toda altivez que se levanta contra el conocimiento de Dios, y llevando cautivo todo pensamiento a la obediencia a Cristo".

Pablo está diciendo que aunque vivamos en nuestros cuerpos físicos, nuestras armas para la guerra espiritual no son físicas, sino espirituales. La persona más inteligente o la más rica sobre la tierra no tiene posibilidad alguna de derrotar al diablo sin el poder sobrenatural de Dios. Por otro lado, las armas de Dios son infinitamente más poderosas que las del diablo, y utilizadas apropiadamente en el nombre de Jesús, pueden destruir cualquier fortaleza demoníaca con la que te puedas encontrar.

Ese es el papel de Dios en la batalla, pero fíjate que tu primera preocupación debe ser participar en ella. De acuerdo con el versículo 5 debes llevar "cautivo todo pensamiento a la obediencia a Cristo". En otras palabras, debes controlar tu mente de manera que tus pensamientos agraden a Cristo. Por eso es tan importante guardar lo que dejas entrar a tu mente. Debes ser especialmente cuidadoso en qué películas, programas de televisión o videos musicales miras, así como con lo que lees y la música que escuchas.

No es ningún secreto que dos de las influencias más poderosas sobre nuestras mentes son las películas y la música. Al colocarlas juntas en un video musical, el mensaje llega aún con más fuerza. No es raro, entonces, que el diablo se haya esmerado tanto para demonizar a tal punto la música de hoy y tantas películas que se proyectan en los cines, en la televisión por cable y por la Internet.

El diablo no es tonto. Sabe que si puede convencerte para que bajes la guardia de tu mente pronto envolverá tu corazón con sus dedos al rojo vivo. Por otro lado, si ganas las batallas cotidianas de tu mente, con el tiempo ganarás la guerra. Lamentablemente esa fue precisamente la batalla que Eva perdió en Génesis 3 cuando desobedeció la quinta regla de la guerra espiritual:

5. Nunca, jamás, dudes de las intenciones de Dios

Eva dio un paso más hacia la destrucción cuando permitió que el diablo la convenciera de dudar de que Dios quería lo mejor para ella. Este fue un ataque directo contra el carácter de Dios. En respuesta a lo que Eva contestó al diablo, él contradijo la Palabra de Dios. Luego Satanás dijo: "Sino que sabe Dios que el día que comáis de él, serán abiertos vuestros ojos, y seréis como Dios, sabiendo el bien y el mal" (Génesis 3:5).

¿Te percataste del doble golpe que el enemigo le tiró a Eva? En primer lugar, le insinuó que Dios le estaba ocultando cosas. Le dio a entender que había toda clase de placeres que ella no había experimentado porque ese "mal Dios" de ella no quería que los experimente.

El diablo probablemente te haya hablado de un modo así algunas veces. Te dice: "¿Cómo puedes ser tan cerrado? Tus actitudes hacia el sexo y el matrimonio son anticuadas. El sexo es bueno; es algo natural. Tienes fuertes deseos. ¿Quieres decirme que Dios te dio esos deseos y ahora te dice que no los expreses? Vamos, deja de ser semejante mojigato.

"¿Drogas? ¿Alcohol? ¿Medicinas recetadas? Oye, tienes tanto estrés encima. ¿Cómo quieres lograrlo si no te escapas un poquito? No te preocupes. No te volverás un adicto. Eres demasiado inteligente para eso.

"¿Materialismo? Seguro que necesitas ahorrar dinero, y por supuesto que puedes arrojar algunos pesos en el alfolí de la iglesia de vez en cuando, pero vamos. Necesitas un aparato de televisión con una pantalla más grande. No importa si tus amigos no quieren pasar tiempo en tu casa. Y escucha, cuando vayas al centro comercial, haz algo por tu guardarropa, ¿quieres? ¡Te estás vistiendo como si fueras tu mamá o tu papá!"

Satanás sugiere un completo surtido de placeres, todos los cuales dicen implícitamente: "En la vida hay mucho más que lo que estás experimentando: solamente ir a la iglesia, leer la Biblia y vivir una aburrida vida cristiana. Dios te está impidiendo que vivas las mejores cosas". Más allá de eso, Satanás lo hace sonar como si fuera tan fácil obtener esa "buena" vida.

"Mira" dice él, "no te estoy pidiendo que niegues a Jesús; solo te estoy diciendo que si me escuchas, puedo darte cosas que Él no te dará. Nadie va a notar la diferencia. Yo jamás lo diré".

La segunda parte del doble golpe del diablo es aún más seductora: "Serás como Dios" Para una persona que ya ha comenzado a dudar de la bondad de Dios, de su Palabra y de sus intenciones, la sugerencia de Satanás cobra perfecto sentido. "¡Eso es! Puedo seguir siendo cristiano, pero esta es una nueva era. No tengo que estar atado a las tradiciones del pasado. No tengo que vivir mi vida de acuerdo con un libro, la mayor parte del cual jamás leí, o si lo hice, nunca lo entendí. Dios no está solamente en la iglesia; Él está en las piedras, en los árboles. Veo a Dios en ti. Veo a Dios en mí. Tú eres Dios; yo soy Dios…" ¡Bingo!

A lo largo de la historia, desde Adán y Eva hasta Nabucodonosor pasando por Shirley MacLaine y hasta los anfitriones de los programas de entrevistas contemporáneos, hombres y mujeres siempre han querido ser su propio dios. Puedes oír expresiones de esa actitud a todo tu alrededor, y algunas incluso hasta suenan correctas.

"Quiero hacer lo mío a mi manera".

"Es mi vida, y haré lo que yo quiera".

"Es mi derecho".

"Cuidado con los 'número uno'".

"Nadie me dice lo que debo hacer".

"Soy el dueño de mi vida".

"Ponte de pie, hazte cargo de tu responsabilidad".

"Es mi cuerpo; tengo derecho a elegir por mí mismo".

Pero como Nabucodonosor ya sabe, y Shirley seguramente descubrirá—así como todos los que adoran al dios de sí mismos—hay un solo Dios…¡y no es ni tú ni yo!

¿Puedes creer esto? Satanás ahora está tentando a Eva exactamente con el mismo pecado por el que él fue expulsado del cielo. ¿Recuerdas? Lucifer quería ser "semejante al Altísimo" (Isaías 14:14), así que se rebeló contra el Señor. Ahora, allí estaba, en el jardín del Edén balanceando la misma mentira frente a Eva: "Seréis como Dios" (Génesis 3:5).

Lamentablemente esta mentira hoy sigue seduciendo a muchos. El diablo susurra en nuestros oídos: "Puedes ser tu propio dios", y a pesar de que sabemos qué origina esa clase de pensamientos y a dónde nos llevan, decimos: "Bueno, quizás pueda ser cristiano e igual vivir como yo quiera. Quizás pueda hacer eso y espero y anhelo que concuerde con lo que dice la Palabra de Dios".

Dejemos de engañarnos a nosotros mismos. Solo puede haber un Señor de tu vida y de tu mente. Jesús, Satanás o tú mismo no pueden ocupar el mismo trono. Debes escoger cada día quién será Dios es tu vida.

El profeta Elías, del Antiguo Testamento, fue directo al grano cuando le dijo al pueblo de Dios: "¿Hasta cuándo claudicaréis vosotros entre dos pensamientos? Si Jehová es Dios, seguidle; y si Baal, id en pos de él" (1 Reyes 18:21). Quizás si el profeta estuviera hablando específicamente a nuestra generación, podría decirnos algo así como: "Decídanse. Si Dios es Dios, sirvámoslo a Él. Pero si ustedes quieren ser sus propios dioses, sírvanse a sí mismos. Tengan en cuenta, sin embargo, a dónde llevó a Lucifer esa autoexaltación y a dónde los llevará a ustedes si insisten en ir por ese camino".

Eva casi había alcanzado el punto sin retorno. Ella todavía podía dar la vuelta. Podría haber cortado con el diablo si hubiera llamado a Dios y le hubiera pedido ayuda, guía, aclaración sobre su Palabra y su voluntad. Pero no lo hizo. Permitió que sus ojos se concentraran en el fruto prohibido. Después de todo, se veía tan bueno.

Capítulo 6

PASAR EL PUNTO SIN RETORNO

A MENOS DE UNA milla más allá de las tranquilas aguas que fluyen bajo la gran isla Bridge hacia las cataratas del Niágara hay un sitio infame que todo navegante teme: el punto sin retorno. Una vez que el bote ha sobrepasado ese punto, el poder de la corriente aumenta de manera exponencial, barriendo todo a su paso hacia un inevitable y horrible embate contra las rocas escarpadas a ciento sesenta metros de profundidad. Solo un milagro puede salvar a una persona una vez que ha pasado ese punto sin retorno. James Honneycut y dos jóvenes amigos suyos, Roger Woodward, de siete años y Deanne Woodward, de diecisiete, aprendieron esa lección de la manera más difícil.

Los Honneycuts y los Woodwards estaban pasando un maravilloso día paseando en bote en el río Niágara bien arriba de la gran isla Bridge. James Honneycut conocía bien el río, y jamás habría pensado en hacer algo tonto que hubiese puesto en peligro la seguridad de su familia o de sus amigos. Sin embargo, solo por diversión, decidió apagar el motor del bote, recostarse al sol, y dejarse ir a la deriva por un rato. Había hecho algo parecido muchas veces antes y nunca había experimentado ningún peligro.

Ese día, sin embargo, James Honneycut permitió que el bote fuera a la deriva demasiado lejos. Se dio cuenta de que el río Niágara se volvía más picado, una clara advertencia de que los agitados rápidos estaban un poco más adelante. James jaló rápidamente la manivela del motor del bote. Todos los que estaban a bordo suspiraron con alivio cuando el motor rugió al encenderse.

Pero mientras Honneycut trataba de hacer girar el bote río arriba y alejarse de las agitadas aguas, para su absoluto terror los tripulantes descubrieron que el poder de la corriente era demasiado fuerte para el motor de su bote. Estaban siendo arrastrados sin remedio hacia las cataratas. Con valentía, Honneycut siguió luchando con las corrientes, dirigiendo su embarcación a través de los crecientes rápidos, primero de una forma, luego de otra. Pero los esfuerzos eran en vano. Los rápidos zarandeaban el pequeño bote como si fuera una pelota de ping-pong.

Mientras el agitado río llevaba a toda prisa a los navegantes hacia las cataratas del Niágara, su embarcación de repente chocó contra una enorme roca, astillando el bote. Si los chicos Honneycut y los Woodward la hubieran visto a tiempo, podrían haberse aferrado a la piedra; podrían haberse salvado. Pero la roca fue la perdición final de su embravecido viaje. Hizo añicos el bote, y dejando que el grupo se las arreglara por su cuenta en la batalla que iban perdiendo contra el poderoso Niágara.

Vistiendo solo trajes de baño y salvavidas, Deanne, Roger y James rebotaron a través de los rápidos, siendo arrastrados alternativamente hacia abajo, golpeándose contra las afiladas rocas que allí había, y luego siendo disparados de nuevo en la corriente. Los rápidos arrastraron a Deanne cerca de la ribera del tristemente célebre Terrapin Point del lado norteamericano, a 161 pies de altura de las cataratas Horseshoe. John Hayes, un turista, vio a la joven estrellándose por los rápidos de blanca espuma.

Arriesgando su propia vida, saltó la cerca, corrió a través de las resbaladizas rocas hasta el borde del turbulento río, y a unos pocos pies de la cresta de la catarata, se extendió y agarró a

Deanne del cabello. Mientras el agua trataba desaforadamente de arrancársela de la mano, el hombre luchó para mantener el equilibrio y sostener a la joven. Finalmente, con la ayuda de otro hombre que arriesgó su vida para ayudar, Hayes pudo sacar el cuerpo ensangrentado y exhausto fuera de la corriente hasta las resbaladizas rocas, y así salvó su vida.

El hermano de la muchacha no tuvo tanta suerte. El poderoso golpe de las aguas lanzó a Roger hacia el centro de las cataratas del Niágara. Milagrosamente, tal vez porque el chico era tan liviano, el agua lo azotó alejándolo de la pared de piedra y de las peligrosas rocas, detrás de donde rompían las cataratas, por debajo de ellas. Él sobrevivió y fue rescatado por tripulantes del bote turístico de excursión Maid of the Mist.

James Honneycut, en cambio, cayó en picada por el precipicio y pereció bajo las cataratas. Su cuerpo quebrado y golpeado aparentemente fue arrastrado por la corriente, golpeando contra las enormes rocas que sobresalían de las cataratas del Niágara; lo encontraron río abajo tres días más tarde. Él pereció trágicamente—y puso en peligro las vidas de sus amigos—porque anduvo sin rumbo demasiado tiempo sin darse cuenta de que había cruzado el punto sin retorno.[1]

LOS TRES ERRORES DE EVA

Eva estaba justamente en el punto sin retorno. Si se quedaba allí un momento más, estaría a punto de ser arrastrada por el engaño del diablo. "Eva, ¡Sal de ahí! ¡No lo hagas!", gritaba toda la creación. Pero era demasiado tarde. Sus ojos estaban atrapados por aquel fruto como una bomba inteligente guiada por computadora. Y el siguiente sonido que la creación escuchó fue una explosión cósmica.

Eva cometió tres errores devastadores en la forma en que

trató con el engaño del enemigo. Lamentablemente todos hemos repetido los errores de Eva en nuestras propias vidas.

1. Ella miró, y siguió mirando

En el tipo de sociedad en que vivimos, podemos estar seguros de que veremos cosas malas que no quisiéramos ver y oiremos cosas que desearíamos no haber oído. Así es la realidad. Pero no tenemos que pensar demasiado en esas cosas que sabemos que son contraproducentes para nuestra fe en Jesucristo. Damos por sentado que a veces las cosas locas simplemente suceden, cosas que no planeamos ni queremos.

Una vez estaba en un avión y quería ir al baño. Caminé con toda tranquilidad hacia la parte trasera del avión y espié uno de los baños que tenía el cartel de "desocupado" en la puerta. Giré el picaporte, abrí la puerta de golpe y me encontré cara a cara con una mujer que parecía estar a punto de sentarse en el inodoro. No estoy seguro de quién de los dos se asustó más, pero ese fue uno de los pocos momentos de mi vida en que me quedé literalmente sin palabras.

Finalmente, después de uno o dos segundos, pero por lo que pareció una eternidad para mí, y probablemente más para ella, solté algo como: "¡Oh, discúlpeme!" y di un portazo. Regresé a mi asiento, hundí mi cabeza en una revista y sufrí en silencio hasta que llegamos a destino. ¡De ninguna manera volvería a caminar por ese pasillo!

Cuando pienso en lo descabellado de aquel episodio, no puedo recordar cómo era esa mujer. Si me ofrecieras todo el dinero del mundo para identificarla, no podría hacerlo. ¿Por qué? Porque respondí inmediatamente a lo que había reconocido como una situación incorrecta. No quise ir por el camino de: "¿Qué hacer cuando uno se encuentra con una mujer desnuda en el baño de un avión?". Instintivamente, cerré la puerta. No me quedé allí parado comiéndome con los ojos a esa mujer cuando me di cuenta de lo que había pasado. Ni tampoco dije: "Bueno, mira qué casualidad encontrarnos aquí. ¿Vienes seguido?".

No, mi respuesta fue simplemente un acto reflejo. ¡Ups! Esto está mal. Cierra la puerta. No tuve que orar por eso ni arrepentirme por nada. Lo único que tuve que hacer fue cerrar la puerta.

Debo reconocer que no siempre he respondido tan noble o rápidamente. Pero eso es lo que la mayoría de nosotros estábamos acostumbrados a hacer cuando éramos confrontados con situaciones potencialmente comprometedoras o pecaminosas. No medites sobre esas imágenes mucho tiempo en tu mente; dale un portazo antes de que el diablo aproveche la oportunidad de interponer su pie en el umbral.

Eva no lo hizo. En lugar de ello, miró el fruto prohibido y siguió mirando, hasta que en su mente se tomó el permiso de fantasear sobre lo bueno que sería. Ella podía imaginarse cómo se sentiría al tocar ese fruto prohibido, tomarlo entre sus manos, saborearlo con su lengua. Sin duda, ese fruto también tendría una fragancia agradable. La escritura dice: "Y vio la mujer que el árbol era bueno para comer, y que era agradable a los ojos, y árbol codiciable para alcanzar la sabiduría" (Génesis 3:6).

Satanás estaba seduciendo a Eva física, emocional, intelectual y espiritualmente. La atracción física de Eva hacia el fruto y su deseo de tenerlo comenzaron a arrollar su resistencia. Emocionalmente ella vio que el fruto era delicioso para los ojos. Intelectualmente ella miró el fruto con todo el potencial que tenía para hacerla sabia. Espiritualmente ella sabía que no había nada innatamente malo en el fruto; era bueno para comer. Pero era el fruto prohibido: el fruto que estaba fuera de la voluntad de Dios para la vida de Eva.

De repente, los sentidos de Eva se despertaron, todas las palabras de Dios parecían haberse ido por la ventana. Ella quería lo que quería, y lo quería ahora. Ella estiró su mano hacia el árbol.

2. Eva desobedeció a Dios deliberadamente.

Eva sabía lo que hacía. Aún así, "tomó de su fruto, y comió" (Génesis 3:6). ¿Puedes imaginarte lo que estaría pensando mientras mordía ese fruto? Quizás se sintió al fin liberada. Ahora podía escoger su propio estilo de vida. Pronto conocería todo sobre el bien y el mal. Sería sabia. Más importante aún, ahora ella podría ser su propio dios.

Mientras la fruta se deslizaba por la garganta de Eva, puede que ella se haya preguntado fugazmente si moriría o no, como Dios había dicho (Génesis 2:17). Quizás pensó: "Mmm...Mmm...eso estuvo bueno. Y mira, todavía sigo viva. No he tenido ningún efecto negativo perceptible por haber comido ese fruto. De hecho, me siento fantásticamente bien".

Así es como están diseñados para funcionar los recursos del diablo. Al principio todo parece delicioso y agradable; pero a la larga, el pecado te matará. Al final el pecado trae solo desilusión, muerte y destrucción.

3. Ella compartió el pecado.

¿Te has fijado alguna vez que cuando alguien tiene un mal hábito quiere compartirlo contigo? "Toma una cerveza", "¿Quieres un cigarrillo?", "¿Quieres algo de marihuana?", "Vamos, no te va a lastimar". El pecado es social; siempre se filtra en la sociedad. Como residuos tóxicos enterrados, tiene la tendencia de salir a la superficie burbujeando cuando menos lo esperas.

Es más, la mayoría de las personas que saben que son culpables de pecado quieren que otro lo experimente con ella. Después de todo, si pecas con ellos, no se tienen que sentir tan culpables por su propio rechazo a la Palabra de Dios o a su camino. Eso es lo que motiva tanto al movimiento llamado "derechos de los homosexuales" y a los activistas del "derecho a abortar". Debajo de toda esa retórica sobre los "derechos" y la "libertad" hay un antiguo hábito humano: la gente intenta racionalizar su pecado buscando involucrar a otros.

Eso es que lo que hizo Eva. Apenas pecó deliberadamente contra Dios (y contra ella misma), la Biblia dice: "Y dio también a su marido, el cual comió así como ella" (Génesis 3:6). Ese es uno de los peores aspectos del pecado. Pocas personas mantienen el pecado para sí mismas por mucho tiempo. El pecado ansía compañía, y es contagioso. Por consiguiente, el pecado no solo lastima a la persona que ha tomado una decisión consciente de cometerlo, sino que también hiere a todos los que rodean al pecador. Por eso es tan tonto hablar de un asunto pecaminoso en el que nadie sale herido. Alguien siempre sale herido por el pecado, y generalmente más de una persona resulta afectada.

Te has preguntado dónde estaba Adán mientras el diablo estaba engañando a su esposa. La Biblia no lo dice. Por lo que sabemos, podría haber estado parado al lado de Eva todo el tiempo. No tenemos ningún registro de que se opusiera cuando Eva le dio parte del fruto prohibido.

Fácilmente se podría decir que Adán era incluso más culpable que Eva. Después de todo, el diablo engañó a Eva, pero Adán voluntariamente cayó en pecado con sus ojos bien abiertos y su conciencia chillando como una sirena. El pecado siempre es una opción. Es un acto de la voluntad. En efecto, algunas personas parecen "caen" en pecado. Otros parecen ser "succionados" por el pecado. No obstante el pecado siempre es el resultado de decisiones conscientes.

Quizás Adán miró a Eva después que hubo comido el fruto y pensó: "Bueno, se la ve bien. Hasta ahora sigue en pie. Quizás Dios estaba bromeando con eso de 'ciertamente morirás'". Muchas personas se sienten así. Alardean descaradamente de haber pecado, diciendo: "Ves, Dios no me ha liquidado por haber pecado". Otros son menos expresivos pero se alegran también por su aparente escape del juicio de Dios. Piensan: "¡Ja! Lo hice, ¡y me salí con la mía!".

De lo que estas personan no se dan cuenta es de que Dios no siempre derrama un castigo inmediato por el pecado, pero siempre lo juzga. Ningún pecador pasa desapercibido en el cielo. El juicio es seguro. Vendrá, quizás no hoy, quizás no mañana, pero llegará. Además, el pecado agrieta nuestra comunión con Dios y siempre tiene consecuencias negativas, con frecuencia incluso después de que el asunto ha sido confesado y perdonado.

Un amigo mío fumaba marihuana cuando era adolescente y durante sus años en la universidad. Desde entonces, entregó su vida a Cristo, se arrepintió de sus pecados y ahora es un dinámico testigo de Jesús. Lamentablemente, debido a su extenso uso de la droga cuando era joven, se volvió estéril. Él y su esposa no han podido concebir niños. Dios los ha bendecido, pero ellos reconocen una sensación de dolor por los pecados del pasado. El pecado deja marcas indelebles en nuestras vidas.

SEIS CONSECUENCIAS DEL PECADO DE ADÁN Y EVA

En el caso de Adán y Eva, algunas de las consecuencias de su pecado fueron inmediatas mientras que otras fueron más a largo plazo. Primero: el pecado cambió la actitud de Adán y Eva hacia ellos mismos. La Biblia dice: "Entonces fueron abiertos los ojos de ambos, y conocieron que estaban desnudos" (Génesis 3:7). Se abrieron más que sus ojos físicos; sus "ojos espirituales" también fueron abiertos. Ellos verdaderamente comenzaron a ver la espantosa diferencia entre el bien y el mal.

Es interesante notar que la Biblia llama la atención sobre su desnudez. Antes de que hubieran pecado, Adán y Eva "estaban ambos desnudos, Adán y su mujer, y no se avergonzaban" (Génesis 2:25). Pero después que desobedecieron a Dios, reconocieron la vulnerabilidad de su situación (3:7). Ellos se sentían expuestos en más de un sentido y se vieron obligados a cubrirse.

Segundo: El pecado cambió su actitud hacia Dios. La Escritura dice: "Y oyeron la voz de Jehová Dios que se paseaba en el huerto, al aire del día; y el hombre y su mujer se escondieron de la presencia de Jehová Dios entre los árboles del huerto" (Génesis 3:8).

Cuán reconfortante debe haber sido, después de un buen día de trabajo, hablar y andar con el Creador al aire del día. Pero cuando Adán y Eva pecaron, la última persona a la que querían ver esa tarde era al Señor. Prefirieron tratar de esconderse rápidamente de su presencia. La gente hace eso desde entonces. Cuando pecamos, tenemos dos opciones: confesar y arrepentirnos o correr y escondernos de la presencia de Dios.

Tercero: El pecado de Adán y Eva cambió la relación de Dios con el hombre. Él lo sigue amando igual que antes, pero el pecado separó a Adán y a Eva de la comunión íntima con Dios de la que antes disfrutaban libremente. También significó que, debido a que Él es fiel a su Palabra, juzgaría a Adán y Eva. Había un precio a pagar por su desobediencia. Dios echó a Adán y a Eva del jardín del Edén (Génesis 3:24). Dios no toma el pecado ligeramente, aunque nosotros sí lo hagamos. Él no dice: "Sé que me desobedeciste, pero no es gran cosa". Ni tampoco dice: "No pudiste evitarlo". El pecado puede no parecerles importante a algunas personas, pero definitivamente significa muchísimo ante los ojos de Dios. Él lo odia.

Cuarto: La serpiente fue maldecida (Génesis 3:14) por su rol como agente del diablo en la muerte de Adán y Eva. No sabemos cómo era la serpiente antes de la caída. Quizás las serpientes se paraban derechas y eran criaturas amigables. En cualquier caso, como parte del juicio de Dios por este pecado, la serpiente fue maldita y tuvo que arrastrarse sobre su vientre. Posteriormente, a lo largo de toda la historia, las serpientes han sido usadas para representar al diablo. Para la mayoría de las personas, las serpientes son repulsivas.

Quinto: en algunas formas, la tierra misma fue maldecida por el pecado de Adán y Eva. Dios le dijo a Adán:

> Maldita será la tierra por tu causa; con dolor comerás de ella todos los días de tu vida. Espinos y cardos te producirá, y comerás plantas del campo. Con el sudor de tu rostro comerás el pan hasta que vuelvas a la tierra, porque de ella fuiste tomado; pues polvo eres, y al polvo volverás.
>
> —GÉNESIS 3:17-19

Dios no estaba diciendo que todo el mundo tendría que ser agricultor; le dijo a Adán que iba a tener que esforzarse arduamente para ganarse a duras penas la vida trabajando la tierra. Quizás, si Adán y Eva nunca hubieran pecado, todo lo que necesitaban hubiera estado continua y abundantemente provisto para ellos en el jardín. Pero ahora tendrían que pasar la mayor parte de sus días sobre la tierra luchando para apenas sobrevivir.

Posiblemente en ese momento los animales se volvieron hostiles respecto al hombre, o quizás simplemente les parecía así a Adán y a Eva ahora que podían ver el mal potencial en todo lo que Dios había creado originalmente como bueno. La actitud indiferente de los seres humanos hacia el medioambiente podría ser rastreada probablemente hasta aquel momento. Ahora, en lugar de considerar a la tierra como un magnífico regalo de Dios para ser cultivada y cuidada, ésta se convirtió en algo para ser utilizado para gratificación egoísta. Así será hasta que Jesús regrese y restaure la tierra a su esplendor original, ¡o mejor! No es de extrañar que años mas tarde, el apóstol Pablo escribiera:

> Porque el anhelo ardiente de la creación es el aguardar la manifestación de los hijos de Dios. Porque la creación

fue sujetada a vanidad, no por su propia voluntad, sino por causa del que la sujetó en esperanza; porque también la creación misma será libertada de la esclavitud de corrupción, a la libertad gloriosa de los hijos de Dios. Porque sabemos que toda la creación gime a una, y a una está con dolores de parto hasta ahora.

—Romanos 8:19-22

Mientras tanto deberíamos hacer lo mejor de nuestra parte para cuidar el medioambiente, convirtiéndonos en buenos mayordomos de los recursos que el Señor nos ha dado. Al mismo tiempo debemos reconocer que el plan de Dios para la humanidad era que señoreáramos sobre la tierra (Génesis 1:26), y ese dominio nunca ha sido revocado. No debemos adorar a la tierra pero sí debemos adorar al que creó la tierra y también a nosotros.

El sexto, y en muchas formas, el más dañino resultado del pecado de Adán y Eva fue la muerte. A pesar de que el corazón amoroso de Dios se dolió, Él se mantuvo fiel a su Palabra. Había advertido a Adán y a Eva que no comieran del árbol prohibido o morirían. Adán y Eva desobedecieron a Dios; comieron la fruta del árbol en medio del jardín, y los hombres y las mujeres mueren desde entonces. Aún cuando Dios no eliminó a Adán y a Eva con un rayo en el momento en que comieron el fruto prohibido, de alguna manera, ellos murieron en ese mismo momento. Su pecado los separó de la vida de Dios, y sin Dios, una persona está muerta.

SERPIENTES PISOTEADAS

¿Qué tiene que ver todo esto con la guerra espiritual? Simplemente esto: al desobedecer a Dios, Adán y Eva entraron justo en la trampa de Satanás. No hay duda de que el diablo había estado buscando la manera de vengarse de Dios desde el día en que él y sus demonios fueron expulsados del cielo.

Más aún, Dios les había dado a Adán y a Eva la autoridad para sojuzgar y señorear sobre la tierra (Génesis 1:26-28), pero el diablo quería hacer eso. Es muy posible que Adán y Eva todavía fueran ingenuos en cuanto al tremendo don que Dios les había dado; no se daban cuenta de lo que tenían; pero Satanás por cierto que sí entendió el valor de su autoridad. Recuerda, hubo un tiempo en que Dios había delegado gran autoridad en Lucifer. Pero cuando Lucifer abusó de esa autoridad delegada, Dios se la quitó y lo expulsó del cielo.

Imagina la boca de Satanás haciéndose agua cuando veía la gran cantidad de poder que Dios había colocado en las manos de Adán y Eva. Desde el momento en que Adán exhaló el primer aliento de vida, el diablo y sus demonios probablemente comenzaron a complotar cómo podrían usurpar esa autoridad que Dios le había dado. El fruto prohibido planteó la perfecta oportunidad para ello.

Cuando Satanás engañó a Eva, y luego ella y Adán desobedecieron a Dios al comer el fruto prohibido, la primera pareja, sin ser consciente de ello, le cedió al diablo la autoridad que Dios le había dado, y él se transformó en el dios de este mundo. Ellos no lo sabían, pero estaban cambiando un diamante por un trozo de carbón.

El diablo y sus demonios probablemente hubieran hecho una gran celebración, excepto por una cosa. Justo en medio de toda aquella condenación, desesperación y maldición de Génesis 3, Dios proclamó algunas primicias de lo que vendría. Le dijo a la serpiente:

> Y pondré enemistad entre ti y la mujer, y entre tu simiente y la simiente suya; ésta te herirá en la cabeza, y tú le herirás en el calcañar.
>
> —GÉNESIS 3:15

Esta promesa de Dios es el protoevangelio, la primera profecía del evangelio de Jesucristo y su victoria final sobre Satanás. Fíjate que el Señor dijo que Satanás heriría el talón de Jesús, pero Jesús le pisaría la cabeza. La palabra usada para herir significa literalmente "aplastar". Una de las mejores interpretaciones cinematográficas de esto fue la escena inicial de la película *La pasión del Cristo*, cuando la serpiente que se arrastraba por el jardín es aplastada.[2] Todo esto vendría de la "simiente de la mujer"; en otras palabras, por medio de las futuras generaciones que aún no habían nacido.

El diablo entendió bien las implicancias de esta declaración divina. Básicamente Dios le estaba diciendo: "Crees que has ganado la victoria aquí, pero un día, tú vas a tener lo que te mereces, y no será lindo". Satanás puede que no haya entendido cómo sería aplastada su cabeza, pero se dio cuenta de que tenía algo que ver con los bebés que iban a nacer de la mujer. Satanás supo que uno de esos bebés sería la clave para su destrucción.

Indudablemente, fue por eso que Satanás ha atentado contra los bebés inocentes a lo largo de la historia. Desde las ancestrales costumbres de sacrificar niños en tiempos del Antiguo Testamento hasta la matanza de niños recién nacidos, pasando por los ataques contra los niños por medio del aborto, el abuso, la drogadicción, la pornografía infantil, el incesto, la inanición, y gran cantidad de otras atrocidades, Satanás siempre ha exhibido una propensión especialmente maligna a la destrucción de los niños.

La mayoría de nosotros hemos aprendido una canción que dice algo así como "Jesús ama a los pequeños, a todos los niños del mundo". Eso es verdad. Lo que también es verdad es que Satanás odia a esos mismos niños.

A lo largo de la historia, como se registra en el Antiguo Testamento, Satanás ha intentado descubrir y destruir al bebé que un día aplastaría su cabeza. El autor Dean Sherman cree, desde una perspectiva de la guerra espiritual, que el Antiguo Testamento puede resumirse en dos afirmaciones:

1. Es el registro histórico de Dios llevando la simiente de la mujer a través de la nación de Israel para traer a Jesucristo al mundo.

2. Es la historia de los intentos de Satanás de corromper y destruir a la simiente que aplastará su cabeza.[3]

Pero un día nació un bebé en Belén y el principio del fin fue obvio para Satanás. Aún así, el diablo no lo logró. Durante toda la vida de Jesús, Satanás buscó la oportunidad de matarlo. Cuando los soldados romanos introdujeron esos inmensos clavos en las manos y los pies de Jesús, clavándolo en la cruz, Satanás posiblemente creyó que la guerra había terminado y que había derrotado los planes de Dios para destruirlo.

"¡Ja!", puede que haya alardeado ante sus demoníacos amigos, "¿Dios dijo que yo heriría su tobillo, eh? ¡He herido todo su cuerpo! ¿Y ese era el que me iba a aplastar la cabeza? Supongo que ahora sabemos quién es el que manda, ¿cierto?".

El diablo no sabía que al morir en la cruz, Jesús estaba cumpliendo el plan de su Padre para aplastar la cabeza de Satanás y liberar a la humanidad del poder del pecado que había comenzado en el jardín del Edén. De alguna manera, Jesús estaba comprando con su sangre lo que Satanás le había robado desde Adán y Eva y cada persona desde entonces.

Pero Jesús fue más allá. El apóstol Pablo explica: "Y despojando a los principados y a las potestades, los exhibió públicamente, triunfando sobre ellos en la cruz" (Colosenses 2:15). Los principados y las potestades que Jesús desarmó no eran seres humanos físicos. Eran los poderes de Satanás.

Más allá de eso, al morir en la cruz y luego levantarse de entre los muertos tres días más tarde, como había profetizado, Jesús le quitó a Satanás su arma más poderosa: la amenaza de la muerte. Ahora Jesús tiene las llaves de la muerte y del Hades. Jesús mismo afirmó: "[Yo soy] el que vivo, y estuve muerto; mas he aquí que vivo por los siglos de los siglos, amén. Y tengo las llaves de la muerte y del Hades" (Apocalipsis 1:18). La resurrección de Jesucristo probó que Satanás fue derrotado; no tuvo poder para impedir que Jesús saliera de su tumba.

Satanás ahora sabe que sus días están contados. Como un criminal condenado que purga múltiples sentencias de por vida, él tiene una actitud de "qué más puedo perder". El diablo sabe que al final no puede ganar; no va a ganar. La crucifixión de Jesús, su sepultura y su resurrección garantizan eso. Pero Satanás está determinado a robar, matar y destruir todo lo que pueda hasta el día en que sea arrojado al lago de fuego (Apocalipsis 20:10). El único placer que le queda es atraer de alguna manera a las personas y hacer que dejen de confiar en el Señor. Lo hace intentando evitar que el evangelio sea proclamado y al frustrar el progreso de cualquier persona que realmente quiera vivir para Jesús.

El resultado es lo que conocemos como guerra espiritual. El diablo ya no gasta su tiempo tratando de asaltar las puertas del cielo (aunque de acuerdo con Apocalipsis 12:10, pasa bastante tiempo ante Dios acusando a nuestros hermanos con mentiras horribles). El diablo tampoco lanza misiles en dirección a los ángeles que están reunidos alrededor del trono de Dios.

No, el lugar de la batalla ha cambiado. El campo de batalla ahora es el mundo, tanto en el aire como en el suelo, en tu vida y en la mía. Por eso es tan extremadamente importante que te prepares para luchar. Necesitas saber cómo es más probable que el diablo te ataque, cuáles son sus fortalezas y cuáles son sus debilidades. No estás combatiendo contra un enemigo común. Estás peleando contra un "loco" sin futuro y sin nada que perder. Es tiempo de prepararse.

Capítulo 7

EL PLAN DE JUEGO DEL DIABLO

D URANTE VEINTIÚN AÑOS, cada domingo de otoño, Tom Landry se paraba junto a la banca de suplentes de los Cowboy de Dallas y miraba detenidamente por debajo de la visera de su característica gorra. Landry literalmente revolucionó el juego profesional del fútbol americano con sus intrincadas tácticas defensivas y sus estrategias ofensivas de ataque relámpago y golpe rápido que pegaba desde cualquier lado. Hasta 1989 fue el primer y único entrenador de los Cowboys, los guió a través del impresionante número de 271 victorias, 180 derrotas y 6 empates durante su trabajo con el equipo. Fue elegido para el Salón de la Fama del Fútbol Americano Profesional en 1990.

En su autobiografía, Tom Landry reveló uno de los muchos secretos de su éxito como jugador y entrenador de fútbol:

> Cuando era corredor de defensa aprendí que no alcanzaba con que yo reaccionara al movimiento de la pelota; cuando alcanzaba a ver dónde estaban tirando la pelota, si yo salía para interrumpir el juego, ya era demasiado tarde. Para sobrevivir como jugador defensivo me vi forzado a "leer" la intención ofensiva, anticipándome a la jugada que harían mis oponentes. Parte de mi habilidad quizás se debía a algo instintivo, ayudado por mi educación analítica en ingeniería; pero mucho lo obtuve luego de mirar y analizar partidos durante miles de horas.

Con el tiempo, aprendí que si prestaba atención a los movimientos de los jugadores "clave", a la formación general y a la posición de los jugadores ofensivos, siempre podría darme cuenta para dónde iría la pelota. Ya no tenía que reaccionar; me anticipaba al ataque, llegando a deshacer a veces excelentes jugadas de mis contrincantes. Esa mentalidad de juego—reconocer lo que el otro equipo quiere hacer para impedir que lo haga— era el fascinante desafío del fútbol defensivo.[1]

Por otro lado, Landry se dio cuenta de que la mejor manera de derrotar a una fuerte defensa era variar la formación ofensiva del equipo tan a menudo y con tantas jugadas diferentes que la defensa tuviera menos tiempo para darse cuenta de cómo iban a atacar los Cowboys. Normalmente el entrenador Landry no pasaba mucho tiempo viendo lo que estaba haciendo la ofensiva de su equipo. Él se concentraba en qué nuevos obstáculos estaba colocando en su camino el equipo defensivo, e iba planeando la siguiente jugada para sortear la oposición. Landry explica:

Siempre sabía lo que mi equipo estaba haciendo; no necesitaba mirarlos. De lo único que no estaba seguro era de cómo reaccionaría la oposición; Lo que yo necesitaba analizar era su defensa, para idear la mejor forma de contrarrestarla. Y una vez que se terminaba una jugada, nunca había tiempo para reaccionar, inmediatamente cambiaba para concentrarme en mi plan de juego ofensivo y decidir qué jugada mandaría a continuación.[2]

De muchas maneras, las guerras espirituales son similares a la forma en que Tom Landry se planteaba un juego de fútbol. Este "juego" es entre dos equipos, la Iglesia de Jesucristo—de la cual eres parte si realmente conoces a Jesús—y los poderes demoníacos de las tinieblas, entrenados por el mismísimo Satanás.

Los dos arcos claramente definidos son: el cielo y el infierno. El equipo de Cristo debe moverse hacia el arco del cielo mientras intenta evitar que el equipo de Satanás haga incursiones importantes en el territorio de la Iglesia.

Sin embargo, el equipo de Satanás está bloqueando, atajando y frenando el progreso de la Iglesia, y amenaza con que lo hará peor. A medida que las fuerzas demoníacas despliegan su poderosa fuerza ofensiva, hacen retroceder a la Iglesia provocando que los cristianos tropiecen, se tambaleen y levanten una defensa desorganizada e incapaz.

Peor aún, el equipo demoníaco no juega limpio. Se cuela a hurtadillas, se pasa de la raya y escucha las señales en los corrillos de la iglesia. Patea a los cristianos cuando están en el suelo o cuando están tratando de volver a ponerse en pie tras haber sido derribados. Constantemente le dicen al árbitro mentiras sobre los miembros del equipo de Jesús.

Quizás la estrategia más traicionera del equipo de Satanás tiene que ver con dónde se alinea. En lugar de pararse en una línea recta cerca del centro del campo de juego, esperando para patear o recibir el pase, los demonios se juntan bien cerca de la banca de suplentes. Tratan de atacar en equipo o de hacer tropezar a cualquier cristiano que tenga el descaro de salir de su banca y trate de entrar al campo de juego. Los demonios aprendieron hace mucho tiempo que pueden "ganar puntos" con mucha más facilidad si tan solo lograr mantener a los cristianos fuera del campo de juego.

Muchos "jugadores" cristianos se han acostumbrado de tal forma a ser acosados cada vez que tratan de salir de su banco para entrar al campo de juego, que ya dejan de intentarlo. Oh, seguro; llegan cada semana vestidos para jugar, pero se quedan en la banca hablando con otros miembros del equipo sobre la gloria de años anteriores o de los que creen que vendrán. Jamás se ensucian el uniforme, rara vez sudan, y miran constantemente el reloj, esperando que el juego termine pronto para poder ensayar sus estrategias para el gran juego de la semana próxima. Normalmente esas reuniones se realizan en algún restaurante popular. Otros miembros del equipo solo quieren llegar a casa para cambiarse y ponerse su ropa cómoda.

Aunque al equipo cristiano no le ha ido tan bien en el campo de juego en los últimos años, la Iglesia ha desarrollado un notable despliegue de animadores. Hombres y mujeres de todas las medidas, formas y habilidades se juntan cada semana en la banca de suplentes y vitorean con entusiasmo. Cantan canciones sobre el entrenador y sobre los triunfos pasados. Llevan su manual de estrategias, y a veces lo leen. Los animadores más jóvenes planean retiros en los cuales puedan apartarse de la intensidad del juego por un tiempo y divertirse con otros compañeros. Algunos de los animadores de mayor edad se dedican a interminables reuniones de negocios, en las que discuten el precio de todo, desde las palomitas de maíz en los bancos de la iglesia…eh, gradas, hasta cuánto costaría contratar a un nuevo mariscal de campo y algunos velocistas a quienes pudieran pasarles o cederles la pelota. Todo esto es bastante irrelevante ya que de cualquier forma estos jugadores rara vez salen de la banca de suplentes.

Es realmente sorprendente que los espectadores sigan observando los juegos. Aparentemente han quedado tan fascinados con toda la emocionante actividad que se desarrolla en las bancas de suplentes que olvidaron que se supone que la verdadera acción se debe desarrollar en el campo de juego. La Iglesia de Jesucristo está tan cómoda con este raro juego, que ha hecho caso omiso de las metas originales expuestas por el entrenador. Mientras tanto, los poderes de las tinieblas destrozan el campo de juego venciendo en forma aplastante.

Puede ser que algunos protesten porque esta descripción es demasiado áspera. Todo lo contrario; en todo caso, es demasiado amable. Podría haber hecho muchos otros paralelismos entre un partido de fútbol americano y la guerra espiritual. Lamentablemente, la batalla entre la Iglesia de Jesucristo y los poderes de las tinieblas no es un juego, es una guerra. Me gustaría poder hablar de este tema en términos más amistosos. Me gustaría llamarlo una "novela espiritual" o incluso un *reality show* espiritual" o también una "comedia espiritual" en la cual todos los problemas se resuelven para satisfacción de todo el mundo en treinta minutos más o menos, según la cantidad de publicidades.

Pero la Biblia describe nuestra batalla contra el diablo como una guerra. A diferencia de la mayoría de los partidos de fútbol, las novelas, los *reality shows* y las comedias, la guerra espiritual es una lucha de vida o muerte, con consecuencias eternas pendiendo de un hilo. Para algunas personas puede significar literalmente la diferencia entre el cielo y el infierno.

LA ESTRATEGIA DEL DIABLO

La primera vez que se menciona a Satanás específicamente por nombre en la Biblia es en 1 Crónicas 21:1. En este pasaje que trata sobre el insensato e innecesario censo del pueblo de Israel que hizo el rey David, podemos ver cómo se revela la estrategia básica del diablo. Él planea engañar a los líderes espirituales para desacreditar el nombre de Dios.

La Escritura dice: "Pero Satanás se levantó contra Israel, e incitó a David a que hiciese censo de Israel" (1 Crónicas 21:1). Satanás tentó al rey David para que haga el censo de su pueblo. Parecía algo inofensivo, hasta lógico. Después de todo, cada líder quiere saber quiénes son sus seguidores, cuánta gente debe proteger en su tierra y cuántos soldados hay en su ejército. No hay duda de que David jamás sospechó que esta idea había sido colocada en su mente por el mismísimo diablo. Como Eva antes que él, cuanto más meditaba David sobre eso más sentido cobraba el pecado.

¿Pero qué tiene de pecaminoso un censo? En los Estados Unidos se hace un censo cada diez años. Demanda un gasto enorme y es una tarea tremenda, pero ciertamente no parece pecaminoso. ¿Qué hizo que el censo de David fuera tan peligroso?

Simplemente esto: A pesar de que técnicamente el censo de David era algo que él legítimamente podía hacer, su razón para hacerlo era errónea. David estaba comenzando a estar demasiado orgulloso de su fortaleza militar, la pericia de su poderoso ejército y se estaba olvidando de que su verdadera fortaleza venía del Señor. Recuerda, este era el hombre que de chico había demolido a un gigantesco patán llamado Goliat solo con unas pocas piedras y una honda (1 Samuel 17:50). Ahora se estaba deslizando en la trampa de la autosuficiencia, orgullo y arrogancia.

Aunque David sabía que eso estaba mal, se permitió confiar en su propia fortaleza en vez de confiar en Dios. Fíjate bien: la confianza en ti mismo, separado de Dios, te llevará siempre a la derrota espiritual.

Hasta Joab, el principal comandante militar del rey David (un hombre que no era conocido exactamente por su magnífica o sobresaliente moral) reconoció la potencial pecaminosidad del censo. Trató de disuadir diplomáticamente a David de contar a la gente: "Y dijo Joab: Añada Jehová a su pueblo cien veces más, rey señor mío; ¿no son todos éstos siervos de mi señor? ¿Para qué procura mi señor esto, que será para pecado a Israel?" (1 Crónicas 21:3).

¡Guau! ¿Alguna vez, algún hermano cristiano menos maduro ha cuestionado tus intenciones? "Hey, creí que confiabas en Dios. ¿Por qué querrías hacer algo que se vería sospechoso?" o "¿Por qué querrías ir a ese lugar o ver ese espectáculo o involucrarte en esa actividad?" O "¿Por qué lo dijiste de esa manera? Creí que eras cristiano". Cada vez que las personas cuestionan tus intenciones presta mucha atención. Pueden estar tratando de decirte algo.

A pesar de su renuencia, Joab llevó a cabo la orden e hizo el censo. Pero desagradó al Señor, y Él castigó a Israel. Cuando David se dio cuenta de la seriedad de su pecado, se arrepintió: "Entonces dijo David a Dios: He pecado gravemente al hacer esto; te ruego que quites la iniquidad de tu siervo, porque he hecho muy locamente" (1 Crónicas 21:8).

Fíjate que David asumió la responsabilidad de su pecado y se arrepintió. No dijo: "El diablo me hizo hacerlo", ni trató de echarle la culpa a Joab. A pesar del engaño del diablo, David sabía que él era el que había tomado las decisiones equivocadas. Dios lo perdonó, pero las consecuencias de su pecado costaron las vidas de setenta mil hombres.

En este relato, como en el de Adán y Eva, podemos ver cómo le gusta obrar al diablo. Engaña al pueblo de Dios para que lo desobedezca intencionalmente, lo que luego lleva a un castigo de Dios.

"¡Pero eso no es justo!", podrías objetar.

No, no lo es, pero como ya hemos visto, el diablo no pelea limpio. Satanás casi siempre comienza su ataque con un engaño. Quizás sea por eso que el apóstol Pablo advirtió: "Pero temo que como la serpiente con su astucia engañó a Eva, vuestros sentidos sean de alguna manera extraviados de la sincera fidelidad a Cristo" (2 Corintios 11:3). Pablo también menciona las estratagemas de Satanás en 2 Corintios 2:11.

Una vez que el diablo encuentra una forma de adentrarse en la vida de una persona, cambiará muy seguido sus tácticas de sutil engaño y atacará de una manera más abierta. Eso es lo que pasó cuando el diablo embaucó el rey David, el líder del pueblo de Dios, para que llevara a cabo un censo innecesario.

SEGUIR AL LÍDER

Como Satanás puede estar en un solo lugar al mismo tiempo, le gusta multiplicar sus esfuerzos dirigiéndose a los líderes espirituales, tratando de derribarlos de sus puestos de influencia y afectar así a un número mucho mayor de personas. Sus herramientas más eficaces en esta batalla parecen ser el sexo, el dinero y el orgullo, que suelen ir de la mano con el poder y el rango.

Satanás sabe que si puede engañar a un líder cristiano al comprometer su integridad en estas áreas, el efecto dominó del pecado de ese líder se expandirá a lo largo y a lo ancho. Lamentablemente nuestra generación está demasiado familiarizada con esta estrategia, ya que un líder prominente tras otro ha caído en descrédito. Irónicamente la iglesia en general hace poco para ayudar a defender a sus dirigentes en contra de estos ataques obvios e insidiosos, y espera que los líderes sean lo suficientemente fuertes como para resistir las tentaciones sin ayuda.

No es que los líderes que sucumben a estos pecados o a cualquier otro no puedan ser perdonados y usados nuevamente de manera poderosa en el reino de Dios. Pueden serlo. Sin embargo, es probable que sus roles en el liderazgo cambien radicalmente. Quizás sea eso lo que Santiago tenía en mente cuando escribió: "Hermanos míos, no os hagáis maestros muchos de vosotros, sabiendo que recibiremos mayor condenación" (Santiago 3:1).

Dios espera que quienes dicen representarlo ante el público lo hagan con una santa integridad y humildad. Además, no es que los pastores, maestros, evangelistas o líderes juveniles, ni los líderes políticos o empresariales que son cristianos tengan "palanca" con Dios; simplemente tienen una esfera de influencia más amplia que una persona que es menos conocida. Sus palabras y ejemplo afectarán la vida espiritual de más personas; por lo tanto, Dios los hace más responsables de su estilo de vida.

Por lo tanto, debemos orar por nuestros líderes espirituales todos los días. Y si estás sirviendo en el liderazgo espiritual, deberías recordar muy seguido las palabras del profeta Miqueas:

> Oh hombre, él te ha declarado lo que es bueno, y qué pide Jehová de ti: solamente hacer justicia, y amar misericordia, y humillarte ante tu Dios.
>
> —Miqueas 6:8

Las palabras pronunciadas por el profeta Amós son similares, y no necesitas ser un brillante teólogo ni un erudito bíblico para entender su significado:

> Buscad lo bueno, y no lo malo, para que viváis; porque así Jehová Dios de los ejércitos estará con vosotros, como decís.
>
> —Amós 5:14

Indudablemente los líderes espirituales que están tratando de servir al Señor encuentran más oposición de parte de Satanás y sus asistentes demoníacos que los creyentes tibios y superficiales. Si eres "tibio", dijo Jesús, "te vomitaré de mi boca" (Apocalipsis 3:16). Satanás simplemente juega a la espera con quienes son displicentes con el cristianismo. Satanás sabe que se autodestruirán. Lo único que necesita hacer es asegurarse de que no se arrepientan ni reaviven su relación con Cristo.

Por otro lado Satanás apunta a los vibrantes cristianos que realmente viven para Cristo y dan testimonio de Él a los demás. Esa no es excusa para que los líderes espirituales sucumban al pecado; ellos deberían saber que la oposición siempre se concentra en quien esté haciendo algo notable para el reino. En un partido de fútbol o básquetbol, por ejemplo, la súper estrella casi siempre recibe una doble marcación de parte de su rival. Esa no es razón para que la estrella afloje, ni para que el entrenador saque del campo al mejor jugador. Es simplemente un hecho: la presión que se suma viene con el territorio.

LA HISTORIA DEL AVIÓN

Un relato de cómo Satanás apunta contra los líderes espirituales ganó casi estatus mitológico. Se la conoce como "la historia del avión". Cuando escuché la narración por primera vez, lo tomé como una buena ilustración que probablemente había sido generada en la febril imaginación de un guerrero espiritual demasiado diligente.

La archivé en mi mente junto con las falsas acusaciones presentadas contra la compañía Proctor & Gamble cuando un grupo de sinceros pero equivocados cristianos afirmaron que el símbolo de esa compañía tenía un origen satánico. El episodio de Proctor & Gamble fue escondido junto con los miles de informes que cruzaron mi escritorio alertándome sobre los supuestos esfuerzos de la atea Madalyn Murray O'Hair para que la Comisión Federal de Comunicaciones (FCC) prohibiera la transmisión de programas radiales y televisivos cristianos. En contra de lo que comúnmente se cree, ninguna acción como esa fue seriamente propuesta jamás por o en la FCC.

Junto con los informes sobre O'Hair estaba mi favorita, la descabellada y sobredimensionada reacción a las estrategias de Satanás de cristianos bienintencionados. A mediados de la década de los ochenta un grupo de jóvenes de una iglesia de Ohio salió en las noticias nacionales porque habían roto un montón de discos del viejo "Mr. Ed" por el supuesto contenido satánico de la frase: "Un caballo es un caballo, por supuesto, por supuesto". Sostenían que cuando pasaban la canción al revés, esta le daba la gloria a Satanás (sin mencionar lo que les hacía a las púas del tocadiscos, ¿las recuerdas?).

Con semejantes reacciones exageradas y ridículas estallando con frecuencia, puedes entender por qué no tomé la historia del avión con seriedad, especialmente cuando, como los inexistentes esfuerzos de O'Hair, los detalles de la historia cambiaban cada vez que la oía o leía sobre ella.

Es más, siempre le pasaba a otro. La gente que contaba la historia nunca conocía al que había estado involucrado (la mayoría de las veces esa es una señal de que se trata de una patraña).

Pero el Dr. Ed Murphy, un profesor de Biblia y Misiones del San Jose Christian College, una conocida autoridad en el tema de guerra espiritual, afirma que la historia del avión es verdadera. Se trate del incidente original o de una imitación, el Dr. Murphy dice que la historia del avión le sucedió a una compañera de oración de él.

Pat, la amiga del Dr. Murphy, estaba sentada en la misma fila que otro joven en un avión que salía de San José. Cuando llegó el momento en que las azafatas servían la comida (¿te acuerdas de ellas?) Pat aceptó la suya, pero el joven se negó a comer porque dijo que estaba ayunando. El Dr. Murphy sigue con la historia:

> "Escuché que le dijo a la azafata que estaba ayunando",
> dijo mi amiga. "Entonces usted debe ser cristiano".
> "No, soy satanista", fue la respuesta.
> Pat se sorprendió por este comentario. ¡No sabía si debería buscar otro asiento en el avión o qué hacer! Decidió quedarse donde estaba y entablar una conversación con el joven. De hecho, él estaba muy dispuesto a hablar de su fe y dar testimonio del poder de Satanás.
> En el transcurso de la conversación, Pat le preguntó sobre los objetivos específicos de su ayuno y oración. (Esa oración y ayuno tienen la intención de maldecir,

no es una humilde súplica). El muchacho le dijo que los objetivos eran los pastores y líderes de las iglesias del área de San José y dos importantes misiones.[3]

He escuchado esta historia y sus variaciones tantas veces ya que aunque a Satanás no se le hubiera ocurrido la idea, casi seguro que el diablo ya la ha capitalizado. La razón más común que dan los satanistas para su ayuno es la destrucción de los matrimonios, familias y hogares de los líderes cristianos. He escuchado historias contadas por cristianos devotos que informan de conversaciones similares llevadas a cabo en restaurantes, tiendas de comestibles, oficinas de doctores y lavanderías automáticas. No me sorprendería que esos relatos sean ciertos. Satanás sabe que cuando un ciudadano particular cae en pecado, puede lastimarlo severamente, así como a su familia y amigos. Pero cuando un líder cristiano peca, generalmente desacredita a toda la Iglesia de Jesucristo.

SATANÁS DESEA DESACREDITAR EL SANTO NOMBRE DE DIOS

La intención primordial de todo el engaño del diablo es difamar el nombre de Dios. En el caso de David, al engañar al líder del pueblo de Dios el diablo tuvo éxito y avergonzó a la nación de Israel. Peor aún, el pecado fue una deshonra al nombre de Dios. ¡Qué insulto para Dios que el líder de su pueblo confiara en un ejército más que en Él! Además, al engañar a David, el diablo también estaba causando indirectamente que el pueblo cayera bajo el juicio de Dios, y setenta mil de ellos murieron como resultado del efecto dominó del pecado de David.

La Biblia está repleta de ejemplos en los que Satanás trata de manchar el nombre del Señor. Demasiado a menudo con éxito. Las únicas veces en las que no lo consiguió fueron cuando el pueblo de Dios se levantó y peleó. Una buena ilustración de esto se puede encontrar en 1 Samuel 11:1. Aquí encontramos a Nahas, el amonita, que vino y acampó contra Jabes de Galaad, un pueblo en el que en ese momento vivían muchas personas del pueblo de Dios.

Casi puedes imaginar qué clase de hombre sería este Nahas por cómo suena su nombre. Era el típico ángel del infierno, un brutal amonita. Era duro, repugnante. Un día llegó al pueblo en su Harley (o en su camello motorizado, o en una cabra pick-up del '52 modernizada) y todos podían darse cuenta de que Nahas andaba buscando pelea.

Pero el pueblo de Dios en Jabes de Galaad no quería pelear, así que le ofrecieron a Nahas un trato. Le dijeron: "Haz alianza con nosotros, y te serviremos" (1 Samuel 11:1). Obviamente estos muchachos eran miembros del club "Inútiles para Jesús, de Jabes de Galaad". Con este compromiso, estaban diciendo: "No queremos ningún problema, Sr. Nahas; solo díganos qué tenemos que hacer y lo serviremos" ¡Qué vergüenza! Y esa fue la "audaz" respuesta del pueblo de Dios al avance del enemigo.

Pero Nahas no quería aceptar. Después de todo, él había venido buscando pelea; estaba buscando magullones. Por consiguiente, no le entusiasmaba hacer un trato con esos Inútiles para Jesús. El enemigo nunca viene solo a coaccionar para que se transgredan los pactos del pueblo de Dios. Su intención es robar, desvalijar, matar y destruir.

No obstante, Nahas accedió a jugar el juego del pueblo de Jabes de Galaad. Bueno, más o menos. Lo que dijo en realidad fue: "Con esta condición haré alianza con vosotros, que a cada uno de todos vosotros saque el ojo derecho, y ponga esta afrenta sobre todo Israel" (v. 2).

¿Qué iba a hacer ahora Nahas con todos esos ojos derechos? ¿Iría a abrir la clínica de Jabes de Galaad del banco de ojos para la gente ciega de un ojo? ¡No! Él mismo lo dijo: su única intención era avergonzar al pueblo de Dios y con eso deshonrar el nombre de Dios.

Los líderes espirituales (si se les puede llamar así) de Jabes dijeron: "Danos siete días para que lo pensemos. Si no podemos encontrar a nadie que nos defienda, iremos a ti y dejaremos que nos arranques los ojos" (mi paráfrasis del versículo 3). Nahas estuvo de acuerdo. Después de todo, no tenía nada que perder.

Luego el pueblo de Dios envió mensajeros a Gabaá, el pueblo donde vivía Saúl, el recién nombrado rey de Israel. Los mensajeros les contaron a todos el desafío del Nahas: "Y todo el pueblo alzó su voz y lloró" (v. 4). Cuando la gente le contó su triste historia a Saúl, él no los consoló; se enojó. ¡Se *enojó* mucho! La Escritura dice: "Al oír Saúl estas palabras, el Espíritu de Dios vino sobre él con poder; y él se encendió en ira en gran manera" (v. 6).

Generalmente pensamos que cada vez que el Espíritu Santo viene sobre una persona, viene para traer paz. No necesariamente. Cuando el Espíritu Santo vino sobre Saúl, él se enojó: se enojó por este pecado y se enojó por el insulto que se planeaba contra el nombre del Señor.

¿Cuánto se enojó Saúl? Así se enojo: tomó un par de bueyes, los cortó en trozos y los envió por todo el territorio de Israel por medio de mensajeros (v. 7).

Imagínate esto: estás sentado en la mesa del desayuno a la mañana, cuando de repente escuchas un fuerte golpe en la puerta. La abres y descubres un envío de entrega inmediata, una enorme caja que dice "Correo urgente". Llevas la pesada caja a la cocina y la colocas sobre la mesa. Los demás miembros de la familia se vuelven locos.

"¡Quiero un poco!".

"¡Sí, dame un poco a mí también! ¡Quiero un poco!".

"¡Cálmense!", les dices. "Ni siquiera saben qué es".

"¡No me importa, quiero un poco!".

Despacio, deshaces el nudo del cordón que envuelve al paquete, y abres la tapa. En la caja hay una inmensa cabeza de buey con una nota enganchada en uno de sus cuernos. El mensaje dice: "Esto es lo que le va a pasar a tus bueyes si no vienes rápido". Firmado: Saúl.

La gente vino.

La Biblia dice: "Y cayó temor de Jehová sobre el pueblo, y salieron como un solo hombre" (v. 7). ¿Puedes culparlos? Tú y yo probablemente también hubiéramos ido, quisiéramos pelear o no. Al menos 330 000 hombres se unieron a Saúl en la batalla contra Nahash y los amonitas. El pueblo de Dios abatió al enemigo toda la mañana hasta que Nahash y sus seguidores fueron dispersados o destruidos.

Saúl fue lo suficientemente inteligente como para reconocer la fuente de la fortaleza de su ejército. Después de la batalla algunos de sus seguidores demasiado diligentes querían exterminar a algunos de los suyos que antes se habían opuesto al liderazgo de Saúl. Se estaban entusiasmando con este asunto de la guerra. "Y Saúl dijo: 'No morirá hoy ninguno, porque hoy Jehová ha dado salvación en Israel'" (v. 13). Qué lástima que Saúl no mantuvo esa humildad una vez que solidificó su base de poder.

En esa oportunidad, sin embargo, Saúl entendió que la ira inspirada por el Espíritu Santo contra el enemigo había sido algo bueno. Los llevó a obtener un resultado justo para reunir a la gente y expulsar al enemigo de su pueblo, lo cual trajo como resultado la honra para Dios.[4] Ese mismo patrón te ayudará a derrotar al enemigo también en tu vida. Pero primero vamos a ver en dónde tiene lugar el verdadero combate.

Capítulo 8

PUESTOS DE COMBATE

E N LA GUERRA espiritual, como en cualquier guerra, las áreas estratégicas—las consideradas vitales para la supervivencia—deben ser sólidamente fortificadas para protegerlas de los ataques del enemigo. En la guerra es extremadamente importante prepararse para lo inesperado y no subestimar jamás la tenacidad de tu enemigo. En los primeros meses de la Segunda Guerra Mundial el Imperio Británico fracasó en hacer ambas cosas.

La mayoría de los estadounidenses recuerda el ataque sorpresa japonés a Pearl Harbor, el 7 de diciembre de 1941, como el elemento clave en el plan maestro de Japón para conquistar el Pacífico. Esa misma semana, sin embargo, Japón también lanzó ataques contra importantes puestos de avanzada de Estados Unidos en Filipinas, Isla Wake, Guam y las colonias británicas de Malasia, Birmania y Hong Kong.

Uno de los golpes más devastadores fue lanzado a la península de Malasia, una enorme fuente de caucho y estaño considerada crucial por los japoneses para que su esfuerzo bélico tuviera éxito. Malasia fue defendida por la estratégica ciudadela de Singapur. La fortaleza de Singapur fue construida por los británicos en los años 20 y en los años 30 con un costo de más de 270 millones de dólares. Se suponía que iba a ser la sede inexpugnable de la flota británica en el Pacífico. Los británicos consideraban que la densa jungla detrás de Singapur era virtualmente intransitable, por lo que concentraron sus esfuerzos en la defensa de un ataque desde el mar. Trajeron armas gigantescas con cañones de quince pulgadas de diámetro, colocaron su arsenal de artillería pesada en cemento y lo apuntaron hacia el océano.

Durante los primeros días de la Segunda Guerra Mundial, los británicos destinaron ochenta y cinco mil hombres a Singapur para prepararse para un "inevitable" ataque naval. Los británicos no tenían tanques ni armas para inutilizar los tanques enemigos, ya que creían que la selva era "impenetrable".

Lamentablemente, los británicos olvidaron decírselo a los japoneses, quienes atacaron la península por tierra desde el norte, arrasando a los británicos con sus tanques japoneses. Cuando estos llegaron a la parte densa de la selva malaya, recurrieron a miles de bicicletas para transportar sus tropas. En poco tiempo los neumáticos de las bicicletas se pincharon, pero las tenaces tropas enemigas siguieron traqueteando y avanzando en llantas, abriéndose camino a machetazos a través de la espesa selva.

Durante setenta días se abrieron camino a machetazos, se diseminaron y traquetearon a lo largo de la península malaya, una distancia asombrosa de más de seiscientos kilómetros. Cuando las tropas británicas demasiado confiadas se dieron cuenta al fin de que, en realidad, estaban siendo atacados por la retaguardia (a través de la "impenetrable" selva) ya era demasiado tarde. Sus impresionantes cañones de quince pulgadas que fueron colocados en cemento no podían darse vuelta para disparar a la selva así que permanecieron inútiles mientras los japoneses se abrían paso a la historia. El bombardeo japonés comenzó el 7 de febrero de 1942, y el 15 de febrero los británicos entregaron la ciudad de Singapur, junto con ochenta y cinco mil soldados, que se convirtieron en prisioneros de guerra.

Hay dos áreas estratégicas que son vitales para tu bienestar espiritual y sumamente vulnerables en la guerra espiritual.

Deben ser defendidas a toda costa. Además nunca debes estar demasiado confiado o dormirte en los laureles con respecto a estas áreas, y nunca subestimes la tenacidad de Satanás en su intento por destruirte por estas "puertas traseras". Las dos áreas que debes proteger con tu vida son tu mente y tu corazón. Estos son los lugares donde el diablo intenta atacar con más frecuencia, usando su engañosa guerra selvática.

LA BATALLA POR TU MENTE

Nunca está de más insistir con la verdad: algunas de las batallas más importantes de la guerra espiritual tienen lugar dentro de tu cabeza. Pero como ya hemos dicho, el diablo y sus demonios no pueden leer tu mente o hacer que pienses de cierta manera sobre ningún tema. El único poder del diablo es tentar. Satanás y sus asistentes son maestros en "sugerirle" el mal a tu mente. Cuando esto sucede, tu respuesta debe ser rechazar inmediatamente la idea.

Un buen ejemplo de esto en la vida de Jesús sucedió cuando preguntó a sus discípulos lo que el mundo decía de Él. Los discípulos informaron que algunas personas suponían que Jesús era Juan el Bautista, resucitado de entre los muertos; otros pensaban que podría ser Elías, y otros decían que era Jeremías o uno de los profetas (Mateo 16:14). Entonces Jesús enfocó con mayor claridad el tema para ellos. Continuó preguntándoles: "Y vosotros ¿quién decís que soy yo?" (v. 15).

Ahí está: la pregunta central acerca de Jesús. Todo lo que hicieron los discípulos con Jesús, incluyendo el tiempo personal que pasaron con Él, así como los milagros que presenciaban dondequiera que iban con Él, tuvo el propósito de traerlos a este punto fundamental. Este es momento crucial para cualquier persona cuando realmente responde a la pregunta de Jesús: "Pero tú ¿quién dices que soy yo?".

Pedro, el más franco de los discípulos, dio justo en el clavo cuando respondió: "Tú eres el Cristo, el Hijo del Dios viviente" (v. 16). Con esas sencillas palabras, el pescador convertido en discípulo pronunció una de las declaraciones más profundas de la historia humana. Al reconocer que Jesús era el Cristo, Pedro estaba diciendo: "Jesús, tú eres el Mesías; tú eres el que hemos estado observando y esperando todos estos años, todas nuestras esperanzas y sueños están cubiertos en ti".

Fue uno de los momentos culminantes de la Escritura cuando Jesús le respondió a Pedro: "Bienaventurado eres, Simón, hijo de Jonás, porque no te lo reveló carne ni sangre, sino mi Padre que está en los cielos. Y yo también te digo, que tú eres Pedro, y sobre esta roca edificaré mi iglesia; y las puertas del Hades no prevalecerán contra ella" (vv. 17-18).

Pero luego, solo cinco versículos más adelante, después de que Pedro hubo llevado aparte a Jesús y protestado por haber dicho que iría a la cruz (vv. 21-22), Jesús se volvió a Pedro y le dijo: "¡Quítate de delante de mí, Satanás!; me eres tropiezo, porque no pones la mira en las cosas de Dios, sino en las de los hombres" (v. 23).

Un momento. ¿Qué pasó? ¿De repente Pedro negó su discipulado y fue poseído por Satanás? Por el contrario, él estaba tratando de proteger a Jesús del terrible futuro que este se había profetizado. El pensamiento de Pedro, sin embargo, vino directamente de los abismos del infierno, y Jesús lo reconoció como tal. Era el mismo pensamiento engañador con que Satanás había instigado a Jesús durante su tentación en el desierto (Mateo 4:1-11): a saber, que de un modo u otro Jesús podía alcanzar los objetivos de Dios sin sufrir el dolor de la cruz. Jesús había rechazado ese pensamiento cuando Satanás se lo propuso antes, y lo rechazaba ahora cuando salía de la boca de uno de sus amigos más íntimos. Es por eso que Jesús reprendió a Pedro con tanta firmeza.

Cuando el diablo planta en tu mente un pensamiento que tú sabes que es contrario a la voluntad de Dios, no tengas miedo de reprender ese pensamiento o su fuente. Por ejemplo, si tu mente de repente parece saturada con pensamientos de suicidio, drogas ilícitas, sexo fuera del matrimonio, con involucrarte en actividades de ocultismo, con prácticas de negocios deshonestos, o cualquier otro pensamiento que sabes que va en contra de la Palabra de Dios, rechaza inmediatamente esas ideas como del diablo mismo. Habla en voz alta si quieres: "Satanás, apártate de mí. No tienes en mente las cosas de Dios, sino las de los hombres".

En una ocasión en que estaba hablando sobre este tema, un joven sincero preguntó: "¿Cómo es que se supone que no pensemos en algo?"

Buena pregunta. Es el viejo síndrome del elefante rosa: cuando alguien te dice que no pienses en elefantes rosas, aunque nunca has visto tal animal, tu mente intenta desesperadamente hacer aparecer la imagen.

La única manera en que puedes no pensar en algo es cambiar de tema. El Dr. David Seamands, escritor y orador, sugiere parpadear mucho. Eso quiebra tu concentración.[1] Pasarse la mano por la frente o mover la cabeza a menudo también ayuda, aunque puedas sentirte algo tonto al hacerlo permanentemente en tu oficina, en la escuela o el hogar.

El punto importante a entender es que no se puede simplemente dejar de pensar en lo malo; tú tienes que "cambiar de canal". Incluso después de haber rechazado los pensamientos-semillas de Satanás, es necesario reemplazar los pensamientos negativos con buenos pensamientos. De eso hablaba el apóstol Pablo cuando dijo: "Todo lo que es verdadero, todo lo honesto, todo lo justo, todo lo puro, todo lo amable, todo lo que es de buen nombre; si hay virtud alguna, si algo digno de alabanza, en esto pensad" (Filipenses 4:8).

LA BATALLA POR LO MÁS PROFUNDO DE TU CORAZÓN

La segunda área que debes guardar cuidadosamente es tu corazón. Hoy en día estamos acostumbrados a usar la frase "Te amo con todo mi corazón", haciendo referencia a nuestro corazón como la fuente de nuestras emociones. En la Biblia, sin embargo, el corazón significaba mucho más que la sensiblera fuente del sentimiento. El corazón era considerado el centro de la voluntad. De él fluían las emociones de una persona, pero, más allá de eso, el corazón representaba la *actitud* de una persona; de ahí la frase "actitud de corazón". La mayoría de nosotros no nos entusiasmaríamos demasiado con que alguien nos dijera: "Te amo con toda la actitud de mi corazón", pero desde un punto de vista bíblico, ese sería un fundamento mucho más firme sobre el cual construir una relación.

Jesús veía claramente interrelacionadas la actitud del corazón de la persona y sus acciones externas. Para Jesús era una calle de dos vías. Por ejemplo, Él dijo: "Oísteis que fue dicho: No cometerás adulterio. Pero yo os digo que cualquiera que mira a una mujer para codiciarla, ya adulteró con ella en su corazón" (Mateo 5:27-28). Jesús estaba diciendo que la codicia en la mente y en el corazón es básicamente lo mismo que el acto físico; abrigar voluntariamente actitud de corazón lujuriosa es tan pecaminoso como el acto de adulterio. Lo único que falta es la oportunidad.

Muchos hombres y mujeres suponen erróneamente que ya que Jesús equipara el pensamiento con la acción, también pueden seguir y cometer inmoralidad. Equivocado. Aunque los pensamientos lujuriosos conducen al pecado, uno puede arrepentirse de ellos, llevarlos cautivos, y superarlos sin hacer daño a otro individuo. Cuando sigues adelante con el pensamiento y cometes un acto inmoral, inevitablemente lastimarás a otro. De acuerdo; la pecaminosidad del pensamiento y de la acción pueden ser igualmente condenables, pero las ramificaciones resultantes pueden ser más severas.

Del mismo modo Jesús enseñó a sus discípulos: "Porque de dentro, del corazón de los hombres, salen los malos pensamientos, los adulterios, las fornicaciones, los homicidios, los hurtos, las avaricias, las maldades, el engaño, la lascivia, la envidia, la maledicencia, la soberbia, la insensatez. Todas estas maldades de dentro salen, y contaminan al hombre" (Marcos 7:21-23). Cuando Jesús hablaba de cambiar nuestros corazones, apuntaba directamente a nuestras actitudes.

¡QUÉ ACTITUD!

¿Alguna vez has oído a alguien decir: "Muchacho, esa persona realmente tiene actitud?" ¿Qué queremos decir con ese comentario? Por lo general, es una forma cortés de decir que esa persona es orgullosa o arrogante. Además, la mayoría de la gente está lamentablemente familiarizada con la frase: "Él (o ella) tiene una mala actitud". Esta afirmación implica generalmente que el otro es perezoso, arrogante, grosero, irrespetuoso o rebelde. Con frecuencia esta mala actitud se refleja en la rebelión contra los padres o en la rebelión contra los que tienen autoridad espiritual, económica o política.

Rebelarse contra la autoridad ordenada por Dios es un pecado grave. De hecho, cuando el rey Saúl desobedeció con rebeldía las instrucciones específicas de Dios dadas a él por el profeta Samuel, el profeta lo reprendió severamente: "Porque como pecado de adivinación es la rebelión, y como ídolos e idolatría la obstinación. Por cuanto tú desechaste la palabra de Jehová, él también te ha desechado para que no seas rey" (1 Samuel 15:23).

¿Entendiste eso? Samuel estaba hablando bajo la unción de Dios cuando dijo que la rebelión es como pecado de adivinación.

¿Qué es la adivinación? La Biblia equipara la adivinación con la brujería, la predicción de la suerte, la hechicería, la idolatría y otros fenómenos psíquicos, todos los cuales eran penados con la muerte en los tiempos del Antiguo Testamento (Éxodo 22:18; Deuteronomio 13:12-15;18:10). Si la rebelión espiritual es equivalente a la adivinación, es evidente que este tipo de actitud es mucho más que meramente ser una persona obstinada, terca o independiente. Es una actitud que se levanta contra Dios y sus representantes designados.

¡LA REBELIÓN PUEDE DESTRUIRTE!

Por ejemplo, cuando un niño desobedece voluntariamente a sus padres (suponiendo que las instrucciones o mandatos de los padres son consecuentes con las Escrituras), el niño no solo está violando el quinto mandamiento: "Honra a tu padre y a tu madre, para que tus días se alarguen en la tierra que Jehová tu Dios te da" (Éxodo 20:12); se rebela contra la autoridad de los padres, ordenada por Dios, ¡lo cual es un delito tan grave como la práctica de la brujería!

Cuando te rebelas contra tu pastor, la junta de la iglesia, o incluso contra un maestro de escuela dominical albergando inquina en tu corazón, o hablando o actuando de manera irrespetuosa hacia esa persona, cuidado. Dios no toma a la ligera tal insubordinación.

Ciertamente, esos líderes espirituales con autoridad sobre ti solamente son seres humanos falibles. Hasta los mejores líderes a veces dicen o hacen cosas que no deberían. Los hombres y las mujeres que están sinceramente consagrados al Señor, a veces toman decisiones imprudentes, o si no yerran el blanco. No obstante, aunque tú no puedas respetar a la persona, debes respetar el cargo o la posición que la persona tiene. El apóstol Pablo nos enseñó "que reconozcáis a los que trabajan entre vosotros, y os presiden en el Señor, y os amonestan; y que los tengáis en mucha estima y amor por causa de su obra" (1 Tesalonicenses 5:12-13).

Cuando toleras actitudes de odio, amargura o resentimiento en tu corazón, estás abriendo la puerta de tu vida al ataque demoníaco. Es como poner sobre la puerta de tu corazón un gran letrero que dice: "A todos los demonios: ¡vamos, entren!". A los demonios les encanta habitar en una vida llena de emociones negativas. Albergando actitudes negativas en tu corazón, les estás ofreciendo un refugio seguro. Ellos no tienen que seducirte, engañarte, o tentarte para que des cabida a más demonios. Tú estás haciendo el trabajo sucio por ellos.

Por supuesto, una vez que abres la puerta, los demonios entrarán corriendo y harán todo lo posible para mantenerte atado por el odio, la amargura o el resentimiento. Continuamente ajustarán más y más cuerdas de animosidad alrededor de tu corazón todo el tiempo que tú se los permitas.

Muchos cristianos viven vidas derrotadas a pesar de que oran y leen la Biblia, van a la iglesia y dan dinero a las misiones. A menudo, la razón por la que el diablo ha podido hacer estragos en sus vidas no se debe a su falta de compromiso. Es a causa de su incapacidad de perdonar a alguien que los hirió en el pasado. Shelly era una persona así.

Mientras crecía, Shelly era una atractiva integrante de la Sociedad Nacional de Honor de su escuela, llena de vida y sincera cristiana que no temía defender su fe. Su vida en el hogar, sin embargo, era una historia diferente. La mamá y el papá de Shelly se habían divorciado, por lo que Shelly y su hermano Stephen, de seis años de edad, vivían con su madre en un pequeño apartamento destartalado.

La mamá de Shelly trabajaba en el turno de tres a once de la noche como camarera en la parada de camiones local, por lo que Shelly pasaba la mayor parte de sus tardes estudiando, viendo la televisión, y como niñera de Stephen. Rara vez tenía citas y tenía demasiada vergüenza para invitar amigos al apartamento. Su único escape de la existencia mundana era el tiempo que pasaba con el grupo juvenil de su iglesia todos los domingos por la noche. Allí conoció a Jesucristo.

Shelly estudiaba la Biblia y hacía todo lo posible para vivir una vida cristiana, pero había dos problemas que la seguían persiguiendo. En primer lugar, extrañaba terriblemente a su papá; y en segundo lugar, odiaba a su mamá por permitir que ocurriera el divorcio. Aunque Shelly sabía que el divorcio había sido de mutuo acuerdo, culpaba a su mamá por haber hecho que su papá se fuera. Ella sentía que su mamá había instigado el divorcio, por lo que deducía que la pobre situación económica de la familia también era culpa de su mamá, así como la pobre vida social de Shelly. La amargura y el resentimiento profundamente arraigados seguían carcomiendo a Shelly y creaban una tensión constante entre ella y su madre.

También hizo algo más. Eso abrió una puerta en la vida de Shelly al ataque demoníaco. Como resultado ella se volvió depresiva crónica y permaneció así durante sus primeros años de adulta. Su actitud se hizo cada vez más letárgica, y se enfermó físicamente. Frecuentemente pensaba en suicidarse.

El pastor Brian y algunos de los amigos de Shelly fueron a visitarla una noche. Habían oído que había enfermado y se ofrecieron a orar por ella. El pastor Brian le preguntó a Shelly si había algunos problemas específicos por los cuales deberían orar. Él no estaba preparado para la respuesta de Shelly. Ella criticó amargamente el divorcio de su mamá y su papá y cómo su propia vida se había arruinado a consecuencia de ello. "Todos me abandonaron", recriminó, "hasta Dios".

El pastor Brian reconoció la raíz de amargura que había crecido en la vida de Shelly. Le dijo: "Shelly, creo que el Señor me está guiando a decirte que tú realmente nunca dejaste que tu mamá y tu papá salieran del anzuelo por haberse divorciado. En realidad nunca los has perdonado, y esas raíces de amargura y resentimiento están envueltas alrededor de tu corazón. Y si no te arrepientes y renuncias a ellas como obras de Satanás que son, ellas te van a matar".

Shelly vio seriedad en el rostro del pastor, y eso la asustó porque sabía que le estaba diciendo la verdad. Se arrodilló allí mismo, delante de sus amigos y se arrepintió por su horrible actitud de toda la vida. Pidió a Dios que la perdonara y limpiara su corazón.

"Dame vuelta, Señor, y quita toda la basura de mí", oró. "Entonces, por favor, da vuelta otra vez mi vida y lléname de ti. Y, Señor, por favor, ayúdame a amar a mis padres, sobre todo a mamá, y ayúdame a perdonarlos. En este momento, quiero librarlos del divorcio. Yo creo que tú me has perdonado de mis pecados, así que perdono a mis padres por los suyos".

Cuando Shelly se incorporó, le parecía que un peso de diez toneladas había sido quitado de sus hombros. Por primera vez en años tenía ganas de sonreír y reír y alabar a Dios junto con sus amigos.

A la noche siguiente, Shelly fue a visitar a su mamá. Tuvieron una charla íntima, y Shelly le pidió que la perdonara por su mala actitud. Luego agregó: "Y mamá, quiero que sepas que los perdono a ti y a papá por divorciarse".

Shelly apenas había acabado de pronunciar las palabras cuando su mamá se echó a llorar. Asió a Shelly y la abrazó con fuerza, llorando en el hombro de su hija.

"¡Oh, Shelly, gracias!", dijo su mamá entre lágrimas. "Estoy segura de que nunca entendiste todos los detalles de nuestro divorcio, y yo nunca pude hablar bien de eso contigo. Pero todos estos años me he sentido como un pez retorciéndose en un anzuelo. No podía escapar, y cuanto más me retorcía, más profundamente se hundía el anzuelo en mí. Ahora al fin siento que me lo han quitado".

Shelly miró a su madre con asombro. Apenas podía creer lo que oía. Su mamá estaba describiendo su relación en términos casi idénticos a los que usó el pastor Brian. Le habló a su mamá acerca del pastor y de la visita de sus amigos, y en particular sobre la amonestación que el pastor Brian amablemente le había hecho. Entonces, tanto Shelly como su madre lloraron mucho juntas. Pasaron la mayor parte de la noche hablando con sinceridad y orando juntas y una por la otra. Fue un nuevo comienzo para ambas.

Si tú has estado albergando rencor, resentimiento, orgullo, arrogancia, incredulidad o cualquier otra actitud negativa en tu corazón, por favor no te desligues diciendo: "Bueno, yo soy así. Eso es parte de mi personalidad". Sí, eres así y esa es tu personalidad, pero también es pecado, y está dándole al diablo y a sus demonios una gran posibilidad de balear tu corazón. Todos tus esfuerzos para evitar un ataque frontal serán inútiles si permites que la "puerta de atrás" de tu vida permanezca abierta y sin protección. Si escuchas con atención, es probable que puedas oír los sonidos del enemigo abriéndose paso a machetazos a través de la selva.

Capítulo 9

¡LÁVATE LA BOCA CON JABÓN!

CUANDO ERA UN niñito, si yo decía una mala palabra o hablaba de alguna otra mala manera, mi mamá me llevaba escaleras arriba hasta el lavabo del baño, tomaba una barra de jabón, formaba una buena espuma, y luego me hacía lavar los labios, la lengua y la boca. Puedes estar seguro de que nunca más volvía a decir esas palabras...al menos, no al alcance del oído de mamá. Hoy en día mamá probablemente habría sido acusada de abuso de menores, pero pronto aprendí que las palabras tienen un poder propio, y que no todas las palabras son apropiadas.

Muchos cristianos contemporáneos podrían hacerse un "lavado de boca" similar. Nuestras bocas, que deberían ser un medio de bendecir a la gente, muy a menudo son el medio para maldecirla. Por supuesto, la mayoría de nosotros nunca se acerca a la gente y le dice: "Te maldigo", pero por nuestros comentarios y conversaciones negativos con frecuencia permitimos que nuestras bocas sean armas que el diablo puede usar para destrozar a otros. Las heridas infligidas por palabras muchas veces duelen tanto o más que los golpes físicos. Muchos cristianos han sido destrozados por declaraciones negativas dichas de ellos. Peor aún, muchas de esas palabras punzantes salen de la boca de miembros de la familia, amigos o compañeros creyentes.

Un importante principio espiritual está en juego aquí. El escritor Dean Sherman dice: "Realmente con nuestra boca podemos desatar bendición sobrenatural, o facilitar el ataque del enemigo sobre las personas".[1] Santiago, uno de los líderes de la Iglesia primitiva después de la resurrección de Cristo, escribió a los cristianos del primer siglo acerca de este asunto. Casi puedes ver a Santiago negando con la cabeza en señal de frustración mientras escribe sobre la dificultad de domar la lengua y su poder para hacer el bien o el mal: "Con ella bendecimos al Dios y Padre, y con ella maldecimos a los hombres, que están hechos a la semejanza de Dios. De una misma boca proceden bendición y maldición. Hermanos míos, esto no debe ser así" (Santiago 3:9-10).

BENDICIONES Y MALDICIONES NO SON COSA DE RISA

Las bendiciones y maldiciones se toman muy seriamente en la Biblia. Capítulos enteros enumeran las bendiciones que vendrán al pueblo de Dios si obedece su Palabra y las maldiciones que vendrán sobre los que no lo hacen (por ejemplo, mira Deuteronomio 27-28). El renombrado erudito bíblico T. Lewis, escribiendo en la *International Standard Bible Encyclopedia* (Enciclopedia Bíblica Estándar Internacional), explica:

> Cuando se pronuncia una maldición contra cualquier persona no debemos entenderlo como un mero deseo, aunque violento, de que le ocurra un desastre a la persona en cuestión, como tampoco hemos de entender que una correspondiente "bendición" simplemente expresa un deseo de que la prosperidad sea la suerte de la persona sobre quien se invoca la bendición. Se consideraba que una maldición poseía el poder inherente de realizarse.[2]

En otras palabras, este asunto de la bendición y la maldición no es un truco. Comprende, cuando la Biblia habla de maldición, significa mucho más que nuestras ideas modernas de decir malas palabras, proferir vulgaridades, o usar palabras "sucias". Maldecir a una persona (según el Antiguo Testamento) era en realidad desatar poder espiritual contra ella. Por eso Dios dijo que maldeciría a cualquiera que maldijera a su pueblo (Números 24:9).

Por otro lado, bendecir a alguien también tenía una increíble significación. Una vez que se pronunciaban las palabras de bendición, el que hablaba no podía retractarse. ¿Recuerdas la historia de Jacob y Esaú? Jacob engañó a su padre, Isaac, para que le diera la bendición que normalmente hubiera sido para el hijo primogénito, Esaú (Génesis 27). La historia no tendría sentido si no valiera la pena tener la bendición del padre.

Muchos otros ejemplos de bendiciones se registran en las Escrituras. Noé bendijo a sus hijos Sem y Jafet (Génesis 9:26-27), Dios bendijo a Abraham y le dijo que a través de Isaac, su hijo, se convertiría en una gran nación y una bendición para todo el mundo (Génesis 12:2-3; 22:17-18). A menudo las palabras de bendición eran acompañadas con el gesto simbólico de imponer manos sobre la persona que iba a ser bendecida o de levantar las manos hacia ella. Así es como Isaac pudo haber bendecido a Jacob (Génesis 27:27-28) y Jacob, a su vez, bendijo a sus hijos (Génesis 49:28). También es así como Jesús bendijo a sus discípulos (Lucas 24:50), y a los niños a quienes les gustaba reunirse alrededor de Él (Marcos 10:16).

Jesús llevó la cuestión de las bendiciones aun más lejos. No solo nos enseñó a bendecirnos unos a otros y a nuestras familias; Jesús nos enseñó: "Bendecid a los que os maldicen, y orad por los que os calumnian" (Lucas 6:28). El apóstol Pablo tomó el mismo punto y lo amplió: "Bendecid a los que os persiguen; bendecid, y no maldigáis" (Romanos 12:14).

"¿Qué tiene que ver todo esto con la guerra espiritual?",

puedes preguntarte. Simplemente esto: sin duda, el diablo y sus demonios entienden el poder de nuestras palabras, aun mejor que nosotros. Siempre que sueltas una letanía de lenguaje negativo y grosero, Satanás y sus ayudantes están ahí, listos para montar las olas de esas palabras tan lejos como puedan, a menudo justo en la mente subconsciente de una persona.

Tú necesitas desesperadamente entender que tus palabras son poderosas, y que tu boca puede ser un medio de bendición y aliento o de maldición y muerte. La Escritura dice: "La muerte y la vida están en poder de la lengua" (Proverbios 18:21). Tal vez por esa razón David oró: "Pon guarda a mi boca, oh Jehová; guarda la puerta de mis labios. (Salmo 141:3).

Nuestras palabras tienen vida propia. Una vez que las dijiste, ya sean positivas o negativas, están ahí fuera. Nunca dejan de existir. Tus palabras tienen una vida media más larga que la de los residuos radiactivos.

¿Alguna vez has dicho algo que realmente no quisiste decir? ¿O tal vez las palabras salieron de tu boca sonando mucho más ásperas que lo que pretendías? Rápidamente dices: "Me retracto", pero es demasiado tarde. Una vez dichas, es imposible recuperar las palabras.

Por eso debemos tener mucho cuidado con lo que decimos de nosotros mismos, de los demás y sobre lo que creemos que Dios quiere que hagamos, o lo que Él quiere hacer en y a través de nosotros. Veamos brevemente estas tres áreas.

CUIDA TUS PALABRAS ACERCA DE TI MISMO

Desde que Adán y Eva lo echaron todo a perder en el jardín del Edén, los seres humanos erramos de un extremo o del otro respecto a la opinión que tenemos de nosotros mismos. A veces tendemos a pensar y hablar de nosotros mismos mejor de lo que deberíamos, inclinándonos hacia el orgullo pecaminoso. Esta actitud tiene sus raíces en una visión exaltada de sí mismo; fue la causa de la rebelión en la vida de Adán y Eva, y dio lugar a su caída y a la expulsión final del jardín.

Por otro lado, a veces tendemos a revolcarnos en el lodazal de la baja autoestima. Porque sabemos que somos "criaturas caídas," pensamos en nosotros como carentes de valor y decimos cosas horribles de nosotros mismos. Muchos cristianos confunden el sentir lástima de sí con la verdadera humildad. Están obsesionados con menospreciarse. La genuina humildad es una de las grandes virtudes que una persona puede tener. Lamentablemente, algunas personas han sustituido con una actitud de autodenigración el rasgo positivo y santo de la humildad.

Tú conoces a clase de gente. Va por allí arrastrándose por el suelo, menospreciándose siempre con sus palabras o acciones. Viven con la errónea idea de que están siendo "modestos". "¡Sé un felpudo para Jesús!" es su lema, junto con el famoso comentario de Rodney Dangerfield: "No me respetan".[3] Tales comentarios negativos serían bastante malos en sí, pero cuando los cristianos "espiritualizan" sus palabras y actitudes negativas acerca de sí mismos, pensando que están demostrando cuán humildes son, su autocensura se convierte en un insulto a Dios y en una oportunidad para Satanás.

Tú probablemente has escuchado frases como estas antes:

"Supongo que Dios me ama, pero yo no me soporto".

"Soy un bueno para nada".

"Todo lo que toco lo arruino".

"Qué mala persona que soy".

"Dios nunca podría usar mi vida".

La verdad es que estos menosprecios personales no son característicos de la humildad genuina, como la de Cristo. De hecho, esta forma de hablar respecto de nosotros mismos va en contra de todo lo que Dios ha dicho acerca de nosotros. La humildad cristiana significa que podemos vivir sin la incesante necesidad de llamar la atención. Aunque reconocemos nuestra pecaminosidad, nos rehusamos a vivir en ella, y cuando el Espíritu Santo nos convence de pecado, nos apresuramos a arrepentirnos. En lugar de hablar constantemente de nuestros defectos, preferimos concentrarnos en Cristo y centrar nuestras conversaciones en torno a Él: quien es Él, quienes somos nosotros en Él, y esas cosas que son agradables a Cristo.

La sincera humildad reconoce nuestros puntos fuertes y nuestras debilidades, nuestros fracasos, así como nuestros éxitos. No es necesario que nos inflemos por nuestros éxitos, ni tampoco que nos flagelemos por nuestros fracasos. En las buenas y en las malas podemos confiar en el Señor, que prometió usar para su gloria y para nuestro bien todas las cosas que nos suceden (Romanos 8:28).

HABLAR MAL DE TI

Sabiendo todo esto, ¿por qué entonces seguimos menospreciándonos? Detengámonos y escuchemos algunas de las cosas horribles que has estado diciéndote a ti mismo y de ti mismo:

"Soy un estúpido".

"No puedo hacer nada bien".

"Si hay una manera de echar a perder algo, la voy a encontrar".

"Yo nunca podría llegar a nada para el Señor".

"No puedo dejar de fumar" (o beber, o mentir, o maldecir, o decir malas palabras, o usar drogas, o vivir inmoralmente).

"No puedo vivir como Dios quiere que viva".

"Yo siempre postergo todo".

"No puedo llevarme bien con los demás".

"Me odio a mí mismo".

"Soy un pobre estudiante".

Durante todo ese tiempo, Satanás está ahí para "secundar" tus mociones y con frecuencia les agrega. "Eso es correcto", dice. "Eres una mala excusa como ser humano. No, tú nunca podrías hacer algo grande para Dios. Después de todos los horribles pecados que has cometido, ¿cómo es posible que Dios pudiera usar a alguien como tú?" ¿Y de dónde obtuvo el diablo todos sus argumentos? Los recibió de ti, recogiendo tus propios comentarios negativos acerca de ti mismo.

Imagínate que tú y tu amigo más íntimo están caminando por la calle juntos cuando de repente, sin razón alguna, tu compañero empieza golpearte en el estómago con todas sus fuerzas. Luego, mientras te doblas de dolor y sin aliento, te da con la rodilla en la nariz. Te caes al suelo, retorciéndote de dolor, y comienza a darte patadas y salta y se tira sobre ti.

"¡Un momento!", te oigo gritar. "Con amigos como ese…"

Estás totalmente en lo cierto. Sin embargo, eso es precisamente lo que muchas personas se hacen a sí mismas. Con sus palabras negativas acerca de sí, en repetidas ocasiones se dan una paliza y, luego, de manera masoquista, ¡siguen viniendo por más! Ellos mismos se arengan con toda clase de rótulos despreciables y desalentadores.

"¡Qué ganso que soy!".

"Cerebro atrofiado".

"Así se hace, imbécil".

"¡Bobo! ¡Estúpido! ¡Charlatán! ¡Despreciable!".

"Vamos, estúpido. ¡Qué *nerd* que eres! Ogro bruto. Cerdo".

"¡Perdedor!".

ELIGE CUIDADOSAMENTE TUS RÓTULOS

Los rótulos que usas en tu ropa no son tan importantes como los que te pones a ti mismo con tus propias palabras. Las palabras que utilizas para describirte a se manifestarán en lo que dices y haces.

Un día le estaba explicando este principio a mi sobrino, Eric, en un campo de golf. Ambos estábamos golpeando mal la pelota, y Eric se estaba volviendo más frustrado y enojado con cada tiro.

"¡Bien hecho, imbécil!" se dijo después de un tiro particularmente malo.

"Eric, no digas eso", le advertí. "Tú no eres un imbécil. Eres inteligente, amable, sensible, fuerte, generoso, y un tipo decente en todo sentido. Encima de todo eso, eres un golfista bastante bueno."

"Sí, bueno, gracias", se sonrojó tímidamente Eric. "Pero, ¿qué se espera que diga cuando hago un tiro horrible?".

"Di: 'Con seguridad que eso no fue como yo. Fue un mal tiro, pero el siguiente va a estar justo donde lo quiero'".

Los dos hicimos nuestros tiros e inmediatamente arrojamos dos hermosas pelotas de golf al olvido, en algún lugar del profundo y oscuro "agujero negro" que solo conocen los golfistas que tienen un mal día. Subiendo y bajando por las calles, podrías haber oído: "Ese no es como yo. ¡Ese *no* es como yo!".

"¡Ni como yo tampoco!".

Cuida tus conversaciones acerca de ti mismo, porque el diablo y sus demonios están escuchando con atención, esperando encontrar un camino a través del cual poder penetrar tus defensas.

Cuida tus palabras acerca de otros

¿Te has dado cuenta de que los cristianos pueden decir cosas terribles unos de otros? Aunque seamos reticentes a admitirlo, la mayoría de nosotros disfruta al escuchar algo negativo sobre otra persona, algún chisme jugoso. Escucha algunas de tus conversaciones en torno a la mesa del almuerzo, en el gimnasio, o donde sea que se reúne un grupo (incluso los que se congregan aparentemente en el nombre del Señor), y te impactará descubrir cuánto de nuestra charla se centra en torno a comentarios negativos sobre otras personas, incluyendo chismes sobre compañeros creyentes.

A Satanás le encanta cuando los cristianos hablan mal unos de otros. Están haciendo el trabajo sucio del diablo. Sin duda, esa es una razón por la cual el apóstol Pablo tuvo algunas palabras firmes sobre este tema. El apóstol dijo:

> Por lo cual, desechando la mentira, HABLAD VERDAD CADA UNO CON SU PRÓJIMO; porque somos miembros los unos de los otros. AIRAOS, PERO NO PEQUÉIS; no se ponga el sol sobre vuestro enojo, ni deis lugar al diablo…Ninguna palabra corrompida salga de vuestra boca, sino la que sea buena para la necesaria edificación, a fin de dar gracia a los oyentes.
> —EFESIOS 4:25-27,29, ÉNFASIS AÑADIDO

Pablo básicamente está diciendo: "Vamos a empezar a edificarnos unos a otros con nuestras palabras, en vez de derribarnos unos a otros".

Cuando se trata del hablar no cristiano, una sola norma es aceptable: la abstinencia total. No se puede jugar con los chismes; eso va a quemar a alguien cada vez. Incluso la calumnia sutil, macerada en "cristianés" es una zona prohibida para un verdadero creyente. ¿Alguna vez has tratado de camuflar chismes con una petición de oración? Ya sabes cómo es. "Realmente es necesario que oremos por Jody y Tim. Oí que su matrimonio está en serios problemas porque Jody anda con su jefe". Por supuesto, raramente oran por Jody y Tim. Tú *hablaste* de orar por ellos, difamando su reputación mientras pasabas maliciosos bocados de chismes.

El rey David se dio cuenta de la peligrosidad de este pecado sutil. Escribió: "Al que solapadamente infama a su prójimo, yo lo destruiré" (Salmo 101:5). Jesús también nos recordó las consecuencias eternas de nuestras palabras cuando dijo: "Mas yo os digo que de toda palabra ociosa que hablen los hombres, de ella darán cuenta en el día del juicio. Porque por tus palabras serás justificado, y por tus palabras serás condenado" (Mateo 12:36-37).

Advertencias como esas deberían hacernos parar y pensar antes de denigrar a otra persona. Acostúmbrate a no decir nunca a espaldas de un hermano o una hermana algo que no le hayas dicho ya cara a cara, o que no podrías decirle a esa persona mirándola directamente a los ojos. Si es absolutamente necesario comentar respecto a una persona o situación, por lo menos ten el valor y la cortesía de prologar tu comentario con un calificativo tal como "En mi opinión", o "Según entiendo...", o, "La forma en que veo". De esa manera tu reputación también estará en juego.

Mejor aún, trata de ser positivo y asemejarte a Cristo en todas tus conversaciones acerca de otras personas. Bendice con tus palabras. Si no puedes bendecirlos, al menos no los maldigas. Coloca un imaginario cartel de "Silencio, por favor" sobre tus labios. Como dice el viejo refrán: "Si no puedes decir nada bueno, no digas nada". No le des al diablo una oportunidad de causar discordia.

Cuida tus palabras acerca de la Palabra de Dios

Al diablo le gusta interrumpir o desviar la obra de Dios por medio de las palabras negativas del propio pueblo de Dios. Tenemos que entender que podemos destruir en un instante con nuestra boca lo que durante semanas, meses o incluso años

Dios ha estado planeando, preparando y moldeando para que su pueblo lo haga.

Todos hemos oído esas detestables palabras que automáticamente anuncian la muerte a nuevas ideas dentro del cuerpo de Cristo: "Bueno, nunca lo hemos hecho así..." o, peor aún, "Sí, bueno, ya intentamos eso una vez, y no funcionó".

Lamentablemente, casi cada grupo del pueblo de Dios es "bendecido" con alguien que puede decirte todas las razones por las que no puedes hacer lo que Dios te ha llamado a hacer. Un ejemplo clásico de esto tuvo lugar cuando el pueblo de Dios que había sido liberado de la esclavitud del diablo en Egipto llegó a las fronteras de Canaán, la tierra de los sueños de Dios para ellos. (Mira Números 13-14.) Dios le había prometido a su pueblo una rica posesión, una tierra que fluye leche y miel, un futuro fantástico. Solo había un problema: la tierra prometida que Dios había preparado para su pueblo ya estaba habitada.

Anticipándose a una batalla, Moisés envió doce espías a Canaán para verificar la oposición. Después de seis semanas, los exploradores volvieron con su informe.

"Es como escuchamos", compartieron con entusiasmo en la fiesta de bienvenida.

Y todo el pueblo respondió: "Amén".

"Es una tierra que fluye leche y miel", dijeron con entusiasmo los espías. "Miren estas uvas. Echen un vistazo a estas granadas. Vaya, son más grandes y saben mejor que cualquiera que hayamos conocido. Y tengan. Prueben un poco de esta miel. ¿No es excelente?".

Y todo el pueblo respondió: "¡Amén!".

Pero entonces llegó la mala noticia. "Pero hay gigantes en la tierra, y en comparación con ellos, parecemos un montón de langostas".

Y todo el pueblo dijo: "¡Oh, mi Dios!".

"Por lo tanto", concluyeron los espías, "no podemos entrar y tomar la tierra".

Y todo el pueblo dijo: "Los oímos, espías. Volvamos a Egipto".

Todo el pueblo quería volver atrás, excepto dos de los exploradores, Josué y Caleb, quienes dijeron: "¡Basta! No es así. Bien que podemos poseer la tierra, *porque nuestro Dios nos la ha dado a nosotros*".

Josué y Caleb no eran ingenuos o excesivamente optimistas en su evaluación. Tenían los mismos hechos que sus compañeros espías. Admitieron la existencia de los gigantes, la oposición y los obstáculos, pero la diferencia fue que *creyeron en Dios*. Se negaron a aceptar las palabras de sus amigos y familiares cuando contradijeran la Palabra revelada de Dios. Además se negaron a verse a sí mismos como langostas listos para ser pisoteados por el enemigo. En cambio, se vieron como hombres de Dios, saliendo como guerreros de acuerdo con la Palabra de Dios para hacer la voluntad de Dios.

Josué y Caleb tenían los mismos datos que los escépticos y los que insistían en hablar y escuchar los informes negativos, pero extrajeron conclusiones diferentes. En consecuencia, de más de dos millones de personas que salieron de Egipto, solo dos, Josué y Caleb, finalmente entraron en la Tierra Prometida por Dios. Los demás eran un reproche al nombre de Dios. Ellos lo deshonraron con sus bocas (al igual que con sus mentes y corazones), y como resultado pasaron el resto de su vida deambulando en círculos por el desierto hasta morir. Dios levantó a una generación completamente nueva de guerreros que estaban dispuestos a confiar en su Palabra, y ellos entraron y conquistaron la tierra.

Yo creo que Dios está haciendo algo similar en la actualidad. Por eso es vital que cuidemos nuestras mentes y corazones y observemos cuidadosamente nuestras palabras, para no dar al diablo una oportunidad de lanzar un exitoso ataque por sorpresa o cualquier otra clase de ardid.

El grupo de guerreros que creció en el desierto tuvo que aprender las lecciones de sus padres y madres, lo bueno y lo malo. Más que eso tuvieron que aprender quién era y dónde estaba el enemigo. Pero como nunca habían conocido más que la sucia, seca, incómoda y errante vida del desierto, estaban entusiasmados con expulsar al enemigo y entrar en las promesas de Dios.

Ahí es donde veo la actual cosecha de guerreros del desierto en el Reino de Dios. Ellos están listos para luchar por lo que Dios ha dicho que les pertenece. Vamos, agárrate. Nos estamos preparando para entrar en territorio enemigo.

Capítulo 10

EL LUCHADOR Y EL GUERRERO

ANTES DE QUE entres en la gresca, es importante que entiendas los distintos tipos de oponentes que enfrentamos. En Efesios 6:10-18 el apóstol Pablo nos da dos ilustraciones que describen nuestro combate con el enemigo: el luchador y el guerrero. Primero, Pablo nos advierte: "Porque no tenemos lucha contra sangre y carne, sino contra principados, contra potestades, contra los gobernadores de las tinieblas de este siglo, contra huestes espirituales de maldad en las regiones celestes" (v. 12).

Cuando lees por primera vez las palabras de Pablo, suena como si solo estuviera haciendo una lista espiritual, pero no es ese el caso. Cada palabra está saturada de significado.

En los días de Pablo, la lucha libre era un deporte mucho más destacado de lo que es hoy. Era muy popular entre los espectadores, que ovacionaron a sus atletas favoritos. Había, sin embargo, una diferencia fundamental entre los combates de lucha libre de la antigüedad y los de nuestros días. El perdedor perdía con frecuencia más que el evento; al perdedor de una lucha griega ¡se le sacaban los ojos!

A diferencia de algunos deportes, la lucha libre requiere una gran cantidad de contacto físico con el oponente. Pero se necesita más que mera fuerza y poder para ganar un combate. Un buen luchador sabe que para llegar a la cima, debe ser más listo que su oponente. Por consiguiente la lucha requiere una cantidad increíble de concentración y continuo gasto de energía. Aflojar, aunque sea por un momento, es darle ventaja a tu oponente.

Las apariencias pueden ser engañosas durante un combate de lucha libre. A veces puedes ver a dos luchadores inmóviles trabados en una apretada toma, y la apariencia externa es como si no estuvieran haciendo nada. Las personas que no están familiarizadas con el deporte o que nunca han participado en un combate de lucha libre podrían decir: "Mira a esos chicos. Están arrodillados allí, agarrándose uno al otro y sin hacer nada significativo. ¿A esto le llamas emocionante?".

Lo que no entiende el no iniciado como fan de lucha libre es que incluso en esos momentos de aparente inactividad, los luchadores están gastando enormes cantidades de energía física en su esfuerzo por vencerse uno al otro. Si pudieras utilizar un medidor de presión para medir la presión que está ejerciendo cada uno sobre el cuerpo del otro, la aguja del medidor se estrellaría contra la zona roja de peligro.

Los luchadores no pueden pedir una pausa o tomarse un descanso. El combate continúa hasta que uno de los dos es sujetado contra el piso o termina el tiempo asignado para el combate. Es verdaderamente una lucha hasta el final.

Al igual que en la lucha libre, no hay pausas en la guerra espiritual; la batalla continúa día y noche. El diablo no se va de vacaciones, no celebra las fiestas tomándose uno o dos días libres del trabajo. Es por eso que el apóstol Pedro dijo: "Sed sobrios, y velad; porque vuestro adversario el diablo, como león rugiente, anda alrededor buscando a quien devorar; al cual resistid firmes en la fe" (Pedro 5:8-9).

Este león nunca duerme. Acecha constantemente, buscando a quién atacar. No tienes que dejar que eso te asuste, pero siempre debes estar consciente del potencial peligro.

En uno de los barrios donde vivimos años atrás, los vecinos

del otro lado de la calle tenían un hermoso labrador blanco al que llamaron "Alforfón". Era un perro amistoso, pero enorme. Un día escuché que la bocina de nuestro auto sonaba sin cesar en nuestra acera. Salí y vi que Alforfón estaba de pie en posición vertical con las patas traseras en el suelo y las delanteras en el techo del coche por encima de la puerta. Mi esposa y las niñas estaban tan asustadas que no querían salir del coche. Realmente no podía culparlas; requirió toda mi fuerza sacar a Alforfón del vehículo.

Normalmente nuestros vecinos mantenían a Alforfón encerrado o atado con una correa, pero de vez en cuando lo dejaban suelto. Cuando Alforfón veía a nuestras hijitas jugando en el patio, salía disparado a través de la calle, corría hacia nuestro patio y tiraba a las chicas al suelo. Nunca las mordió, pero sin duda a todos nos dio algunos sustos. Enseñamos a nuestras hijas que cada vez que lo veían acercarse, tenían que llamar a papá y subirse inmediatamente a su casita del árbol hasta que papá pudiera llegar y lidiar con Alforfón.

¿Estaba nuestra familia consciente de Alforfón? Oh, sí. ¿Teníamos miedo de él? Realmente no. Nuestras hijas aprendieron que papá era más fuerte que el perro, y que cuando el perro venía ladrando a nuestra propiedad, lo único que tenían que hacer era llamar a papá, y la ayuda estaría en camino.

La actitud de mi familia hacia Alforfón es similar a la forma en que consideramos al diablo. ¿Somos conscientes de él? Oh, sí. ¿Tenemos miedo de él? Absolutamente no. Sabemos que cada vez que venga a acechar nuestras vidas, todo lo que tenemos que hacer es llamar a nuestro Padre celestial.

Algunos maestros bíblicos explican la ilustración del diablo que dio Pedro del león rugiente (1 Pedro 5:8) diciendo que Satanás es un león con una correa larga. El diablo, dicen, no puede tocarte, solo puede ir hasta cierta distancia antes de que la correa lo vuelva a ubicar en su lugar. Sin embargo, si entras en su esfera de influencia, el león rugiente puede alcanzarte, y hacerte pedazos.

Me gusta esa ilustración pero añadiría una cosa. Creo que la correa es similar a la correa con "control remoto" que nuestros vecinos compraron para Alforfón. El perro tenía un collar especial que llevaba incorporado un receptor a batería. Sus dueños tenían el control remoto junto con el transmisor. Ya que Alforfón no estaba atado con ninguna correa visible, a la mayoría de la gente le parecía que estaba libre.

Él estaba libre para vagar por la tierra de nuestros vecinos por donde quisiera correr, pero en el momento en que los vecinos lo veían salir de sus límites, presionaban un botón del transmisor que enviaba una señal de alta frecuencia al collar de Alforfón. Alforfón aprendió rápidamente por experiencia lo que quería decir esa señal. DETENTE YA MISMO DONDE ESTÁS. Aunque no podíamos ver que presionaban el botón o escuchar la señal de alta frecuencia, podíamos ver los resultados de ese encuentro invisible. Alforfón siempre se volvía a su casa enfurruñado.

Algo similar ocurre en el reino espiritual cada vez que el diablo o los demonios tratan de atacarte. Si estás viviendo con las manos limpias y un corazón puro y no pisas la esfera de influencia del diablo, abriendo la puerta al pecado, el diablo no puede tocarte. Cuando el león intenta saltar los límites, suena el "transmisor celestial", y Dios envía a sus ángeles para sacar a los demonios de tu situación.

Eso no implica que en ocasiones no le sucedan cosas malas a la gente buena, o que al cometer actos aislados de pecado estás negando el poder de Dios o su disposición a protegerte. Estamos en una guerra, después de todo, y como en cualquier conflicto, hasta los buenos soldados, así como personas inocentes, pueden cometer errores, tropezar, caer, o lastimarse de otro modo. Pero manteniendo puro tu corazón y permaneciendo cerca de Jesús, no tienes nada que temer.

No puedes distinguir a los jugadores sin una tarjeta de puntuación

Volviendo a la imagen de luchador de Pablo (Efesios 6:12), observa que el apóstol no sugiere que luchemos directamente contra el diablo. En parte, esto es así porque Satanás solamente puede estar en un lugar a la vez, y normalmente tiene asuntos más importantes que atender que a ti o a mí. Pablo nos enseña, sin embargo, que podemos esperar encontrar hordas demoníacas a quienes Satanás ha delegado responsabilidades malignas. Pablo menciona varias categorías de oposición demoníaca que probablemente enfrentemos: los principados y potestades, los gobernadores de las tinieblas, y las fuerzas espirituales de maldad en las regiones celestes. La mayoría de los eruditos bíblicos cree que estas categorías representan diferentes áreas de influencia demoníaca en nuestro mundo.

Los principados

La palabra que el apóstol Pablo utiliza para describir estos principados demoníacos es *arjé* lo cual nos recuerda el término "arcángel". La palabra también se puede traducir como "gobernantes" o "príncipes".[1] Un ejemplo de estos príncipes satánicos de alta jerarquía se puede encontrar en Daniel 10:13,20, donde el ángel satánico conocido como el príncipe de Persia intentó bloquear al ángel celestial asignado por Dios para traer la respuesta a las oraciones de Daniel. La batalla tuvo lugar en el reino invisible de los cielos durante veintiún días antes de que el arcángel celestial, Miguel, viniera a ayudar a derrotar al príncipe de Persia y a sus príncipes (Daniel 10:12-13). Daniel también menciona una inminente batalla con el príncipe de Grecia (10:20).

En su libro *The Adversary* (El Adversario) Marcos Bubeck considera que estos arcángeles diabólicos tienen gran poder y mucha libertad para operar bajo los auspicios de Satanás.[2] Asimismo el escritor y exprofesor del Seminario Teológico Fuller, Dr. C. Peter Wagner se refiere a este tipo de ángel demoníaco como "espíritu territorial", un arcángel satánico que tiene "gobierno" sobre un área en particular.[3] Ese gobierno puede ser sobre una ciudad, estado o nación, pero posiblemente puede ser sobre un área de influencia, como la educación, las artes y el entretenimiento, o los sistemas políticos del mundo. Además, cuando el apóstol Juan dice en Apocalipsis 20:14 que "la muerte y el Hades fueron arrojados al lago de fuego", es posible que Juan esté hablando de un arcángel "muerte" y el arcángel "Hades".

Potestades

La palabra "potestades" que se usa en Efesios 6:12 de la versión Reina Valera proviene de la palabra griega *dunamis*. Sin embargo, la palabra empleada en este versículo es *exousía*. La Nueva Versión Internacional traduce correctamente *exousía* como "autoridades" o "fuerzas". Estas pueden ser demonios que tratan de influir en los gobiernos y las estructuras de autoridad de nuestro mundo. Estas potestades y autoridades parecen especializarse en diversos tipos de pecado, tal vez concentrándose en un intento de subvertir a la gente mediante un pecado en particular, tal como homosexualidad, asesinato, codicia u otros.

No malinterpretes, estas potestades no pueden obligar a una persona a dejarse enredar en estilos de vida pecaminosos, pero si los individuos de una determinada ciudad o nación aprueban o se entregan a ciertos tipos de pecado, los poderes demoníacos establecerán una fortaleza allí. Sodoma y Gomorra son ejemplos de esto; dos ciudades que se establecieron como centros de corrupción moral; sus mismos nombres están asociados con el vicio, la depravación y la homosexualidad (Génesis 19:1-11).

Algo similar está ocurriendo en nuestros días. Algunas ciudades se conocen como refugios para la pornografía; otras se han ganado una reputación por su apertura a las actividades de ocultismo, homosexualidad, asesinatos sin sentido, juegos de azar, o el mal uso del dinero. Lamentablemente estos pecados se cometen en casi todos los lugares hoy en día, pero algunas ciudades y pueblos "no sólo las hacen, sino que también se complacen con los que las practican" (Romanos 1:32).

Los gobernadores de las tinieblas

Estas "fuerzas del mundo de las tinieblas" aparentemente están más abajo en el "tótem" del diablo, y la mayoría de los eruditos bíblicos creen que estos gobernadores y sus secuaces son la clase de demonios que tú y yo probablemente vamos a encontrar con mayor frecuencia. Pudiera ser que estos gobernadores de las tinieblas fueran una especie de "inspectores" que supervisan a la cuarta categoría de demonios en la jerarquía del infierno.

Huestes espirituales de maldad

Estas fuerzas espirituales de maldad operan en las "regiones celestes", y no simplemente en las nubes, sino en el ámbito espiritual que nos rodea. A veces estos demonios asumen para sí mismos nombres que coinciden con el punto de entrada que encuentran en la vida de una persona, tales como "lujuria", "codicia" o "suicidio". A veces los demonios asumen rótulos falsos como "sanador" o "paralizador". Todos estos demonios son espíritus mentirosos; te van a mentir a ti y acerca de ti.

El reverendo David Manske, miembro de un equipo misionero que trabaja en Brasil, se encontró con esta clase de espíritus malignos en un hombre llamado Sergio. La esposa de Sergio había llamado a los misioneros, pidiendo que alguien pudiera ayudar a su esposo. Sergio accedió a venir a la iglesia para reunirse con David y Steve Renicks, otro misionero.

Cuando Sergio y su esposa llegaron a la iglesia, los misioneros comenzaron por hacerle algunas preguntas sencillas. Casi de inmediato, los demonios que había dentro de Sergio comenzaron a manifestarse. Él empezó a gritar y a retorcerse en el suelo y trató de golpear a los misioneros con los puños. Pero el poder de Jesucristo en los hombres de Dios fue mayor que el poder de los demonios. Por mucho que Sergio trataba de golpear o agarrar a Steve o a David, no podía hacerlo. Sus manos nunca tocaron a los misioneros.

Sin embargo, durante las siguientes tres horas los misioneros enfrentaron a los demonios. El reverendo Manske describió el encuentro:

> Los espíritus, hablando a través de Sergio, daban información falsa, acusaban a la esposa de Sergio, se quejaban del "peso" de nuestras manos cristianas, desafiaban nuestra autoridad y repetidamente declaraban que tenían dominio en la vida de Sergio. Uno de los espíritus desplegó un odio genuino a la Palabra de Dios. Bajo el control de ese espíritu Sergio mordió la Biblia, masticando la tapa, y cortando sus páginas con una sacudida de su cabeza…Durante el encuentro un espíritu de queja lloriqueó por un dolor físico, mientras que otros hablaban de suicidio y de matar a Sergio.[4]

Mientras David y Steve continuaban trabajando con Sergio para derrotar a los demonios que estaban en él, su esposa explicó cómo habían comenzado los ataques demoníacos. La pasada víspera de Año Nuevo Sergio, vestido de negro y con botellas de vino dedicado a Satanás, había hecho un pacto con el diablo. Aunque la esposa de Sergio no estaba segura de los detalles, sabía que a cambio de ciertos "favores", el diablo había reclamado la vida de Sergio antes de la medianoche del día del trigésimo primer cumpleaños de este. La noche en que Sergio y su esposa llegaron a la iglesia en busca de ayuda era su cumpleaños, su trigésimo primer cumpleaños.

Al acercarse la medianoche, en el interior de Sergio los demonios luchaban arduamente por su vida, pero Steve y David continuaron orando por él, cantando alabanzas a Dios y leyéndole el Salmo 34 y otros pasajes bíblicos. El punto crucial se produjo, sin embargo, cuando Sergio se puso a leer en voz alta la Escritura. Los demonios trataron de distorsionar la mente de Sergio, haciéndole cometer errores al leer la Biblia, pero los misioneros se enfrentaron a los malos espíritus por el poder y la autoridad de Jesucristo, y Sergio continuó leyendo. Finalmente, tras más de tres horas de lucha, los demonios se rindieron. Era poco después de la medianoche cuando Sergio fue liberado.

La mayoría de los cristianos probablemente nunca serán llamados a participar en echar fuera demonios, pero decididamente tú debes tener conciencia de que estas situaciones ocurren y no son el resultado de una imaginación hiperactiva. Por otro lado, muchos cristianos afrontarán "situaciones de combate" con espíritus malignos y huestes espirituales de maldad que operan a través de la brujería, el satanismo, los adivinos, psíquicos, médiums y otras prácticas ocultistas. Otros cristianos pueden encontrar necesario participar en conflictos con espíritus territoriales que ejercen dominio sobre una zona entera.

Cualquiera sea el nivel de batalla en el que te encuentres, en cualquier confrontación directa con el enemigo siempre debes trabajar junto con equipos de cristianos, si es posible. Cuando se trata de guerra espiritual, aunque un solo cristiano que esté bajo el control del Espíritu Santo es suficiente para derrotar al enemigo usando la autoridad del nombre de Jesús, un grupo de creyentes maduros añade fuerza y sabiduría.

EL GUERRERO

Luego de establecer que la guerra espiritual es similar a un combate de lucha libre, Pablo pinta un gráfico cuadro de palabras en Efesios 6:10-18, utilizando a un soldado romano para describir nuestra batalla. Pablo nos instruye: "Vestíos de toda la armadura de Dios, para que podáis estar firmes contra las asechanzas del diablo" (v. 11). Los lectores originales del apóstol entendieron bien esta ilustración, ya que los soldados de Roma mantuvieron la paz en todo el imperio con puño de hierro y estaban visibles para la mayoría de la gente en cualquier día de la semana. Los lectores de Pablo conocían las armas de los soldados romanos.

Pablo captó un punto importante: a saber, que las armaduras de los soldados romanos protegían el frente del soldado, pero no la espalda. Esto no fue un descuido de un diseñador de uniformes italiano. Fue hecho a propósito suponiendo que un soldado romano se movería hacia su enemigo, no huiría. Además, el uniforme y las armas declaraban en silencio que la primera responsabilidad de un soldado romano no era protegerse a sí mismo, sino avanzar y derrotar al enemigo. Para Pablo tenía mucho sentido que un "soldado" cristiano que participa en la guerra espiritual debía adoptar la misma actitud. Tú no vas a ganar muchas batallas en la guerra espiritual si le vuelves la espalda al enemigo.

Pablo también señaló que aunque el maligno, el diablo, lanza dardos de fuego (v. 16) desde la distancia, la principal arma ofensiva del cristiano es "la espada del Espíritu, que es la palabra de Dios" (v. 17). La implicación de Pablo es obvia: para el cristiano, la guerra espiritual se libra de cerca. No es extraño que Pablo pasara mucho tiempo explicando cómo vestirse para el conflicto. Echemos un vistazo a lo que Pablo habría considerado "vestirse para triunfar".

Capítulo 11

TU VESTIMENTA Y TUS ARMAS

TENGO QUE CONFESAR. Cuando era un joven cristiano, *detestaba* categóricamente oír sermones o leer libros sobre la armadura de Dios. A mí eso me recordaba los caballeros de brillante armadura, Sir Lancelot, Ginebra y el Rey Arturo: lindo, pero ciertamente no era relevante para mí como un cristiano nuevo que luchaba para poner en práctica mi recién descubierta fe. Cada vez que mi pastor hablaba elocuentemente sobre la necesidad de ponernos toda la armadura de Dios, lo miraba con una mueca desdeñosa en la cara, como diciendo: "¿Por qué no hablas de algo importante?". ¡Yo no sabía que el hombre estaba tratando de salvarme la vida!

Aprender a ponerse toda la armadura de Dios es imprescindible. Pero hablar o leer sobre eso no es suficiente. Además de aprender acerca de la armadura de Dios, tenemos que hacer lo que Dios dice y empezar a usarla. Déjame hacerte una pregunta directa: ¿Te pones toda la armadura de Dios todos los días? Si eres como la mayoría de los cristianos (y si contestas con sinceridad), probablemente dirá: "No, en realidad no".

¿Por qué no? ¿Falta de conocimiento? ¿Pereza? ¿Exceso de confianza? Cualquiera sea tu excusa olvídala y haz un hábito del "vestirte" todos los días. ¿Te imaginas a un jugador de fútbol saliendo a jugar sin usar rodilleras y vestido solo con su ropa interior? Oh, seguro, el jugador puede seguir jugando un par de jugadas, siempre y cuando no lo golpeen. Pero sin la protección adecuada, el fútbol puede ser un juego peligroso.

Ya hemos visto que la guerra espiritual es mucho más grave que un partido de fútbol. ¿Cuánto más entonces necesitamos ponernos la ropa adecuada si esperamos tener éxito en derrotar al enemigo?

¿POR QUÉ DEBO PONERME LA ARMADURA?

El apóstol Pablo nos da dos razones sencillas por las cuales es necesario que nos pongamos la armadura de Dios. En primer lugar, en Efesios 6:11, escribe: "Vestíos de toda la armadura de Dios, para que podáis estar firmes contra las asechanzas del diablo".

Si invertimos la declaración de Pablo, queda claro que si no te pones toda la armadura de Dios, no podrás resistir los ardides engañosos de Satanás. Ya hemos establecido que el diablo no pelea limpio, sino que se complace en tirar sucias trampas sobre ti. ¿Cómo vas a resistir esas cosas si no estás protegido?

La segunda razón que nos da Pablo para ponernos toda la armadura de Dios está en el versículo 13: "Por tanto, tomad toda la armadura de Dios, para que podáis resistir en el día malo, y habiendo acabado todo, estar firmes". Observa, tienes que ponerte *toda* la armadura de Dios. Te hará poco bien ponerte solo una parte de tu protección. Satanás tiene una extraña habilidad para encontrar tus debilidades y aprovecharse de ellas. Si no estás protegido en un área en particular, el diablo tratará de explotar ese lugar vulnerable.

Una vez más, la inversa de la declaración de Pablo también es verdad: si no te pones la armadura, no podrás resistir al diablo en el día malo. ¿De qué día malo está hablando Pablo? Ciertamente, está aludiendo a los días malos que están por venir en el fin del mundo tal como lo conocemos; pero Pablo también podría estar hablando de hoy, mañana o cualquier día en que las fuerzas demoníacas te ataquen. Sin la protección adecuada, el diablo aplastará en un momento. Pero con la armadura de Dios puedes resistir cualquier cosa que Satanás lance contra ti.

Nuestras armas son más que defensivas

Durante años, la mayoría de los pastores y maestros que escuché hablar sobre el tema de la armadura de Dios enfatizaban que nuestras armas son todas defensivas, a excepción de la espada del Espíritu, la Palabra de Dios. Estas enseñanzas hacían que sonara como si los cristianos nunca debieran pasar a la ofensiva y atacar las fortalezas de Satanás. Implicaban que nuestro trabajo consistía en estar firmes y seguir esquivando los dardos de fuego del diablo o desviándolos con nuestro escudo de la fe, esperando todo el tiempo no ser derrotados.

Francamente, para mí, la idea de "estar firme", tal como la había oído presentar, sonaba repulsiva. Evocaba en mi mente imágenes de un grupo de cristianos escondidos detrás del órgano de la iglesia, diciendo: "Shhh. Si nos quedamos tranquilos, ¡tal vez nadie sepa que estamos aquí!".

Sin embargo, cuando comencé a estudiar la Biblia más minuciosamente, descubrí que "estar firmes" no significa simplemente que estés de pie allí y dejes que el diablo te dé una paliza. Se refiere más bien a la posición triunfante de un ejército victorioso que, después de haber devastado los dominios del enemigo, puede mantener su posición con confianza. Por supuesto, nunca puedes hacerlo con tu propia fuerza; ese es el foco central de Pablo respecto a la guerra espiritual: "Por lo demás, hermanos míos, fortaleceos en el Señor, y en el poder de su fuerza" (Efesios 6:10).

Ten en cuenta que es en la fuerza del Señor en la que estamos confiando al enfrentarnos al enemigo, no en la nuestra propia.

¡Y qué fuerza increíble es! El "poder de su fuerza" es la frase que usa Pablo en Efesios 1:19-20 para describir el poder sobrenatural que "operó en Cristo, resucitándole de los muertos y sentándole a su diestra en los lugares celestiales". En otras palabras, el mismo poder divino que derrotó al diablo cuando Jesús resucitó de entre los muertos está disponible para ti ahora para derrotar cualquier complot diabólico tramado en el infierno en tu contra.

La fórmula balanceada de Pablo para el éxito en la guerra espiritual es sencilla: podemos confiar en la fuerza del Señor, pero es necesario que nos pongamos toda la armadura de Dios todos los días si queremos estar firmes contra las asechanzas del diablo. El apóstol nos recuerda que no luchamos contra un sistema político, la iglesia de la ciudad, alguna otra institución humana, o incluso otra religión. Estamos en guerra contra un poderoso y complejo conjunto de entidades sobrenaturales que se ha infiltrado en el "espacio aéreo" que nos rodea y está ejerciendo una influencia terrible sobre los sistemas mundiales con los que vivimos.

Pero dar a entender que el pueblo de Dios deba quedarse sentado y permitir que Satanás y sus demonios arremetan contra nosotros es una suposición errónea. Un guerrero que solo se defiende y nunca da pasos para desarmar y expulsar al enemigo pronto estará volviendo a pelear la misma batalla. Un cristiano que no participa en la guerra ya está derrotado.

Además, decir que nuestras armas son en su mayoría defensivas es como si el Pentágono dijera lo mismo de las fuerzas armadas de los Estados Unidos. Ciertamente, nuestra fuerza militar ha sido un fuerte elemento de disuasión contra los ataques de fuerzas enemigas a nuestro país y a otros. Pero, como hemos visto en la historia, el ejército de los Estados Unidos también puede ser impresionante cuando se usa con fines ofensivos.

El escudo, el yelmo, la coraza, y el cinturón romanos eran

tanto defensivos como ofensivos. Cuando los soldados romanos tomaban su armadura, avanzaban juntos en lo que la historia registra como la invencible formación en cuña romana. Sus escudos no eran redondos, sino oblongos o rectangulares, de hasta 4 pies de largo y 2-1/2 pies de ancho. Cada soldado cubría su propio cuerpo con los dos tercios de su escudo mientras usaba un tercio para ayudar a cubrir a su compañero de su izquierda. Cuando los soldados romanos cerraban filas, la unión formaba una impresionante cuña de escudos moviéndose juntos por el campo de batalla.

Cuando Pablo escribió acerca de nuestra vestimenta espiritual y nuestras armas, probablemente tenía en mente esa poderosa cuña, pensando en la Iglesia como un grupo de soldados de pie hombro con hombro, siendo cada persona en parte responsable de la persona que está junto a ella a medida que avanzamos en territorio enemigo. Pablo no describe nuestro vestuario espiritual y nuestras armas de esa manera sin ningún propósito; por el contrario, el apóstol espera que la Iglesia gane sus batallas, no que meramente evite ser golpeada. Todo en nuestro vestuario y armamento de guerrero habla de victoria, no de mera supervivencia.

El cinturón de la verdad

El sonido de la palabra *cinturón* casi me hace reír cuando leí este pasaje por primera vez. Para mí un cinturón era algo que alguien usaba para ayudar a contener su panza. No me sonaba como parte del uniforme de un soldado.

En realidad, la frase "ceñidos vuestros lomos con la verdad" (Efesios 6:14) indica una disposición a la acción. Hoy podríamos decir: "Súbete las mangas", o "Súbete las piernas de los pantalones". La pregunta más difícil es: ¿qué es la "verdad" a la que se refiere Pablo?

Hoy en día pocas personas quieren hablar en términos de verdad absoluta. Todo es "relativo". Irónicamente en muchos campus universitarios la declaración que hará que un estudiante se meta en problemas más rápido que cualquier otra es: "Lo sé". Esos estudiantes que son lo suficientemente "tontos" como para creer que existen estándares absolutos del bien y el mal, corren el riesgo de ser ridiculizados, marginados, o posiblemente reprobados, sobre todo si sus ideas acerca de la verdad reflejan una base bíblica.

El apóstol Pablo conoció a un grupo de "eruditos" pseudointelectuales en Hechos 17:17-18. Estaba hablando con algunos judíos y algunos gentiles temerosos de Dios, pero la mayoría de sus oyentes eran filósofos paganos que no sabían nada de Jesucristo. Estos filósofos griegos, epicúreos, y estoicos—individuos con nombres como Platón, Aristóteles, Sócrates, Eurípides, "Diabetes" y "Mercedes"—pasaban la mayor parte de su tiempo sentados vestidos con sus largas túnicas, acariciándose la barba, y buscando y debatiendo qué nueva cosa podría ser verdadera.

"Mercedes, ¿qué crees que es la verdad?".

"No lo sé, Diabetes. ¿Qué crees que es la verdad?".

"No es justo, te pregunté primero. ¿Y tú, Eurípides? ¿Qué crees que es la verdad?".

"Bueno, no estoy completamente seguro, pero creo que hoy puede ser verdadero algo que ayer no lo era, aunque no estoy seguro de si volverá a ser verdadero mañana…" (Vienen a mi mente las imágenes de los buitres en *El libro de la selva*).

Interesante, ¿no? Cuando no sabes muy bien lo que es la verdad, estás dispuesto a aceptar casi cualquier idea nueva en nombre de la tolerancia, independientemente de lo descabellada que pueda ser. Lamentablemente, allí es donde se halla precisamente gran parte de nuestra sociedad actual, y como resultado Satanás está en su apogeo.

Jesús dijo: "Yo soy el camino, y la verdad, y la vida; nadie viene al Padre sino por mí" (Juan 14:6). Ceñir tus lomos con su verdad significa envolverte en su Palabra, especialmente en la verdad del evangelio. La Biblia es tu estándar de la verdad. El diablo, recuerda, intenta distorsionar la verdad o de lo contrario hacerte dudar de la Palabra de Dios. No lo hagas. Jesús dijo: "Conoceréis la verdad, y la verdad os hará libres" (Juan 8:32).

LA CORAZA DE JUSTICIA

Esto suena como salido de la película *Conan el bárbaro*, pero en realidad es una cita de Isaías 59:17: "Pues de justicia se vistió como de una coraza, con yelmo de salvación en su cabeza". Esta es una palabra profética acerca de Jesús. Si Jesús necesitaba ponerse la armadura de Dios para vivir su vida en obediencia a su Padre celestial y en victoria sobre Satanás, ¿cuánto más tú y yo?

Los soldados romanos llevaban corazas para proteger su corazón de los golpes enemigos. El mejor equivalente moderno de la antigua coraza es un chaleco antibalas utilizado por personal policial o militar. Quien lo porta puede recibir un disparo en el cuerpo, pero el chaleco lo protege de disparos letales al corazón. Del mismo modo, Pablo dice que la mejor protección espiritual para tu corazón es vivir rectamente delante de Dios. Si estás viviendo con un corazón limpio, aunque puedan atacarte los demonios más fuertes, en última instancia no pueden hacerte daño.

PONTE TU "CALZADO PARA EVANGELIZAR"

En Efesios 6:15 Pablo dice que nos pongamos uno calzado apto para correr: "calzados con la disposición de proclamar el evangelio de la paz" (NVI). Lo que Pablo señala es que debemos estar listos para llevar el evangelio de Jesucristo a cualquier persona, en cualquier lugar, y en cualquier momento. La disposición es el tema primordial de la enseñanza de Pablo sobre la guerra espiritual. Esta disposición incluye no solo el querer compartir el evangelio con los demás, sino también una preparación para luchar para hacerse oír por encima del estruendo demoníaco.

El fabricante de calzado LA Gear, en una ocasión vendió un calzado deportivo con luz a pilas en el talón, lo cual permitía que el calzado del usuario fuera visto moviéndose en la oscuridad. El cristiano tiene calzado "encendido por el Espíritu Santo" que también puede ser visto llevando el evangelio a las partes más oscuras del mundo. Tu responsabilidad es ponerte ese calzado todos los días y entonces estar listo para llevar su evangelio de la paz dondequiera que el Señor te dirija.

A veces puedes estar tentado a pensar: "Yo no quiero ir a ese lugar, Señor. No estoy seguro de estar listo para esto". Entonces Jesús te dice algo así como: "Está bien. Yo estoy listo para ir allí. Tú acabas de ponerte mis zapatos, y vamos a movernos". Cuando el Espíritu de Cristo está caminando contigo y a través de ti, Él te dará la valentía y la fuerza para dar el siguiente paso de obediencia a su voluntad.

EL ESCUDO DE LA FE

A continuación, Pablo dice que tienes que tomar "el escudo de la fe, con que podáis apagar todos los dardos de fuego del maligno" (v. 16). En los días de Pablo el escudo era una de las piezas más importantes del equipamiento que el soldado podía llevar. El escudo era el arma principal de los soldados contra las flechas encendidas, o "dardos de fuego", a los que Pablo se refiere. Estos dardos de fuego eran básicamente flechas empapadas en brea, luego prendidas fuego y lanzadas. Los dardos de fuego eran eficaces aunque no asestaran un golpe directo sobre el soldado, simplemente por la confusión y el miedo que causaban los feroces incendios. Si puedes imaginar los efectos de una bomba incendiaria en nuestros días, tendrás una idea.

El gran escudo romano era un arma excelente con la cual evitar esos ataques del enemigo. A veces, las flechas encendidas simplemente rebotaban en el escudo. En otras ocasiones, los dardos de fuego se hundían en la superficie del escudo y se consumían.

Hoy el diablo sigue lanzando dardos de fuego. Las flechas encendidas de Satanás pueden tomar la forma de la tentación: mentiras (especialmente las mentiras encendidas por una lengua que lleva el chisme, lo cual divide a las tropas de la Iglesia); insultos, comentarios sarcásticos, reveses personales, enseñanzas falsas, persecuciones, pensamientos, actitudes o conductas impuros, y probablemente muchas más. Sin embargo, ninguno de estos dardos de fuego del diablo puede penetrar el escudo de nuestra fe. Es nuestra fe en Jesucristo la que hace que estemos firmes, no la fe en nuestras propias habilidades, personalidades o dones. Él es nuestro escudo, y Él nos protege.

EL YELMO DE LA SALVACIÓN

Cuando jugaba fútbol americano en la secundaria, de vez en cuando algunos de nosotros nos poníamos de un humor tonto y nos colocábamos los cascos al revés. Luego tratábamos de taclearnos unos a otros. Además de que no encajaban bien, los cascos nos bloqueaban la visión. Por lo general hacíamos este juego cerca del pozo de barro más grande que pudiéramos encontrar en el campo de entrenamiento, por lo que podrás suponer adónde aterrizaban casi todos.

Siempre era una escena comiquísima: los jugadores se lanzaban tontamente uno contra el otro, tratando de hacer contacto con la oposición, pero errando por completo iban a parar al barro. Incluso si ocurría que un jugador golpeaba al otro, era una sorpresa tal que la sacudida generalmente hacía tambalear al atacante junto con la persona impactada por el golpe. Los cascos de fútbol americano están hechos para ser usados hacia adelante.

De manera similar, el yelmo de la salvación (v. 17) es más eficaz cuando se lo usa hacia adelante, sin mirar hacia atrás a los fracasos del pasado (o incluso a las victorias pasadas), sino mirando hacia adelante, hacia los territorios aun por conquistar.

La cabeza, por supuesto, es una de las áreas más vulnerables de tu cuerpo. No es extraño que el diablo trabaje horas extras atacándote con malos pensamientos, ideas viles y fantasías impuras. Luego, a través de pesadillas horribles, Satanás nos tienta hacia el miedo o la duda. De nuevo, por esta razón es tan importante que estemos "derribando argumentos y toda altivez que se levanta contra el conocimiento de Dios, y llevando cautivo todo pensamiento a la obediencia a Cristo" (2 Corintios 10:5).

La Biblia dice que como cristianos "tenemos la mente de Cristo" (1 Corintios 2:16). En la práctica esto significa que si un pensamiento no fuera apropiado para Jesús, tú y yo también deberíamos rechazarlo. Cuando te encuentras desviándote hacia malos pensamientos, pregúntate: "¿Jesús insistiría en esta idea?" Tenemos que proteger lo que entra a nuestra mente todos los días, echando fuera todo pensamiento que le desagrada, o que es contrario a Jesucristo.

La mejor manera de hacerlo es ponerse "el yelmo de la salvación". Defensivamente el casco protege nuestra mente de las dudas y las impurezas; ofensivamente nos da la confianza de saber que podemos atacar agresivamente al enemigo sin temor a "perder nuestra salvación" o caer en pecado. Pero recuerda siempre: el casco te resultará inútil a menos que te lo pongas todos los días.

La espada del Espíritu

La espada del Espíritu es la Palabra de Dios (Efesios 6:17). No tiene el propósito de ser usada simplemente como un arma de defensa, sino también como un arma de ataque contra el diablo y sus demonios. Observa además que es el Espíritu Santo quien da su "filo" a la espada. ¿Alguna vez has escuchado a una persona leer o citar las Escrituras, pero sin que parezcan tener ningún poder real? No es porque la Palabra de Dios en sí carezca de poder sino porque la persona que pronuncia la Escritura simplemente está diciendo palabras sin el poder de la unción del Espíritu Santo.

Satanás conoce el poder de esta espada, así que hace todo lo posible para evitar que se haga presente la Palabra de Dios. Por ejemplo, una vez Corrie ten Boom, la piadosa mujer de Dios que sobrevivió a los campos de concentración nazis, estaba hablando en una conferencia de estudiantes de la Biblia en el Japón. Corrie hablaba por medio de una intérprete, pero la joven asignada para traducir no podía entender las ilustraciones de Corrie. Corrie intentó otras maneras de presentar la verdad de las Escrituras que quería comunicar a los estudiantes, pero la intérprete seguía sin poder comprender el significado. Finalmente, frustrada, la joven traductora se echó a llorar.

Corrie empezó a pensar: "¿Por qué razón no puedo brindarles el mensaje de Dios? Aquí está operando el diablo". El primer paso en el camino a la victoria es reconocer al enemigo. El diablo es un enemigo vencido, y tenemos el privilegio y la autoridad para luchar contra él en el nombre del Señor Jesús.

Corrie interrumpió sus intentos de presentar su mensaje a los estudiantes, y le habló directamente a la traductora: "Poder de las tinieblas que impides que esta muchacha interprete el mensaje de Dios, te ordeno en el nombre del Señor Jesús, que la dejes en paz. Está destinada a ser un templo del Espíritu Santo, no tu templo". De inmediato la chica comenzó a interpretar el mensaje de Corrie con fluidez, y la reunión fue sumamente bendecida.[1]

Cada vez que tú te encuentres bajo ataque demoníaco, pídele al Espíritu Santo que invista de poder tu mente y tu boca, y luego comienza a citarle la Escritura a Satanás. Él lo detesta. ¿Alguna vez has visto una película de vampiros? (No estoy recomendando que lo hagas.) El héroe agita una cruz en la cara del vampiro, y el demonio necrófago se encoge al verla. Obviamente, los vampiros son ficticios, y sabemos que la cruz es solo un símbolo, sin poder propio, excepto que representa la muerte y la resurrección de nuestro Señor Jesús. No obstante, algo similar a la reacción del vampiro ocurre realmente cuando un creyente lleno del Espíritu comienza a citarle la Biblia al diablo. La Palabra de Dios es la espada del Espíritu, y Satanás aprendió hace mucho tiempo que él no tiene poder contra ella.

CÓMO PONERSE LA ARMADURA

¿Has notado lo mucho que la armadura de Dios se asemeja a las características de Jesús? Él es la verdad. Él es nuestra justicia. Él es nuestra paz; nuestra fe está en Él. Él es nuestra salvación, y Él es la Palabra: "En el principio era el Verbo, y el Verbo era con Dios, y el Verbo era Dios" (Juan 1:1). En un sentido real, entonces, cuando nos vestimos con toda la armadura de Dios, nos estamos "vistiendo de Jesús". Como cristiano, Él ya está en ti (1 Juan 4:4; Colosenses 1:27), pero cuando te pones la armadura de Dios, también estás tomando en el exterior características semejantes a las de Cristo. Puedes lucir o sentir lo mismo acerca de ti (probablemente mejor debido a la confianza que Cristo te da), pero de una manera real tu vida se convierte en un reflejo de Jesús.

Después de un tiempo de ponerte la armadura de Dios se convierte en un hábito, en una parte natural de tu preparación

2

para afrontar cada nuevo día, como el cepillarse los dientes o deslizarte en tu par de zapatos favoritos. Apenas tienes que pensarlo, simplemente lo haces. Hasta que ponerte la armadura se convierta en parte de tu rutina, este ejercicio espiritual te ayudará a empezar.

Tan pronto como estés semiconsciente cada mañana, antes de ir al encuentro del día, detente, mira el espejo y di: "Jesús, tú eres mi armadura. Yo creo en ti, y sé que tú estás vivo en mí. Ahora, por un acto de mi voluntad, me pongo la armadura de Dios. Tú eres la verdad, y me ciño con la verdad en este momento. Por favor, sé la verdad en mi vida hoy". Haz algo similar para cada parte de la armadura.

1. Ciñe tus lomos con la verdad.

2. Vístete con la coraza de justicia.

3. Ponte tu "calzado para evangelizar".

4. Toma el escudo de la fe.

5. Ponte el yelmo de la salvación.

6. Toma la espada del Espíritu, la Palabra de Dios. (Mientras lo haces, puedes tomarte unos minutos para leer la Palabra.)

Haz tu oración personal, en tiempo presente y activo mientras nombras cada parte de la armadura de Dios. En otras palabras, en lugar de decir: "Señor, por favor dame el escudo de la fe", ora en voz alta: "Señor, yo tomo el escudo de la fe".

LA ORACIÓN ES LA CLAVE

Cuando Pablo resume cómo debería ser nuestra vestimenta, enfatiza nuestra principal arma en la guerra espiritual: la oración. El apóstol escribe: "Con toda oración y súplica en el Espíritu, y velando en ello con toda perseverancia y súplica por todos los santos" (Efesios 6:18). La oración es la clave para toda guerra espiritual efectiva. Por tu propio bien y por la seguridad de otros que vivan y trabajen contigo, si la oración no es una prioridad en tu vida, por favor, mantente lo más alejado que te sea posible del frente de la guerra espiritual. Puedes ser gravemente herido, y aun a riesgo de sonar extremista, podrías ser muerto.

La guerra espiritual no es diversión ni juegos o jarana de Halloween. Satanás y los demonios que están bajo su control son más retorcidos y malvados que cualquier otra persona que hayas conocido jamás. Sus corazones y sus mentes son malvados sin medida, y todo designio de su ser es malévolo y malicioso. Son mucho más potentes que los simples seres humanos que, sin la oración, operan en su propia sabiduría y energía humana. Muchos cristianos que han considerado a la guerra espiritual solamente como otra borrachera espiritual, una especie de último "movimiento espiritual", han sido heridos de gravedad, física, emocional y espiritualmente.

Por otro lado, si te pones toda la armadura de Dios cada día y usas las armas espirituales que el Señor nos ha proporcionado, puedes combatir al enemigo con confianza, derrotarlo en el nombre de Jesús, y llevar un testimonio que honre a Cristo. Pero como con cualquier arma, para ser eficaz tienes que saber usarla. Eso es lo próximo que tenemos que considerar.

Capítulo 12

PISTOLAS Y ROSAS

Y O JAMÁS HE tenido un arma en mi vida. Lo más cerca que estuve de la tenencia de armas ocurrió durante mi primer año en la universidad cuando me inscribí en el Cuerpo de Entrenamiento de Oficiales de Reserva (ROTC). Como parte de mi entrenamiento recibí un rifle M-1 del cual yo era responsable. Llevaba esa arma con orgullo. Estudié esa arma. Aprendí a desmontarlo pieza por pieza, cómo limpiar cada parte, y cómo volver a armarlo. Aprendí a "presentar armas" con ella. La llevaba en el hombro mientras mi pelotón marchaba por el campo de fútbol, realizando nuestros ejercicios. La llevaba en desfiles. Lo único que nunca hice con mi arma fue disparar.

Muchos cristianos son así cuando se trata de guerra espiritual. Estudian el tema; escuchan con atención los sermones sobre eso; leen libros al respecto; pero nunca llegan a practicarlo. En este capítulo tú descubrirás algo del arsenal espiritual a tu disposición. Sin embargo, toda esta información, nunca echará al diablo fuera de tu vida a menos que uses estas armas.

TUS ARMAS SON ESPIRITUALES

Aunque pueda resultar obvio para muchos cristianos, necesitamos continuos recordatorios de que nuestras armas son espirituales, no físicas. Recuerda las palabras de Pablo: "Pues aunque andamos en la carne, no militamos según la carne, porque las armas de nuestra milicia no son carnales,

sino poderosas en Dios para la destrucción de fortalezas"
(2 Corintios 10:3-4). La mayoría de nosotros estamos tan acostumbrados a tomar las cosas en nuestras propias manos, tratando de resolverlas "a nuestra manera", que solemos olvidar
que nuestra manera no es necesariamente "la manera de Dios".
Además, con tantos terribles problemas que enfrentamos como
individuos y como sociedad, es fácil quedar atrapado tratando
de cambiar el mundo mediante la acción física, olvidando que
los problemas subyacentes son de naturaleza espiritual.

Incluso en las iglesias, gran parte de la resolución de problemas se realiza con métodos carnales y mundanos que resultan
en soluciones carnales y mundanas. En muchas iglesias servir en
una posición de liderazgo puede ser peligroso para tu salud, literalmente. Las personas te gritarán, vociferarán y te amenazarán.
Te insultarán y tratarán de minar tu reputación. ¿Quién necesita eso? En una iglesia durante una reunión congregacional los
miembros arremetieron contra sus líderes y unos contra otros,
intercambiando insultos de un lado a otro del atestado recinto.
Los líderes respondieron de la misma manera, y en varias oportunidades la reunión de la iglesia amenazó con convertirse en un
combate de boxeo.

Todo supuestamente en el nombre de Jesús.

Peleas, manipulaciones, murmuraciones, camarillas y dicta-
duras en la iglesia, feudos familiares... ¿son estas las armas de
la Iglesia en la guerra espiritual? ¡Absolutamente no! Estas son
herramientas del diablo, y nunca vas a lograr nada de gloria per-
durable para Dios usando los métodos del diablo.

LAS ARMAS DE TU GUERRA

Algunas de tus armas espirituales son "pistolas", que se usan para
liquidar a distancia al enemigo, y otras armas son "rosas", sacrificios de olor fragante al Señor, que a su vez resultan en bendición

para su pueblo. El componente más importante de todas estas armas es la oración. En un sentido, la oración es un arma en sí misma; en otro es el "conducto" a través del cual se manifiesta el poder de todas las demás armas. La oración debe combinarse con la fe. Jesús dijo: "De cierto, de cierto os digo: El que en mí cree, las obras que yo hago, él las hará también; y aun mayores hará, porque yo voy al Padre. Y todo lo que pidiereis al Padre en mi nombre, lo haré, para que el Padre sea glorificado en el Hijo. Si algo pidiereis en mi nombre, yo lo haré" (Juan 14:12-14).

¡Qué tremenda promesa ha dado Jesús a los que creen en Él! Pero por favor, si tú no crees en Jesús, o si estás tolerando pecado voluntario en tu vida, no trates de entrar en combate con el enemigo. Primero, arrepiéntete; haz que tu propia relación con Jesús sea la correcta. Satura tu mente con su Palabra inscribiéndote en algunos estudios bíblicos de "formación básica". Practica ponerte toda la armadura de Dios antes de salir a batallar con el diablo. Esto es crucial porque ninguna de las armas que figuran a continuación "funciona" sin una fe viva y activa en Aquel que les da poder.

El nombre de Jesús

¿Te has preguntado por qué oramos en el nombre de Jesús? ¿Qué significa realmente orar en el nombre de Jesús? Para muchos cristianos "en el nombre de Jesús" es simplemente una señal de que la oración está por terminar. Es una frase que suena espiritual para poner en nuestras oraciones "McDonald": "Señor, dame una hamburguesa y una Coca-Cola, y que sea rápido porque estoy apurado. En el nombre de Jesús, Amén".

Añadir el nombre de Jesús al final de la oración no es necesariamente orar en el nombre de Jesús. Orar en su nombre significa orar de acuerdo con quién es Jesús y con lo que Él quiere hacer en el mundo. En pocas palabras, es orar lo mismo que

Jesús oraría. Cuando usamos el nombre de Jesús de esa manera, trae consigo todo el poder y la autoridad del Señor Jesucristo resucitado.

Imagínate que estás conduciendo por la autopista cuando de repente oyes un sonido agudo y penetrante. Tu primera reacción es revisar tu radio o tu sistema de audio; no, todo está bien allí. Luego, echas un vistazo por el espejo retrovisor y ves un coche con hermosas luces rojas o azules intermitentes en el techo. Te detienes y el coche de la policía hace lo mismo, deteniéndose detrás de ti. El oficial se acerca a su auto, toca la ventanilla, y te dice: "¡Abra, en nombre de la ley!".

Entonces, ¿qué hace que abras la ventanilla? ¿Fue la sirena? ¿Las luces intermitentes? ¿El decoro oficial? ¿Todo lo anterior? El factor decisivo, por supuesto, es que cuando el policía dice: "En nombre de la ley", tú sabes que él tiene toda la autoridad de la localidad, ciudad o estado que representa. Por lo tanto, si eres inteligente, harás lo que dice el oficial.

Del mismo modo cuando te enfrentas a una entidad demoníaca, debes usar el nombre de Jesús como un arma espiritual. El diablo y sus demonios odian el nombre de Jesús porque les recuerda todo lo que Él es y lo que ellos no son. No obstante, Satanás y sus ayudantes saben lo que representa el nombre de Jesús. El nombre de Jesús tiene una autoridad impresionante en el mundo espiritual, porque Él tiene toda autoridad en el cielo. El nombre de Jesús no es una fórmula mágica. Sin embargo, cuando es correctamente usado por un creyente lleno del Espíritu Santo, el nombre de Jesús hace huir a los demonios.

¿LA AUTORIDAD DE QUIÉN ES, EN DEFINITIVA?

La verdadera cuestión en todos los ámbitos de la guerra espiritual es la autoridad: ¿quién está a cargo aquí? Al diablo le encanta dar la impresión de que él es quien manda. Intenta infundir temor en nuestros corazones vertiendo un montón de incidentes sensacionalistas, que provocan terror, gráficamente exagerados. Pero el diablo es un mentiroso. Si tú lees la Biblia, tendrás una descripción muy diferente del diablo, sus demonios y sus actividades. Y ni una línea de ella te causará pesadillas.

¿Por qué? Porque en cada enfrentamiento con el demonio u otros espíritus malignos, es obvio que Jesús es el "Señor del Universo". Él es quien tiene verdadera autoridad.

En Marcos 5:1-17 puedes encontrar una clara ilustración de esto. Jesús apenas acababa de salir de la barca después de cruzar el Mar de Galilea, cuando se encontró con un hombre loco, poseído por el demonio. Muchos eruditos creen que en ese hombre habitaban doce mil demonios, según indicaría su nombre, Legión. ¿Te imaginas eso? ¡Doce mil demonios! *Un* demonio es demasiado.

No es de extrañar que ese hombre fuera un desastre; tanto es así que la sociedad lo había desahuciado como un caso perdido. La gente había tratado de dominarlo atándolo con cadenas y sujetándolo con grilletes, pero cuando los espíritus demoníacos surgían por el cuerpo del hombre, tiraba las cadenas y rompía los grilletes como si fueran cuerdas. Finalmente, la sociedad educada y sofisticada dijo: "No hay nada más que podamos hacer con él", así que la gente lo echó fuera de la ciudad para que viviera entre las tumbas.

Ahí es donde lo halló Jesús, viviendo entre los muertos en el cementerio local. El hombre estaba totalmente loco; desnudo, corriendo por allí día y noche, gritando locamente, y cortándose con enojo con piedras irregulares.

Jesús podría haberse limitado a pasar, ignorando la difícil situación del pobre hombre. Pero no lo hizo. A Él no le repelió el detestable comportamiento del hombre. Tampoco tuvo temor.

Jesús entendió que eran los demonios que estaban dentro del hombre los que lo hacían ser tan diabólico.

Jesús asumió el control, ejerciendo su propia autoridad, y echó fuera del hombre a los espíritus. Incluso fue un poco tolerante con los demonios al permitirles entrar en un gran hato de cerdos. Los cerdos, dos mil, inmediatamente respondieron atravesando la montaña como locos y ahogándose en el mar. Pero no nos equivoquemos. Mira quién está al mando aquí. Ciertamente no los demonios. Ellos tienen que ir a donde Jesús les dice. Él es el Amo. Él es el Señor.

Lamentablemente, la población local no lo entendió. Cuando la gente incrédula del pueblo escuchó el reporte de que se habían ahogado dos mil cerdos, salió corriendo de la ciudad para ver a Jesús y averiguar lo que había sucedido. Cuando llegaron, el hombre que había estado poseído estaba allí sentado, vestido y en su sano juicio. La reacción de la gente de la ciudad es interesante y sorprendentemente contemporánea. Se asustaron y le pidieron a Jesús que se fuera. Los no creyentes de esa ciudad prefirieron soportar a los demonios en vez del poder sobrenatural de Jesús. Algunas cosas no cambian nunca.

A través de los relatos de los evangelios, en una situación tras otra, Jesús probó que su autoridad era superior a la de Satanás. Sus discípulos vieron, escucharon y aprendieron de Él cuando expulsaba a los espíritus malignos dondequiera que iba. Luego, finalmente, fue su turno. Jesús los envió a un "ensayo".

Jesús envió a setenta de sus seguidores de dos en dos, a toda ciudad que Él planeaba visitar. Los setenta eran como sus hombres "de avanzada", que preparaban el camino para Él. Jesús les dio instrucciones similares a las que dio a sus discípulos más cercanos. Les dijo: "Y yendo, predicad, diciendo: El reino de los cielos se ha acercado. Sanad enfermos, limpiad leprosos, resucitad muertos, echad fuera demonios; de gracia recibisteis, dad de gracia" (Mateo 10:7-8).

Aunque el relato de Lucas de las instrucciones a los setenta solamente incluye sanar y predicar (Lucas 10:9), al parecer, los discípulos hicieron más que eso. Los setenta regresaron con Jesús y con entusiasmo le informaron: "Señor, aun los demonios se nos sujetan en tu nombre" (v. 17).

Jesús no negó ese informe ni apagó su entusiasmo de ninguna manera. En realidad, es fácil imaginar un atisbo de sonrisa en el rostro de Jesús mientras decía: "Yo veía a Satanás caer del cielo como un rayo" (v. 18). Luego Jesús les sigue explicando: "He aquí os doy potestad de hollar serpientes y escorpiones, y sobre toda fuerza del enemigo, y nada os dañará. Pero no os regocijéis de que los espíritus se os sujetan, sino regocijaos de que vuestros nombres están escritos en los cielos" (vv. 19-20).

Nota que Jesús nos ha dado, como seguidores suyos, la autoridad para participar en la guerra espiritual y salir victoriosos. Es autoridad delegada. Es autoridad en su nombre. Nuestra autoridad no está basada en nuestro tipo de personalidad (fuerte o débil), ni tampoco tiene nada que ver con nuestro talento o habilidades, o con cómo nos sentimos, cómo nos vemos, o incluso con cuánto tiempo hemos estado sirviendo al Señor. Es la autoridad otorgada a nosotros por Jesucristo mismo para usar su nombre a fin de derrotar a los poderes de las tinieblas.

Ahora depende de nosotros usar la autoridad que Jesús nos ha dado. Si no lo hacemos, el diablo no va a recibir respuesta. Jesús no va a enviar un ángel para hacer lo que Él ya nos encargó y para lo cual nos dio poder. En su libro *Spiritual Warfare for Every Christian* (Guerra espiritual para todos los cristianos), Dean Sherman ofrece una visión fantaseada de lo tonto que es para los cristianos descuidar el uso de su autoridad delegada:

¿Qué pasa si yo llego a casa y encuentro gente robando mis pertenencias? Llamo a la policía desde el teléfono de mi coche y ellos corren hacia mi casa. Pero para mi sorpresa, se alinean a lo largo de la acera y comienzan a cantar sobre su autoridad, declarándola entre sí. Mientras tanto, ¡los intrusos terminan de desvalijar mi casa! Esto puede parecer ridículo, pero resulta una exacta ilustración de lo que solemos hacer. Hablamos de nuestra autoridad. Cantamos al respecto. Incluso la proclamamos en voz alta. Pero no la ejercemos. Debemos reconocer que hay una diferencia entre tener autoridad y usarla.[1]

Es necesario que aprendamos a tomar autoridad sobre el diablo y sus demonios, usando la autoridad que Jesús nos ha delegado. Cuando una joven misionera llamada señorita Mitchell aprendió a afirmarse en la autoridad de Cristo, eso literalmente le salvó la vida.

La señorita Mitchell creció en Los Ángeles, y la aspiración de su vida era ser designada como misionera a la India. No podía esperar a llegar allí y empezar a hablarles de Jesús a los pueblos de la India.

Sin embargo, cuando la señorita Mitchell llegó al campo misionero, pronto descubrió que una diferencia abismal separa el estudiar para ser un misionero y el serlo. Su primera misión fue ayudar a dos misioneras ancianas cuyas vidas se habían abocado por completo a su trabajo. La señorita Mitchell no podía relacionarse con ellas, y ellas tampoco estaban dispuestas. Una intensa soledad comenzó a envolver el corazón de la joven.

Lo que era más exasperante, experimentó grandes dificultades en el aprendizaje del idioma del pueblo indio al que había llegado para ministrar. Ella no podía entenderlos, y ellos no podían entenderla. Su sensación de aislamiento la llevó a volverse terriblemente nostálgica. Se sentía tan abatida que comenzó a odiar al pueblo indio, la misma gente por la cual había dejado su casa de los Estados Unidos ¡y había viajado por medio mundo a fin de ganarlos para Cristo!

El golpe final vino cuando se enfermó de disentería amebiana. El médico le dijo que no se pondría bien si se quedaba en la India. Por otra parte, probablemente moriría si no regresaba a su casa y buscaba atención médica inmediata.

La joven misionera estaba angustiada, pero no tenía elección. Empacó su maleta y se dispuso a regresar a casa.

Estaba programado que partiera a las nueve en punto de la mañana. Ella tuvo su "tiempo de silencio" con el Señor, tal como lo hacía todos los días. Leyó un pasaje de las Escrituras de Josué 10 sobre los cinco reyes en guerra que huyeron de Josué y trataron de esconderse en una cueva. Pero Josué no pudo ser engañado. Hizo que sus soldados colocaran grandes piedras frente a la cueva, atrapando a los reyes en el interior. Entonces Josué siguió persiguiendo al enemigo y masacró a los ejércitos de los cinco reyes. Cuando se convenció de que los soldados de infantería del enemigo habían sido destruidos, volvió su atención a los cinco reyes de la cueva.

Josué mandó que abrieran la cueva y trajeran a él a los cinco reyes. Luego llamó a sus principales guerreros y les dijo que pusieran sus pies sobre el cuello de esos cinco reyes enemigos. Mientras sus capitanes se afirmaban sobre el cuello de los enemigos, Josué dijo: "No temáis, ni os atemoricéis; sed fuertes y valientes, porque así hará Jehová a todos vuestros enemigos contra los cuales peleáis" (Josué 10:25). Luego Josué ordenó dar muerte a los reyes enemigos y colgarlos de los árboles para que todos los vieran.

Cuando la señorita Mitchell leyó ese relato, se dio cuenta de que ella también tenía cinco enemigos: la soledad, sus problemas con el idioma indio, su sensación de aislamiento y su nostalgia, su falta de amor por el pueblo de la India, y su enfermedad física. Sentía que esos cinco enemigos la estaban atacando y amenazando con poner fin a su ministerio como misionera.

La señorita Mitchell decidió hacer valer su autoridad dada por Dios. ¿Por qué tenía que volver a casa derrotada? ¿No confiaba ella en el Señor Jesús vivo? ¿No tenía Él toda la autoridad? ¿Ella no había dejado todo para seguirlo a Él? ¿No había viajado a la India por su llamado, debido a la fe en su nombre y basada en la autoridad de Él?

La señorita Mitchell se enojó con lo que Satanás estaba tratando de hacerle. Tomó cinco pedazos de papel y escribió en cada uno de ellos el nombre de uno de sus cinco enemigos. En uno escribió, "Soledad", en otro, "Idioma", y así sucesivamente hasta que hubo nombrado específicamente a los cinco. Arrojó los papeles al piso y actuó según su decisión de tomar autoridad sobre sus circunstancias. Puso el pie sobre un "enemigo" tras otro, proclamando en voz alta: "¡En el nombre de mi Todopoderoso Señor resucitado tomo autoridad sobre ti y te declaro vencido!". En otro acto de fe la señorita Mitchell desempacó su maleta y les dijo a las líderes de la misión que quedaría, pasara lo que pasara.

La obra del Señor a su favor fue casi inmediata. Ese mismo día, encontró un maestro que podía ayudarla con el idioma. Poco tiempo después conoció a un estadounidense en la India. Él también pudo ayudarla a aprender el idioma indio y a adaptarse a las costumbres de la India. A medida que pasaban más tiempo juntos, la soledad de la joven misionera desapareció. Se estaba convirtiendo en experta en el idioma y encontró que su amor por el pueblo indio crecía con mayor fuerza. Como resultado, la nostalgia también desapareció. Ella y su amigo estadounidense se enamoraron y se casaron. Sorprendentemente ¡también fue sanada de su enfermedad!

Por supuesto, no todos los relatos de guerra espiritual tiene un final de cuento de hadas, pero la cuestión es que el diablo habría llevado a casa derrotada a la señorita Mitchell y probablemente la habría sacado del ministerio si ella no hubiera aprendido a tomar autoridad sobre sus diabólicos enemigos en el todopoderoso nombre de su Señor Jesucristo.[2]

AHORA ES TU TURNO

Tú tendrás que aprender a hacer algo similar, usando la autoridad que Jesús te ha dado en su nombre. Tal vez tienes menos de cinco "reyes enemigos" que tratan de intimidarte; tal vez tienes más de cinco. Tal vez estás viviendo en el temor, la frustración o la derrota. Es posible que Satanás haya estado perforando tu armadura con sus dardos de fuego, y te has sentido desvalido e incapaz de defenderte. O tal vez el diablo te ha tenido dominado por la culpa, las falsas acusaciones (o incluso acusaciones precisas), recuerdos infantiles dolorosos, sentimientos de inutilidad en el presente, y carencia de esperanza para un futuro fructífero.

Sean cuales fueren tus circunstancias, considera algunas preguntas:

- ¿Confías en el Señor Jesucristo como tu Salvador? Si la respuesta es sí, di: "¡Sí!" en voz alta ahora mismo. (Si estás leyendo este libro en una biblioteca o en el consultorio del doctor, está bien susurrar, pero dilo en voz alta. Decláralo de manera que el diablo y sus demonios puedan oírte.)

- ¿Crees que tu Señor Jesús vivo tiene toda autoridad en el cielo y en la tierra (Mateo 28:18)? Entonces di: "Sí, yo creo que Jesús tiene toda autoridad en el cielo y en la tierra".

- ¿Crees que te ha dado el privilegio de orar y la autoridad para usar su nombre? Sabes qué hacer.

Si crees estas cosas, entonces en el nombre de Jesús, levántate, toma tu posición de autoridad en su nombre, y coloca el pie sobre el cuello de los "enemigos" que han estado asediando tu vida. Puedes desear hacerlo como la señorita Mitchell y escribir los nombres en un trozo de papel, colocar tu pie en cada uno, y declarar derrotado a ese enemigo en el nombre de Jesús. Mientras lo haces, habla en voz alta: "Toda autoridad en el cielo y en la tierra le pertenece a Jesús. Yo soy suyo, y Él es mío. Cristo Jesús está vivo en mí. Por lo tanto, toda autoridad en su nombre es mía, y yo ahora declaro a (los 'enemigos', los demonios y a Satanás mismo) derrotados. Ahora alabo a Dios por esta victoria".

Luego, da el siguiente paso de obediencia que Dios te indique. Para la señorita Mitchell, su acto de fe y obediencia fue desempacar la maleta afrontando los funestos pronósticos de su médico. Tu siguiente paso de fe, por supuesto, dependerá de tu situación personal. Sea lo que fuere, eso demuestra tu fe y tu obediencia; hazlo.

La cuestión de tomar autoridad espiritual en el nombre de Jesús es tan esencial para tu éxito en la guerra espiritual que merece mayor consideración. Es hora de mostrarte cómo hacer huir al diablo y a sus demonios.

Capítulo 13

DEMONIOS EN FUGA

UNO DE LOS mayores temores de Satanás es que te des cuenta del increíble poder que tienes en el nombre de Jesús. El diablo sabe que Jesús le asestó un golpe decisivo en la cruz del Calvario. Cuando Jesús dijo: "Consumado es", se cumplieron las profecías referidas a su muerte sacrificial, lo que hizo posible nuestra salvación. Además, ese fue el día más terrible para el diablo y sus demonios. Todo había terminado.

Años más tarde, el apóstol Juan les recuerda a sus lectores el doble propósito de la venida de Jesús a la tierra: "Y sabéis que él apareció para quitar nuestros pecados…Para esto apareció el Hijo de Dios, para deshacer las obras del diablo" (1 Juan 3:5,8). Eso es exactamente lo que hizo Jesús al morir en la cruz. Él pagó el precio por nuestros pecados, y deshizo las obras del diablo; Él rompió el poder del pecado. Jesús reclamó la autoridad que Satanás les había robado a Adán y Eva hace mucho tiempo, y se la dio a todos los que creen en Él.

La Biblia dice: "Mas a cuantos lo recibieron, a los que creen en su nombre, les dio el derecho de ser hijos de Dios" (Juan 1:12, NVI). La palabra *derecho* también significa "autoridad" o "ser legal". En otras palabras, Jesús estaba diciendo que es perfectamente legal que quienes creen en Él asuman todos los privilegios y la autoridad que provienen de ser un hijo de Dios. Puesto que Jesús tiene toda autoridad en el cielo y en la tierra, y Él vive en nosotros, eso significa que también nosotros tenemos toda autoridad. Nuestra autoridad, por supuesto, deriva de la suya.

El poder en el nombre de Jesús

Recuerda siempre que tu autoridad te es delegada por Jesús. Su permiso para que uses su autoridad es similar a tu permiso para que uno de tus hijos tome prestado el coche de la familia. En cierto sentido, el auto le pertenece a tu hijo porque es parte de la familia. Sin embargo, en otro sentido, el auto no es suyo sino tuyo. Está registrado a tu nombre, y por la bondad de tu corazón tú permites que tu hijo o tu hija lo usen. Esperas que tus hijos obedezcan la ley y usen el vehículo de la misma manera en que tú lo harías. Tú les estás confiando las llaves, pero sigue siendo tu coche.

De manera similar, antes de ascender al cielo, Jesús les dijo a sus discípulos: "Toda potestad me es dada en el cielo y en la tierra. Por tanto, id, y haced discípulos a todas las naciones, bautizándolos en el nombre del Padre, y del Hijo, y del Espíritu Santo; enseñándoles que guarden todas las cosas que os he mandado; y he aquí yo estoy con vosotros todos los días, hasta el fin del mundo" (Mateo 28:18-20). En el relato paralelo Marcos cita a Jesús diciendo que a los que creen y son bautizados les seguirán señales, milagros que dan testimonio de su fe. Jesús dijo: "En mi nombre echarán fuera demonios; hablarán nuevas lenguas; tomarán en las manos serpientes, y si bebieren cosa mortífera, no les hará daño; sobre los enfermos pondrán sus manos, y sanarán" (Marcos 16:17-18).

Estudiosos de la Biblia han pasado años debatiendo si el material en Marcos 16:9-20 es una representación exacta de los mejores y más antiguos manuscritos del Evangelio de Marcos. Sin embargo, algunos grupos asociados con el cristianismo han insistido en el uso de este pasaje de la Escritura como una prueba de fuego de su fe. Han recogido a propósito serpientes venenosas vivas, y algunos han ingerido bebidas venenosas voluntariamente... ¡y han vivido! A pesar de la crítica textual o la sabiduría (o falta de ella) del poner a prueba su fe en actividades potencialmente letales, la verdad de la cuestión es que los primeros discípulos hicieron todas las cosas que Jesús mencionó en Marcos 16:15-18 excepto el beber bebidas mortíferas. (Teniendo en cuenta el agua rancia que se suministraba en Roma y en algunas partes de Medio, Oriente muchos de ellos pueden haberlo hecho también.)

Los discípulos de Jesús profetizaron en su nombre (Mateo 7:22). Echaron fuera demonios en su nombre (Lucas 10:17). Realizaron muchos milagros de sanidad en su nombre. Hicieron todo tipo de hazañas espirituales en el poderoso nombre de Jesús. Los primeros discípulos reconocían y entendían que el nombre de Jesús y la persona de Jesús son inseparables para todo propósito práctico. Son uno, el mismo. Cuando tú dices: "En el nombre de Jesús", en realidad estás diciendo: "¡En la persona y el poder de Jesucristo, Rey de reyes y Señor de señores!". Eso sí que es poderoso.

NO PODEMOS DEJAR DE HABLAR DE JESÚS

Uno de mis ilustraciones favoritas de esto se halla en Hechos capítulos 3 y 4. En Hechos 3:1 Pedro y Juan subían juntos al templo judío a orar cuando se encontraron con un mendigo cojo sentado fuera de una de las puertas principales del área del templo. El mendigo les mangó a Pedro y Juan algún dinero para apoyar su obra de beneficencia favorita: él mismo. Pero Pedro y Juan lo miraron directamente a los ojos, y Pedro le dijo: "No tengo plata ni oro, pero lo que tengo te doy; en el nombre de Jesucristo de Nazaret, levántate y anda" (v. 6).

Ahí está de nuevo: "¡En el nombre de Jesús!". Y el hombre se levantó y caminó. En realidad, hizo mucho más que caminar. "Y saltando, se puso en pie y anduvo; y entró con ellos en el templo, andando, y saltando, y alabando a Dios" (v. 8). Los adoradores locales todos reconocían al mendigo, y estaban maravillados de que hubiera sido sanado (v. 10). Después de todo, el hombre tenía más de cuarenta años de edad (4:22), y probablemente había sido paralítico todos esos años o la mayoría de ellos. Sin duda, se había convertido en "parte del mobiliario" fuera de la puerta del templo. La gente tenía lástima de él, contribuía con unas monedas para su cuidado, o lo despreciaba, evitando su mirada desesperada y apremiante. Ahora allí estaba él, justo en el templo del Señor, danzando y alabando a Dios. ¿Se dio cuenta la gente? Puedes estar seguro de que sí.

Pedro, que venía de entregar su poderoso sermón del día de Pentecostés tras el cual tres mil personas entregaron sus vidas a Cristo, sintió una oportunidad perfecta para predicar. Dijo a la multitud:

> Varones israelitas, ¿por qué os maravilláis de esto? ¿O por qué ponéis los ojos en nosotros, como si por nuestro poder o piedad hubiésemos hecho andar a éste? El Dios de Abraham, de Isaac y de Jacob, el Dios de nuestros padres, ha glorificado a su Hijo Jesús…a quien Dios ha resucitado de los muertos, de lo cual nosotros somos testigos.
>
> Y por la fe en su nombre, a éste, que vosotros veis y conocéis, le ha confirmado su nombre; y la fe que es por él ha dado a éste esta completa sanidad en presencia de todos vosotros.
>
> —Hechos 3:12-13,15-16

El capitán de la guardia del templo y algunos de los saduceos, una secta judía que no creía en la resurrección de los muertos, no estaban exactamente encantados con el mensaje de Pedro. Ellos asieron a Pedro y a Juan y los llevaron a la cárcel por hablarle de Jesús a la gente. Al día siguiente, Pedro y Juan fueron llamados a dar cuenta de sí ante Anás, Caifás, Juan y Alejandro, los mismos principales sacerdotes que habían condenado a muerte a Jesús, menos de dos meses antes.

Los dirigentes judíos hicieron una pregunta capciosa a Pedro y a Juan: "¿Con qué potestad, o en qué nombre, habéis hecho vosotros esto?" (Hechos 4:7). Observa, los líderes judíos no trataron de descartar la autenticidad del milagro. Habían intentado ese enfoque con la resurrección de Jesús y fracasaron miserablemente. No obstante, después de casi dos meses de relativa paz y tranquilidad en Jerusalén, los dirigentes judíos tenían razones para creer que todo estaba volviendo a la normalidad. Pero entonces, en el Día de Pentecostés, todo el cielo se había abierto, y ahora allí estaban esos dos hombres sanando a la gente en el nombre de Jesús. Los líderes judíos deben de haber pensado: "¡Oh, no! ¡No otra vez!".

La primera parte de la pregunta que hicieron era concerniente al poder que había detrás del milagro. Pueden haber estado acusando a Pedro y a Juan de realizar magia "negra", insinuando que la curación del paralítico tenía un origen demoníaco.

La segunda parte de su pregunta era concerniente al "nombre" que estaba detrás del milagro. Para los judíos, usar el nombre de alguien de manera milagrosa daba a entender que la persona a la que pertenecía el nombre tenía autoridad, o responsabilidad por la persona en la que se hacía el milagro. (Para ejemplos de esto, véase 2 Samuel 12:28, Salmo 49:11, Isaías 4:1). Pero los dirigentes judíos no se esperaban la respuesta de Pedro: "Sea notorio a todos vosotros, y a todo el pueblo de Israel, que en el nombre de Jesucristo de Nazaret, a quien vosotros crucificasteis y a quien Dios resucitó de los muertos, por él este hombre está en vuestra presencia sano...Y en ningún otro hay salvación; porque no hay otro nombre bajo el cielo, dado a los hombres, en que podamos ser salvos" (Hechos 4:10,12).

Sin duda, ¡a los principales sacerdotes judíos casi se les dio vuelta el turbante ante eso! Pedro estaba diciendo precisamente lo que no querían oír. Sin embargo, los sacerdotes no podían negar que había algo diferente en esos individuos…pero ¿qué era? Entonces los golpeó: "Entonces viendo el denuedo de Pedro y de Juan, y sabiendo que eran hombres sin letras y del vulgo, se maravillaban; y les reconocían que habían estado con Jesús" (v. 13).

Me encanta esa parte de la historia. ¿Puedes imaginar las expresiones de esos principales sacerdotes ancianos y acartonados, al escuchar las palabras de Pedro? Sin duda, se preguntaban: "¿Quiénes son estos payasos, después de todo? ¿Cómo se atreven a decirnos tales cosas a nosotros, la crema de la cosecha religiosa? ¿Quiénes se creen que son estos tipos?".

Pero luego comenzaron a reconocer que habían estado con Jesús.

"¿De dónde sacan su confianza?".

"Ellos han estado con Jesús".

"¿Cómo saben tanto? Ellos nunca han ido a la escuela bíblica o al seminario. ¿Cómo pueden entender estas cosas?".

"Ellos han estado con Jesús".

"¿De dónde sacaron tal poder sobrenatural?".

"Ellos han estado con Jesús".

Eso lo dice todo, ¿no? Ellos han estado con Jesús. Han estado pasando tiempo en su presencia. Están llenos de su Espíritu Santo, y convencidos de que Jesucristo se ha levantado de entre los muertos. ¡Ellos son imparables!

Los líderes judíos se dieron cuenta de que no podían negar el milagro o el hecho que había tenido lugar por medio de Pedro y Juan en el nombre de Jesús, de modo que los amenazaron, ordenando a Pedro y a Juan que "en ninguna manera hablasen ni enseñasen en el nombre de Jesús. Mas Pedro y Juan respondieron diciéndoles: Juzgad si es justo delante de Dios obedecer a vosotros antes que a Dios; porque no podemos dejar de decir lo que hemos visto y oído" (vv. 18-20).

Pedro y Juan, básicamente, respondieron: "Oigan, amigos; pueden hacer lo que quieran con nosotros; nos pueden amenazar, golpear, arrojarnos a la cárcel, incluso podrían matarnos. Pero no podemos dejar de hablar de Jesús y lo que Él ha hecho por nosotros". Los dirigentes judíos amenazaron más a los discípulos y finalmente los liberaron porque el pueblo de Jerusalén glorificaba a Dios por lo que había sucedido.

Poder para protegerte

El compositor Gary S. Paxton descubrió al principio de su vida cristiana que hay suficiente poder en el nombre de Jesús para protegernos de los ataques directos del enemigo. Gary estaba trabajando en su estudio de grabación en Nashville una noche cuando dos hombres tocaron a su puerta. Su coche se había averiado. El problema era una batería muerta, pensaban, así que le pidieron a Gary usar su teléfono. Gary amablemente se ofreció a "hacer puente" al coche de los individuos desde su camioneta. Los hombres estuvieron de acuerdo, y los tres se subieron al vehículo de Gary.

Gary apenas se había puesto al volante cuando los hombres lo empujaron. Uno de ellos le hizo "llave de candado" a Gary y tiró de él hacia atrás en el asiento del conductor. El otro hombre sacó una pistola.

Gary inmediatamente empezó a gritarles: "En el nombre de Jesús, ¡no pueden matarme! En el nombre de Jesús, ¡no pueden matarme! "Los hombres intentaron, pero no pudieron matar a Gary. Lucharon violentamente en el asiento delantero de la camioneta, y el arma se disparó varias veces. Gary fue alcanzado, y también uno de los matones. Todos se cayeron de la camioneta a la calle.

Uno de los asaltantes dijo después que tuvo una oportunidad perfecta para dispararle a Gary en la cabeza, pero que no podía apretar el gatillo. En vez de eso, tiró la pistola en un matorral y huyó, dejando a su compañero ensangrentado tirado en la calle. Gary fue herido gravemente, pero vivió. Pudo identificar a sus agresores, y los hombres fueron a prisión. Hasta el día de hoy Gary dice que, de no haber comenzado a defenderse inmediatamente con el nombre de Jesús, probablemente estaría muerto.

ESTO NO ES MAGIA

Para usar el nombre de Jesús con eficacia contra el diablo y sus demonios, debes conocer a Jesucristo personalmente y tener una relación activa con él. Recuerda, su nombre representa su persona. Sencillamente, no puedes gritar: "¡En el nombre de Jesús!" al diablo y esperar que huya si tú no tienes una relación con Cristo o si tu relación se ha fisurado por el pecado voluntario.

Los siete hijos de Esceva, un sumo sacerdote judío, trataron de hacer precisamente eso y tuvieron suerte de escapar con vida. Los hijos de Esceva eran exorcistas judíos que iban de pueblo en pueblo, aparentemente echando fuera espíritus malignos, aunque, en realidad, más que nada, probablemente estaban haciendo un "show religioso" y estafando a la gente. No hay duda de que estaban incursionando en la "magia negra" y otras prácticas ocultistas.

Cuando oyeron que Dios estaba realizando grandes milagros por medio del apóstol Pablo en el nombre de Jesús, decidieron entrar en acción. Como muchas personas hoy en día, estos individuos creyeron que podían usar las palabras adecuadas y lograr el efecto deseado. Querían usar los métodos de Pablo sin su fuente de energía: el Espíritu Santo. Eso, o simplemente no entendían la clase de poder con el que jugaban. Ellos intentaron echar fuera un espíritu maligno en el nombre del Señor Jesús, diciendo: "Os conjuro por Jesús, el que predica Pablo" (Hechos 19:13).

Lo que los exorcistas dijeron estaba bien, pero el espíritu maligno no se inmutó en absoluto. ¿Por qué? Las palabras de los exorcistas eran vacías y huecas. Los hijos de Esceva carecían de la autoridad y del poder de Jesús, porque ellos no tenían una relación con Jesús. No hay poder en el nombre de Jesús sin la persona de Jesús.

Es irónico que estos individuos fueran hijos de un sumo sacerdote judío. Probablemente habían crecido oyendo las Escrituras que se leían en su casa. Deberían haber sabido más. Del mismo modo, tú puedes ser el hijo o la hija de un principal sacerdote, de un pastor, de un evangelista, de un presbítero, de un diácono, o de un maestro de escuela dominical, pero si no conoces a Jesús personalmente y tienes su Espíritu obrando en ti, el diablo te va a pisar fuerte. Eso es exactamente lo que les sucedió a los hijos de Esceva.

Sin temor a esos farsantes, el demonio habló casi con sarcasmo: "A Jesús conozco, y sé quién es Pablo; pero vosotros, ¿quiénes sois? (Hechos 19:15). ¡Whoom! El espíritu maligno golpeó a los hijos de Esceva en la cara con la verdad. "¿Quién son ustedes para venir a meterse conmigo por su propio poder? No tienen ninguna autoridad en el ámbito espiritual. No tienen poder espiritual. No representan a Jesús para mí. Vaya, ¡tontos farsantes, voy a arrancarles la cabeza!".

En ese momento, la Escritura registra: "Y el hombre en quien estaba el espíritu malo, saltando sobre ellos y dominándolos, pudo más que ellos, de tal manera que huyeron de aquella casa desnudos y heridos" (v. 16).

¡Esa es una linda manera de decir que el demonio les dio un susto tremendo a los hijos de Esceva! Ahora fíjate en los resultados de ese extraño incidente.

El temor se apoderó de Éfeso

Éfeso era una ciudad obsesionada por el ocultismo. Una vez un próspero puerto, era una ciudad en la que se le daba la bienvenida a la presencia de Satanás, y las prácticas de la hechicería y la magia no solo prevalecían, sino que fueron sancionadas y practicadas pública y abiertamente. Éfeso era el centro del culto a Artemisa (a veces llamada "Diana" en el Nuevo Testamento), diosa de la fertilidad femenina.

El tristemente célebre templo de Artemisa se encontraba en la ciudad, así que todo tipo de extraños sacerdotes y sacerdotisas, demoníacamente inspirados, se congregaban continuamente en Éfeso. Como tal, Éfeso era un hervidero de prostitución masculina y femenina, adivinos, magos y hechiceros, todos compitiendo por la atención y el dinero de la población local y de los muchos visitantes de la ciudad.

Pero cuando el pueblo de Éfeso conoció los detalles de cómo el demonio derrotó insolentemente a los siete hijos de Esceva, así como de los milagros hechos por medio de Pablo, un impresionante temor cayó sobre la ciudad (Hechos 19:17). Era el mismo tipo de temor impresionante, reverencial que cayó sobre la Iglesia primitiva en la ciudad de Jerusalén cuando Dios acabó con Ananías y Safira por haberle mentido al Espíritu Santo (Hechos 5:11).

El nombre de Jesús fue exaltado

Uno de los más extraños resultados de que un demonio le diera una paliza a un par de practicantes del ocultismo fue que "el nombre del Señor Jesús era exaltado" (Hechos 19:17, LBLA). No es que Dios desee que los demonios o cualquier otra persona vayan por allí dando palizas a la gente para que el nombre de Jesús pueda ser exaltado. No, claramente el pueblo de Éfeso reconoció el genuino poder espiritual que se estaba manifestando a través del apóstol Pablo, a diferencia de la impotencia espiritual de los sacerdotes ocultistas. Por eso el nombre de Jesús estaba siendo exaltado. Del mismo modo, el nombre de Jesús *será* exaltado en tu ciudad o en tu situación, por muy infestadas de demonios que estén.

El pecado fue confesado

Tan impresionados estaban los efesios ante esa evidente muestra de la superioridad espiritual de Pablo por el poder del nombre de Jesús, que comenzaron a confesar y a declarar sus prácticas pecaminosas (v. 18). Sin duda, muchos de ellos participaban en el culto a Artemisa y en la flagrante inmoralidad sexual, que era práctica habitual del culto. Confrontados con el poder de Jesús, empezaron a deshacerse de su adoración falsa e impura.

Los libros de magia fueron quemados

Como parte de los resultados prácticos de su arrepentimiento, esa gente abandonó todo lo que era abominación a Dios. Una vez que se dieron cuenta del error de sus caminos, renunciaron a todo lo que en su pasado pudiera impedir su progreso espiritual. "Asimismo muchos de los que habían practicado la magia trajeron los libros y los quemaron delante de todos; y hecha la cuenta de su precio, hallaron que era cincuenta mil piezas de plata" (v. 19).

Con frecuencia, cuando los creyentes de hoy en día se dan cuenta del peligro potencial y el daño que los libros, revistas, películas, música, video juegos, u otros medios inspirados por demonios, mezclados con contenido destructivo, representan para su vida espiritual, también deciden hacer una hoguera. Si tienes en tu posesión literatura, videos o música que glorifican al diablo o exaltan un estilo de vida que es contrario a la Biblia y a tu relación con Jesús, toma el consejo de esos nuevos convertidos de la adoración demoníaca. Destruye la basura antes de que la basura te destruya a ti.

Observa también que los nuevos convertidos no estaban preocupados por el costo de sus libros y materiales de magia negra. Hoy en día muchos cristianos racionalizan: "Yo sé que es contraproducente para mi salud espiritual, pero pagué un montón de dinero por los libros y CD. No puedo permitirme tirarlos a la basura".

¿Puedes permitirte el lujo de dejarle una puerta abierta al enemigo en tu vida? Tú no puedes permitirte no destruir esos materiales orientados a lo demoníaco. Destrúyelos. No se los des a otros para que el diablo también pueda ensuciar sus vidas.

La Palabra de Dios avanza

Como resultado de ese encuentro, "crecía y prevalecía poderosamente la palabra del Señor" (v. 20). El mensaje de Jesús se extendió por toda la ciudad. Pero no creas que el diablo tomó esa derrota sin protestar. ¡Ah, no! Hechos 19:23 dice claramente: "Hubo por aquel tiempo un disturbio no pequeño acerca del Camino". Mucha gente de Éfeso se ganaba la vida haciendo ídolos de Artemisa para venderlos a los pobladores y a los visitantes de la ciudad pagana. Pero las personas que encuentran a Jesús no compran ídolos (o al menos, no deberían), y un platero llamado Demetrio reconoció rápidamente la amenaza para sus negocios y levantó una revuelta contra Pablo. No obstante, a pesar de la oposición de quienes querían usar la religión para su propio beneficio personal, la Palabra del Señor continuó prevaleciendo. Siempre lo hará.

COMPRENDER BIEN EL NOMBRE

Si tú no conoces a Jesucristo, o si no estás viviendo en una relación correcta con Él, una vez más te advierto con firmeza: nunca intentes tratar con el diablo en forma alguna. Podría ser muy peligroso para tu salud. Ni siquiera el poderoso arcángel Miguel hablaba contra el demonio en su propia fuerza. La Biblia dice que Miguel "no se atrevió a proferir juicio de maldición contra él, sino que dijo: El Señor te reprenda" (Judas 9).

Si no conoces a Jesús, o si has permitido que el pecado abra una brecha en tu relación con Él, clama en voz alta su nombre, ruégale perdón por tus pecados; pídele que venga y te llene con su Espíritu Santo. Comprométete a confiar en Él y a obedecer su Palabra por el resto de tu vida. Solo entonces tienes el derecho (la autoridad legal) para usar su nombre contra el diablo.

Si tú *sí* conoces a Jesús, tienes que aprender a usar correctamente su nombre como un arma en la guerra espiritual. Algunas personas dicen: "¡En el nombre de Jesús, de quien predica el pastor...!".

Eso no es suficiente.

Otros dicen: "En el nombre de Jesús, de quien mamá y papá me hablaron...".

Eso tampoco servirá.

"En el nombre de Jesús, a quien cantamos...".

No es suficiente.

"En el nombre de Jesús, de quién leí...".

No, no es el nombre de Jesús lo que tú debes conocer, es la persona y el poder de Jesucristo en ti lo que necesitas para tomar autoridad sobre el diablo. Es necesario que puedas declarar con confianza, ante amigos o enemigos, ángeles o demonios:

"En el nombre de Jesús, ¡mi Señor y Salvador!".

"En el nombre de Jesús, ¡el Cordero de Dios que quita el pecado del mundo!".

"En el nombre de Jesús, ¡que vino para deshacer las obras del diablo!".

"En el nombre de Jesús, ¡mi sanador!".

"¡Mi libertador!".

"¡Mi proveedor!".

"¡Mi escudo y mi fuerza!".

"¡Mi pastor!".

"¡Mi paz!".

"¡Mi roca!".

"¡Mi justicia!".

"¡Mi Redentor!".

"¡El Santo! ¡El Poderoso! ¡El Señor de los ejércitos!".

"En el nombre de Jesucristo, ¡Rey de reyes y Señor de señores!".

Eso es lo que Él es, y ese es el nombre que hace que el diablo y sus demonios tiemblen. El nombre de Jesús no es una fórmula mágica que sacas de tu bolsa de trucos para impresionar a tus amigos o para poner en una especie de puesto de feria espiritual. Sí, hay poder en el nombre de Jesús, pero ese poder solo puede ser usado correcta y efectivamente por un creyente lleno del Espíritu Santo, que vive a diario en la presencia de Jesús y actúa en la autoridad delegada que Él te ha dado.

Dios no va a confiar su poder y su autoridad a nadie menos consagrado a Él. Después de todo, tú no confiarías una pila de dinamita y una caja de fósforos a un pirómano. Tampoco permitirías que un ladrón cuidara un banco. Tampoco Dios le va a confiar su poder y su autoridad sobrenatural a alguien cuya lealtad y cuyos motivos sean cuestionables.

El nombre de Jesús es un arma poderosa en la guerra espiritual, pero solo cuando es empuñada por una persona que declara su nombre con autoridad delegada de Cristo. Sí, tú puedes declarar el nombre de Jesús con valentía, pero recuerda siempre que el poder que expulsa a los demonios no es tuyo, sino de Él.

Capítulo 14

PODER PARA ATAR, PODER PARA DESATAR, ¡PODER PARA SALVAR LA VIDA!

UNA DE LAS armas verdaderamente sorprendentes que Jesús nos ha confiado es el permiso para "atar y desatar" cosas en su nombre. Jesús le dijo a Pedro: "Y a ti te daré las llaves del reino de los cielos; y todo lo que atares en la tierra será atado en los cielos; y todo lo que desatares en la tierra será desatado en los cielos" (Mateo 16:19).

Esta es una de esas increíbles promesas de Jesús, enigmáticas, "casi demasiado buenas para ser verdad". La primera vez que la lees, tiendes a pensar: "¡Nooo! Seguro que en realidad Jesús no quiso darme esa promesa a mí. Debe ser para algún grupo élite espiritual, o tal vez solo se aplicó a los primeros apóstoles. Seguramente, ¡Jesús sabe bien que no debe confiarme esa impresionante autoridad!".

Pero entonces, casi como si quisiera asegurarse de que no lo malentendamos, Jesús repite palabra por palabra la promesa en Mateo 18:18. Y añade: "Otra vez os digo, que si dos de vosotros se pusieren de acuerdo en la tierra acerca de cualquiera cosa que pidieren, les será hecho por mi Padre que está en los cielos. Porque donde están dos o tres congregados en mi nombre, allí estoy yo en medio de ellos" (Mateo 18:19-20).

Ahí está otra vez: Pedir algo *en mi nombre*.

Pero, ¿qué significa atar y desatar en el nombre de Jesús? La palabra bíblica para *atar* significa "inmovilizar". Positivamente hablando, puede significar atar a un enemigo o un ladrón que ha sido capturado. Negativamente, el enemigo intenta enredar al pueblo de Dios. Estos creyentes necesitan ser "desatados" o puestos en libertad. Jesús dijo en Mateo 12:29: "Porque ¿cómo puede alguno entrar en la casa del hombre fuerte, y saquear sus bienes, si primero no le ata? Y entonces podrá saquear su casa". Con esta verdad en mente C. Peter Wagner dice: "En el contexto de la guerra espiritual, atar significa restringir el poder del mal en todos los niveles".[1]

"Desatar" es el proceso de soltar los lazos de esclavitud a los que una persona ha sido constreñida. Uno de los mejores ejemplos de "desatar" en el Nuevo Testamento es cuando Jesús levantó a Lázaro de la muerte. Jesús llamó a Lázaro a una vida renovada, y Lázaro salió del sepulcro y avanzó. Pero todavía estaba atado de pies y manos por las vendas que habían sido usadas para su embalsamamiento. Incluso su rostro seguía envuelto en el sudario (Juan 11:44). Se veía peor que Boris Karloff en la antigua película de terror *La momia*.

¿Puedes imaginarte qué existencia lamentable habría tenido Lázaro si Jesús lo hubiera dejado en esa condición? Claro, Lázaro estaba vivo, pero apenas podía moverse, hablar o respirar, y seguramente no se estaba divirtiendo mucho. ¡Suena semejante a muchos cristianos!

En su sermón "I Talk Back to the Devil" (Le respondí al diablo) A.W. Tozer comenta esta condición:

> ¿Por qué el viejo diablo, Satanás, no se da por vencido y se retira de la escena cuando una persona se convierte en un creyente cristiano? Aunque es un enemigo sombrío y siniestro dedicado a la condenación de los seres humanos, creo que él sabe que es inútil tratar de

condenar a un hijo de Dios perdonado y justificado que está en las manos del Señor.

Así que se convierte en incumbencia del diablo mantener aprisionado el espíritu de los cristianos. Él sabe que el cristiano creyente y justificado ha sido resucitado de la tumba de sus pecados y transgresiones. A partir de ese momento, Satanás trabaja mucho más para mantenernos atados y amordazados, en realidad encarcelados en nuestras propias vendas mortuorias

Él sabe que si continuamos en ese tipo de esclavitud, nunca podremos reclamar nuestra legítima herencia espiritual. Sabe también que, mientras sigamos atados en ese tipo de esclavitud no estaremos mucho mejor que cuando estábamos espiritualmente muertos.[2]

Pero Jesús no se contenta con permitir que Lázaro quede como uno de los "muertos vivos". Jesús ordenó a los curiosos, amigos y familiares: "Desatadle, y dejadle ir" (Juan 11:44).

¿Alguna vez has pensado en eso? ¿Por qué Jesús no liberó a Lázaro de los lazos de esclavitud cuando lo resucitó de entre los muertos? Podría haberlo hecho con solo una palabra. Pero no lo hizo. Dejó el proceso de desatar a los amigos cercanos y a los miembros de la familia de Lázaro. Yo creo que también nos enseña una lección.

Muchas veces las personas llegan a "novedad de vida" en Jesús, pero siguen estando atadas por cosas de su pasado. Tal vez todavía están luchando con malos hábitos formados durante muchos años de vivir sin Jesús; hábitos como el alcoholismo, la adicción a las drogas, los pecados sexuales, u otras malas prácticas. Otros entran al reino de Dios con toda clase de dolores, amargura y resentimiento de su pasado. Y otros incluso están atormentados por profundos temores, soledad o dudas.

De acuerdo, cuando nos arrepentimos de nuestros pecados,

nos alejamos de esas cosas, pero a veces la gente necesita un poco de auxilio de sus hermanos y hermanas en el Señor para que la ayuden a desatarse. No es que podamos llevar a nadie a novedad de vida ni quitar un solo pecado, pero podemos ser instrumentos que el Señor use para fomentar la libertad que Él quiere que todos los creyentes experimentemos mediante el proceso de santificación (ser santificados, llenos de su Espíritu, y apartados para sus propósitos).

En muchos casos es necesario atar "al hombre fuerte" (las influencias satánicas) en la vida de una persona antes de poder ministrarla en cualquier otra forma. ¿Cómo podemos hacer eso? Por medio de la oración en el nombre de Jesús. En primer lugar, nombra esa cosa (o cosas) que están atando o estorbando a la persona por la que estás orando. Puede que sea un hábito, una actitud, alguna intimidación demoníaca tal como un espíritu de temor. Reconoce que a partir de este momento Jesús es el Señor de ese lugar.

En segundo lugar, ata a ese "hombre fuerte" en el nombre de Jesús. Por ejemplo, digamos que es un espíritu de temor el que afrontas en oración. Tú sabes que ese espíritu no es de Dios. La Biblia dice: "En el amor no hay temor, sino que el perfecto amor echa fuera el temor" (1 Juan 4:17-18). Utiliza las Escrituras como tu espada y habla directamente al espíritu de temor, diciendo algo como: "Por la autoridad de la Palabra de Dios y en el nombre de Jesucristo, te ato, espíritu de temor. Ya no tienes dominio ni presencia en esta vida. En tu lugar, yo desato el amor de Jesús, el perfecto amor de su Espíritu Santo".

Es útil hablar en voz alta cuando se ata o se desata algo en el nombre de Jesús. Di algo como: "Satanás, ¡te ato en el nombre de Jesús!". Luego, procede a declarar palabras de liberación. Con frecuencia será necesario hablar directamente a las entidades demoníacas. No es necesario que grites ni vociferes; solo usa tu autoridad delegada. "En el nombre de Jesucristo, Rey de reyes y Señor de señores, ¡desata esta persona y suéltala!".

PODER PARA SALVARTE LA VIDA

A veces es necesario atar al diablo literalmente para salvar la vida de alguien. En el caso de Darlene Cunningham, esposa del presidente de Juventud con una Misión, Loren Cunningham, la vida que ella salvó fue la suya. Loren relata la historia en su libro *Making Jesus Lord* (Hacer a Jesús Señor):

> Un invierno, cuando estábamos viviendo en Suiza, Darlene estiró el brazo detrás de una lavadora de tamaño industrial para recobrar una prenda. No sabía que alguien había estado trabajando en esa máquina y había quitado una cubierta protectora. Su mano tocó un cable con corriente eléctrica. Estaba allí de pie con los zapatos cubiertos de nieve, sobre un piso de concreto, congelada con los cables expuestos y su cuerpo clavado contra el acero de la lavadora cuando 380 voltios de electricidad recorrieron su cuerpo.
>
> Darlene me dijo después que gritaba y gritaba y nadie la oía. Clamó al Señor para que salvara su vida, pero las sacudidas la seguían golpeando. "Señor", exclamó al fin, "¡te hemos dado nuestras vidas, y estoy orando y no funciona!"
>
> Al instante, Dios le habló. "Ata al diablo".
>
> Darlene sabía lo que eso significaba. Ató al diablo, orando contra él con la autoridad de Jesucristo (Mateo 16:19). Tan pronto como lo hizo, fue arrojada del cable con electricidad y se estrelló contra la pared opuesta a la lavadora. Durante varios días, experimentó palpitaciones y debilidad, y el agujero quemado en la palma de su mano requirió meses para sanar. Pero ella estaba bien.[3]

Cuando atar y desatar no funciona

En la mayoría de los libros sobre el tema de la guerra espiritual encuentras una plétora de fascinantes historias que describen las proezas realizadas por creyentes comunes diezmando fortalezas demoníacas. Aunque me siento muy bendecido y alentado por esos relatos, sería menos que sincero contigo si no te hiciera saber que a veces el "atar y desatar" no funciona. ¿Por qué no?

En primer lugar, hay que admitir que no entendemos mucho acerca de atar y desatar. La Biblia contiene pocas ilustraciones de cómo usar esta arma. Jesús no dio un seminario de fin de semana sobre el tema. Él simplemente nos otorgó la autoridad para hacerlo cuando lo consideremos necesario.

En segundo lugar, a veces no entendemos la clase de poderes demoníacos con la que estamos tratando. Como he dicho en este libro, los demonios son implacables. No tienen nada que perder ni nada que ganar. No recibirán un sitio más caliente o más frío en el infierno por su índice de éxitos o fracasos. Su único placer, si se puede llamar así, es que a ese aguafiestas le encanta la compañía. Si Satanás puede destruirte, le produce un retorcido sentido de satisfacción saber que ha logrado alejarte de Dios.

Satanás y sus demonios no deben ser tomados a la ligera. Me avergüenza cuando a veces oigo a individuos que irresponsable o teatralmente le gritan al diablo en las iglesias o en la televisión: "¡Te ato, Satanás, a ti y a tus demonios!". Casi puedo imaginar algunos demonios escuchando y diciendo: "Oye, Amargura, fíjate en este tipo que nos grita. Qué raro, ¿eh?".

Por lo general, sin embargo, cuando atar y desatar no funciona, es porque estamos tratando de atar o desatar algo que Jesús no tiene la intención de que sea atado o desatado. En otras palabras, tenemos que atar o desatar en sintonía con Jesús en el cielo.

Por ejemplo, si yo digo: "Te ato Satanás, y te arrojo a un lago de fuego por mil años", no estoy mostrando mi audacia espiritual sino mi ignorancia espiritual. La simple realidad es que Satanás no va a ser atado y arrojado al lago de fuego hasta que Jesús lo haga (Apocalipsis 20:10). Que yo intente hacerlo es tonto y, posiblemente, hasta peligroso. Satanás se ríe y dice: "Tonto. No conoces tu Biblia tan bien como yo".

Por otra parte, cuando nos oponemos al diablo y a sus demonios en el nombre de Jesús, orando con su autoridad conforme a su voluntad, las tropas del diablo salen corriendo. El diablo sabe cuando le dan una paliza, y no se quedará.

Por último, cuando atar y desatar es ineficaz, puede ser porque no estamos llenos del Espíritu Santo, o tal vez tenemos que "volver a ser llenos". Como resultado, no estamos actuando completamente bajo su poder. Sin el poder sobrenatural de Jesús, podemos atar y desatar hasta amoratarnos, pero en vano. En la medida en que estemos o no llenos del Espíritu de Cristo, podemos esperar un correspondiente aumento o disminución del poder espiritual. Es por eso que antes de avanzar, es mejor que verifiquemos los "indicadores de combustible".

Capítulo 15

EL DIABLO O LA PALOMA

S I ESTUDIAS CUIDADOSAMENTE la historia de la Iglesia, pronto descubrirás que los grandes cristianos a través de los años han descrito una experiencia subsiguiente a la salvación por medio de la cual entraron en una relación más profunda con Cristo. Los términos que utilizan para describir esta relación varían mucho, pero si examinas los denominadores comunes, descubrirás que hablaban de una vida consagrada a Jesucristo y llena de su Espíritu.

Sus testimonios no están restringidos a una época, lugar, raza, sexo o afiliación religiosa. Hombres y mujeres de un amplio espectro, tales como Hudson Taylor, D. L. Moody, Charles Finney, Corrie ten Boom, Oswald Chambers, Blas Pascal, Phoebe Palmer, Andrew Murray, Ian Thomas, A. B. Simpson, Amy Carmichael, y una multitud más, todos dan testimonio de una experiencia que tuvo lugar en algún momento *después* que se encontraron con Jesucristo; una experiencia que revolucionó su vida *cristiana*.

El Dr. Ray Edman, expresidente y rector del Wheaton College, dijo acerca de estos "santos":

> El patrón de sus experiencias es prácticamente el mismo. Ellos habían creído en el Salvador, sin embargo, estaban cargados y desconcertados, infieles y sin fruto,

anhelando siempre algo mejor y sin alcanzar jamás con su esfuerzo una vida mejor.[1]

¿Te suena familiar? Si es así, puedes animarte al saber que la oscuridad y la derrota una vez describieron la vida de algunos de los más valientes héroes de la Iglesia. Sin embargo, algo pasó para cambiarlos. ¿Qué fue lo que hizo la diferencia en sus vidas? El Dr. Edman continúa:

> Llegaron a una crisis de entrega total del corazón al Salvador, a un encuentro con Él en lo más íntimo de su espíritu, y encontraron que el Espíritu Santo es una fuente inagotable de vida y renovación. A partir de entonces la vida nunca fue la misma…Desde el desaliento y la derrota han alcanzado la victoria. Desde la debilidad y el agotamiento, fueron hechos fuertes. Desde la ineficacia y la aparente inutilidad se han convertido en eficientes y entusiastas.
>
> El patrón parece ser el egocentrismo, el esfuerzo propio, el incremento de la insatisfacción interna y el desaliento externo, la tentación de dejarlo todo porque no hay una mejor manera; y luego, encontrar que el Espíritu de Dios es su fuerza, su guía, su confianza y su compañero; en una palabra: su vida.[2]

¿Y QUÉ HAY DE TI?

¿Has tenido una experiencia tal de llenura del Espíritu Santo? Si no, tú puedes—¡y deberías!—tenerla. Permíteme enfatizar que todos los verdaderos cristianos tienen el Espíritu Santo morando en ellos. En realidad, para ser cristiano, debes tener el Espíritu de Dios residiendo en ti. La Escritura dice: "Si alguno no tiene el Espíritu de Cristo, no es de él" (Romanos 8:9).

La Biblia también dice: "El Espíritu mismo da testimonio a nuestro espíritu, de que somos hijos de Dios" (v. 16). Puedes dar vuelta eso y decir que si el Espíritu de Dios no da testimonio a tu espíritu, no importa lo buena persona que seas, cuán a menudo vas a la iglesia, o la cantidad de dinero que colocas en la ofrenda, no eres un hijo de Dios. Si el Espíritu no ha confirmado tu reserva en el reino de Dios, es mejor que establezcas una relación con Jesús. Ser cristiano no es una relación "Pienso que sí" o "Espero que sí". Es un comprometido "Yo sé que sí". Tú entregas tu vida a Jesucristo, Él mismo se compromete contigo, y su Espíritu da testimonio a tu espíritu de que eres un hijo de Dios. Si eso no ha ocurrido, es mejor que vuelvas al punto de partida y comiences de nuevo.

Si yo preguntara: "¿Estás casado?" no tienes que preguntarte: "Hmmm…¿estoy casado o no?" O: "Bueno, yo no creo estar casado. Tuve una cita una vez, claro. Me gustaría casarme. He estado considerando el matrimonio". Eso es ridículo. Tú sabes la respuesta correcta en el momento en que te pregunto. Es un sí o un no. Del mismo modo, si te pregunto: "¿Eres cristiano?" tú deberías poder responder con igual certeza.

Si estás confiando en Jesucristo como Salvador, tienes el Espíritu Santo morando en ti, y Él te hará saber de alguna manera en lo profundo de tu corazón que eres un hijo de Dios. Probablemente no pondrá en funcionamiento un anuncio ni mostrará un cartel en el zepelín sobre el juego de pelota, pero tú sabrás, así como la persona que está casada sabe que está casada, no por una licencia de matrimonio, sino por el compromiso público que ha realizado.

Cuando se trata de ser lleno del Espíritu Santo, la cuestión no es recibir más del Espíritu Santo; es que el Espíritu Santo reciba todo de ti. Tú has visto probablemente a algunos cristianos que parecen satisfechos con Dios de una manera que no lo estás. Sus ojos tienen un brillo luminoso, sin importar las dificultades que enfrenten. Sonríen mucho. El gozo del Señor es algo que ellos no tienen que invocar sino que parece surgirles naturalmente.

Cuando consideras a esos cristianos, puedes decir: "Ellos tienen algo que yo no tengo".

No, ellos no tienen *algo*. Algo los tiene a *ellos*. Mejor aún, *Alguien* los tiene. Esos cristianos radiantes han rendido sus vidas por completo a Jesucristo. Él ha purificado sus corazones y los ha llenado con su Espíritu Santo; y eso ha hecho toda la enorme diferencia en su vida *cristiana*.

¿QUIÉN ES EL ESPÍRITU SANTO?

El Espíritu Santo no es un ángel, ni tampoco es un duendecito como Campanita en *Peter Pan*. Tampoco es la versión cristiana de Gasparín, el Fantasma Amigable. Él es la tercera Persona de la Santa Trinidad, que incluye al Padre, al Hijo (Jesús), y al Espíritu Santo.

Él existía y estaba activo incluso antes de la formación de la tierra (Génesis 1:2). A lo largo de los tiempos del Antiguo Testamento Él invistió de poder a ciertos individuos para realizar tareas específicas. Por ejemplo, Dios llenó con el Espíritu Santo a un hombre llamado Bezaleel y le dio gran sabiduría, entendimiento y conocimiento de artesanía para ayudar a supervisar la construcción del primer tabernáculo (Éxodo 31:2-5). Moisés también fue lleno del Espíritu de Dios, al igual que Gedeón, Saúl, David, y otros. En los tiempos del Antiguo Testamento, sin embargo, solo unos pocos del pueblo de Dios fueron llenos del Espíritu Santo, y solamente para propósitos específicos.

En el Nuevo Testamento el papel del Espíritu Santo es mucho más prominente. La noche antes de que Jesús fuera a la cruz, les explicó a sus discípulos que tenía que irse por un tiempo. Es comprensible que los discípulos estuvieran confundidos, tristes y decepcionados. Pero Jesús los animó diciendo: "Y yo rogaré al

Padre, y os dará otro Consolador, para que esté con vosotros para siempre: el Espíritu de verdad, al cual el mundo no puede recibir, porque no le ve, ni le conoce; pero vosotros le conocéis, porque mora con vosotros, y estará en vosotros. No os dejaré huérfanos; vendré a vosotros" (Juan 14:16-18).

La palabra *Consolador* que Jesús usó para referirse al Espíritu Santo significa "uno llamado al lado de, un Consolador".[3] Eso es lo que el Espíritu Santo es; Él es un soporte sobre el cual puedes apoyarte. Él es el que trae la paz de Jesús y el consuelo a tu corazón y a tu mente.

Jesús explicó específicamente cuál sería el papel del Espíritu Santo: "Mas el Consolador, el Espíritu Santo, a quien el Padre enviará en mi nombre, él os enseñará todas las cosas, y os recordará todo lo que yo os he dicho...Pero cuando venga el Consolador, a quien yo os enviaré del Padre, el Espíritu de verdad, el cual procede del Padre, él dará testimonio acerca de mí" (Juan 14:26; 15:26).

¿POR QUÉ JESÚS TENÍA QUE IRSE?

¿Alguna vez has pensado: "Sería maravilloso poder pasar tiempo informalmente con Jesús?" Cuán increíble debe de haber sido para los discípulos verlo hacer milagros, escucharlo enseñar, poder hacerle preguntas sobre todas las cosas que no entendían. Puedes imaginar, entonces, el impacto de los discípulos cuando Jesús les dijo que sería mejor que Él se fuera. Les dijo: "Pero yo os digo la verdad: Os conviene que yo me vaya; porque si no me fuera, el Consolador no vendría a vosotros; mas si me fuere, os lo enviaré" (Juan 16:7). ¿Qué quiso decir Jesús?

Cuando Jesús caminó en la tierra en persona, con todas las limitaciones de un cuerpo físico, Él podía estar en un solo lugar a la vez. Podía hablar con una sola persona o grupo a la vez, y podía realizar sus poderosos milagros solo para aquellas personas con las que estaba en contacto inmediato (aunque la Biblia registra pocos casos en los que Jesús sanó a alguien sin que la persona estuviera físicamente en su presencia).

Cuando el Espíritu Santo fue derramado en el día de Pentecostés (Hechos 2:1-42), la presencia y el poder de Jesús llenaron a cada uno de los creyentes. Ahora Él puede estar con todos nosotros, todo el tiempo, por medio de su Espíritu. Él puede estar hablando contigo, dondequiera que estés ahora mismo, mientras que al mismo tiempo puede hablarme a mí. Del mismo modo, su poder sobrenatural está disponible para todos nosotros, las veinticuatro horas del día, todos los días.

Podemos caminar con Él, hablar con Él, hacerle cualquier pregunta que esté en nuestra mente. Además, el mismo Espíritu que inspiró a los escritores bíblicos para poner por escrito la Palabra Dios ahora ilumina nuestra mente para entender las verdades que Dios quiere que sepamos. Jesús dijo a sus discípulos la noche antes de su muerte: "Pero cuando venga el Espíritu de verdad, él os guiará a toda la verdad; porque no hablará por su propia cuenta, sino que hablará todo lo que oyere, y os hará saber las cosas que habrán de venir. El me glorificará; porque tomará de lo mío, y os lo hará saber. Todo lo que tiene el Padre es mío; por eso dije que tomará de lo mío, y os lo hará saber" (Juan 16:13-15).

EL ESPÍRITU SANTO TIENE PERSONALIDAD

Observa que Jesús siempre se refiere al Espíritu Santo como a una persona, Él, nunca como a "eso". Tú nunca te referirías a tu esposo o esposa como a "eso". No dirías: "Sí, eso y yo tuvimos unas vacaciones maravillosas". Sin embargo, muchos cristianos hacen algo igual de tonto al referirse al Espíritu Santo como si Él fuera una fuerza espiritual vaga y ambigua. El Espíritu Santo es una persona, una persona a la cual por lo general no puede contemplarse con los sentidos físicos, pero, no obstante, una persona.

Él puede hablar (Hechos 13:2); Él nos guía a la verdad (Juan 16:13); Él entiende y puede comunicarse (1 Corintios 2:9-12). El Espíritu Santo puede ser resistido (Hechos 7:51), entristecido (Efesios 4:30), o afrentado (Hebreos 10:29).

Él nos enseña lo que Jesús quiere que sepamos (Juan 14:26,16:7-15); Él nos ayuda a conocer mejor a Cristo (1 Corintios 2:1-13); Él nos ayuda a pensar como Jesús, dándonos actitudes cristianas (1 Corintios 2:16); Él nos ayuda a evitar el pecado y hacer lo que es correcto (1 Corintios 6:11); Él nos convence de pecado y nos muestra la verdad sobre la justicia de Dios y el juicio (Juan 16:8).

Lo más importante de todo, el Espíritu Santo siempre glorifica a Jesús (Juan 16:14). El Espíritu Santo nunca atrae la atención hacia sí mismo; Él siempre señala hacia a Jesucristo. Ciertamente debemos honrar al Espíritu Santo en nuestras iglesias y en nuestras vidas, pero debemos tener cuidado de no exaltar al Espíritu por encima de Jesús. El Espíritu Santo siempre exalta a Cristo.

Dios quiere llenar tu vida con el Espíritu Santo (Efesios 5:18). Si se lo permites, Él creará en ti el carácter de Jesús. Seguirás siendo tú—tu cuerpo, tu mente y tu corazón—, pero de una manera real, Jesús estará en el centro de tu vida. Él estará al mando. El Espíritu Santo te dará el poder interior para ser como Jesús, para ser su testigo en el mundo y para vencer al maligno, Satanás. Cuando tú estés lleno del Espíritu Santo, comenzarás a entender lo que el apóstol Pablo llama "el misterio que había estado oculto desde los siglos y edades, pero que ahora ha sido manifestado a sus santos…que es Cristo en vosotros, la esperanza de gloria" (Colosenses 1:26-27).

POR QUÉ NECESITAS EL PODER DEL ESPÍRITU

Probablemente se podrían enumerar decenas de razones para explicar por qué necesitamos ser llenos del Espíritu Santo. Tres razones se destacan: la naturaleza de pecado profundamente arraigada, la imposibilidad de la tarea que Jesús nos ha dado, y las acusaciones de Satanás.

1. La naturaleza de pecado profundamente arraigada

¿Has descubierto que todavía estás atraído por el pecado, a pesar de que eres cristiano? Si aun no te has encontrado con esa impactante revelación, lo harás. Algo pecaminoso permanece en nuestros corazones aun después de creer en Jesús, algo que nos lleva a querer hacer el mal en vez del bien. El apóstol Pablo lo expresó muy bien para todos nosotros cuando dijo:

> Realmente no me entiendo a mí mismo, porque quiero hacer lo que es correcto pero no lo hago. En cambio, hago lo que odio. Pero si yo sé que lo que hago está mal, eso demuestra que estoy de acuerdo con que la ley es buena. Entonces no soy yo el que hace lo que está mal, sino el pecado que vive en mí. Yo sé que en mí, es decir, en mi naturaleza pecaminosa no existe nada bueno. Quiero hacer lo que es correcto, pero no puedo. Quiero hacer lo que es bueno, pero no lo hago. No quiero hacer lo que está mal, pero igual lo hago. Ahora, si hago lo que no quiero hacer, realmente no soy yo el que hace lo que está mal, sino el pecado que vive en mí.
>
> —ROMANOS 7:15-20, (NTV)

¿Te has sentido así? La mayoría de nosotros sí. En algún momento después de haberte enamorado de Jesús y de haberte consagrado a Él, descubres, para tu horror, que eres totalmente incapaz de vivir de la manera que Él quiere que vivas. No eres el único. Casi todo hombre y toda mujer que ha tenido un impacto significativo en el mundo por causa de Cristo llegó a un punto de su vida en que dijo: "¡Espera un minuto! Mi vida cristiana no funciona. Quiero vivir como Jesús, pero no puedo hacerlo. Sigo siendo activado por el pecado".

Cuando era niño me encantaba jugar al béisbol en nuestro patio trasero. El único problema era que había demasiados árboles salpicando el paisaje. Mi papá y yo talamos varios árboles que bloqueaban el camino de nuestra base, pero no pudimos eliminar los tocones o raíces. Como resultado, de vez en cuando, un corredor de base estaba corriendo de segunda a tercera base y tropezaba con uno de esos tocones o raíces que quedaban. ¡*Paaaf!* Caía justo de cabeza.

Finalmente, un viejo granjero que nos miraba jugar, dijo: "Hijo, si no quitas esos tocones y raíces de ahí, alguien va a lastimarse".

"Sí, señor, lo sé", respondí, "pero hemos tratado de cortarlos lo más bajo que pudimos. No podemos colocar una sierra o un hacha más abajo".

"Hmmp", gruñó el viejo, "Solo hay una cosa para sacar los tocones y las raíces de la tierra".

"Ah, ¿sí? ¿Qué?".

"¡Dinamita!".

Tenía razón. Si visitas nuestro antiguo hogar hoy en día, los tocones y raíces ya no están.

En Hechos 1:8 justo antes de que Jesús ascendiera al cielo, les dijo a sus discípulos: "Pero recibiréis poder, cuando haya venido sobre vosotros el Espíritu Santo, y me seréis testigos en Jerusalén, en toda Judea, en Samaria, y hasta lo último de la tierra". La palabra que Jesús usó para poder es *dunamis*; es la misma raíz de la cual derivan nuestras palabras "dinamita", "dinámico" y "dínamo".

Dios quiere aplicar el poder de la dinamita de su Espíritu Santo al pecado y a sus raíces que van profundamente a tu corazón. Mejor aun, no solo quiere tratar radicalmente con esas raíces; también quiere darte el poder para rechazar el deseo por las cosas malas y te dará deseo por las cosas santas y justas. Como dijo Pablo: "El pecado no se enseñoreará de vosotros" (Romanos

6:14). Dios quiere limpiar tu mente subconsciente, esa área en la que has estado apisonando dolor y amargura, recuerdos terribles, fracasos y dolorosas experiencias del pasado. Y la buena noticia es que el Espíritu Santo es lo suficientemente poderoso como para hacerlo.

En la conclusión del lamento de Pablo en Romanos 7, él grita: "¡Miserable de mí! ¿Quién me librará de este cuerpo de muerte?" (v. 24). De repente comprende y dice: "Gracias doy a Dios, por Jesucristo nuestro Señor" (v. 25). Luego, en Romanos 8, Pablo se lanza inmediatamente a una discusión de la vida guiada por el Espíritu, haciendo mención del Espíritu Santo quince veces. La diferencia entre Romanos 7 y Romanos 8 es asombrosa. En Romanos 7, el énfasis está en "yo"; yo, como mucho, sigo siendo un fracaso absoluto en mi vida cristiana y un esclavo del pecado. En Romanos 8 el Espíritu Santo está al mando, y el primer versículo pregona el cambio: "Ahora, pues, ninguna condenación hay para los que están en Cristo Jesús". Los tocones y raíces del pecado han sido vencidos por el poder del Espíritu Santo.

2. La imposibilidad de la tarea

Una segunda razón por la que es necesario que seas lleno del Espíritu Santo es la imposibilidad de la tarea que Jesús te ha asignado. ¿Te das cuenta de lo que Jesús te ha llamado a hacer? ¡Te ha ordenado llevar el evangelio a todo el mundo (Mateo 28:18-20; Marcos 16:15-16)! La Gran Comisión no se aplica solamente a los misioneros en tierra extranjera o a otros "santos superespirituales". Es también una orden directa para ti y para mí. Todos nosotros estamos llamados a participar de alguna manera en llevar el mensaje de Cristo al mundo.

Pero si tú eres como la mayoría de la gente, probablemente estás teniendo problemas para llevar el evangelio a la calle, a tus compañeros de trabajo o familiares. Precisamente es en este punto que el Espíritu Santo quiere darle poder a tu testimonio. Jesús dijo que después de que el Espíritu Santo descendiera sobre nosotros seríamos sus testigos (Hechos 1:8). Observa que Él no solamente dijo que tendrías que hablar de Él. Dijo que serías su testigo: en todas las áreas de tu vida, en todo lo que haces, en tu porte, en tu forma de actuar en la iglesia, así como la forma de comportarte en el centro comercial, en un campo de juego, o en la pista de baile. Cuando el Espíritu Santo llene tu vida, todo en ti llevará a la gente hacia Jesús. Ah, sí, ¡ocasionalmente puedes abrir la boca y hablar de Él!

Sin la presencia del Espíritu Santo, habrá poco poder en tus acciones o en tus palabras cuando intentes presentar a Jesús a la gente, o trates de enfrentarte al enemigo en la guerra espiritual. Sin duda, esa es una razón por la que Jesús instruyó a sus discípulos que regresaran a Jerusalén y esperaran que el poder del Espíritu Santo viniera sobre ellos antes de salir a representarlo a Él ante el mundo, o antes de tratar de tomar autoridad sobre los espíritus malignos.

Jesús sabía que el trabajo que Él quería que sus discípulos realizaran era demasiado grande para que ellos lo intentaran con su propio poder. El mundo, entonces como ahora, era en su mayor parte poco receptivo y antagónico al mensaje de Jesús. Aunque sus discípulos fueron testigos presenciales del Cristo resucitado, Jesús sabía que, si iban a tener un impacto eterno y cambiar el curso de la historia humana, debían ser llenos del Espíritu Santo. Justo antes de ascender al cielo, les dijo a sus discípulos: "He aquí, yo enviaré la promesa de mi Padre sobre vosotros; pero quedaos vosotros en la ciudad de Jerusalén, hasta que seáis investidos de poder desde lo alto" (Lucas 24:49).

Los discípulos obedecieron las instrucciones de Jesús, y en el día de Pentecostés, el Espíritu Santo fue derramado sobre ellos (Hechos 2). Eran un grupo pequeño al principio, solo ciento veinte creyentes que se reunían en el aposento alto en Jerusalén. La mayoría de la gente allí era pobre en términos económicos, y muchos de ellos sin educación; ninguno de ellos era un testigo o consejero calificado; pocos, si los hubo, eran políticos profesionales, estrategas sociales, o poderosos oradores. Pero esperaron el poder del Espíritu Santo, y recibieron su presencia de manera poderosa. Salieron con la unción sobrenatural del Espíritu y, literalmente, cambiaron su mundo por el poder de Dios. Después de que los creyentes fueron llenos del Espíritu Santo, tres mil personas llegaron a conocer a Jesús en un día (v. 41). "Y el Señor añadía cada día a la iglesia los que habían de ser salvos" (v. 47).

Dondequiera que el Señor encuentra a una persona con un corazón dispuesto, Dios sigue derramando su Espíritu Santo hoy en día. Jeff se lamentaba de la falta de entusiasmo en su iglesia. "Simplemente no puedo arreglarlo", dijo con sinceridad. "Nuestra iglesia es aburrida".

"Bueno, ¿qué estás poniendo en ella?", le pregunté. Fue una pregunta directa. Yo no tenía la intención de ser hiriente o inquisitivo; simplemente buscaba información para poder alentar a Jeff. Pero el Espíritu de Dios usó mis palabras para hablar al corazón de Jeff.

"Sí", dijo, como si alguien hubiera encendido una luz en su mente. "Supongo que realmente no he estado poniendo mucho esfuerzo en tratar de mejorar las cosas. Hey, muchas gracias". Y se fue.

"Hasta cualquier momento", le contesté, mientras lo veía irse.

Jeff volvió a su iglesia y se abocó a participar. Disfrutaba al conocer gente nueva y ayudar a elevar la energía del grupo, pero todavía no estaba teniendo un impacto espiritual significativo. Hasta que una noche después de un servicio de la iglesia, un grupo de amigos de Jeff se reunió en torno a él, pusieron las manos sobre sus hombros y su cabeza, y oraron por Jeff para que fuera lleno del Espíritu Santo. Jeff también oró. Él dijo: "Dios, soy cristiano desde que puedo recordar, pero me falta algo. Me entrego completamente a ti. Por favor, ven y lléname de tu Espíritu".

Mientras el grupo continuaba orando, de repente el Espíritu Santo se movió en medio de ellos. Instintivamente Jeff cayó de rodillas y agachó la cabeza. Otros en el grupo hicieron lo mismo. El Espíritu Santo llenó la vida de Jeff y de otros que estaban orando con el grupo. Aun de rodillas, levantaron el rostro y comenzaron a adorar al Señor Jesús. Se rieron; cantaron; oraron un poco más; principalmente alabaron el nombre de Jesús.

Fue una experiencia emocionante, pero todos, incluido Jeff se preguntaban si volverían a la vida de costumbre. No lo hicieron. Con Jeff a la cabeza, comenzaron a hablarle de Jesús a todos los que encontraban. Otras personas que habían estado al margen en su iglesia llegaron a conocer a Jesús como resultado. Muchos otros tuvieron convicción de su propia complacencia al observar a sus amigos "encenderse" por el poder del Espíritu Santo.

La iglesia continuó creciendo, y el impacto se extendió a la comunidad. Los estudiantes de secundaria comenzaron a llevar su Biblia a la escuela; los adultos buscaban oportunidades para hablar del Señor en cada momento. Y a decenas de personas le presentaban a Jesús cada semana.

Además, estos creyentes investidos de poder por el Espíritu comenzaron a orar contra la influencia del diablo en su ciudad, tomando autoridad sobre ciertos espíritus malignos que se aferraban al sistema escolar local. La escuela secundaria había sido sacudida por varios suicidios entre los estudiantes, de modo que los cristianos llenos del Espíritu comenzaron a orar en contra del "espíritu de suicidio". La escuela también tenía más embarazos prematrimoniales de los que reconocía, por lo que los cristianos empezaron a orar contra un "espíritu de lujuria desenfrenada" que creían que había impregnado el cuerpo estudiantil. Oraron para que el poder de la lujuria se rompiera y se estableciera un nuevo espíritu de pureza sexual. A los pocos meses, la junta escolar instituyó dos programas: uno para ayudar a edificar la autoestima de los estudiantes, y el otro para fomentar la abstinencia sexual como una manera de prevenir los embarazos pre-maritales y las enfermedades de transmisión sexual.

Jeff y otros miembros de su iglesia siguen teniendo un fuerte impacto en la estructura de su comunidad. Cuando vi a Jeff la última vez, bromeó: "Te diré algo: ¡la iglesia ya no es aburrida!".

3. Las acusaciones de Satanás

La tercera razón por la que es necesario que seas lleno del Espíritu Santo es porque esa es la única manera segura de vencer las acusaciones de Satanás. El diablo es un enemigo formidable. Es inteligente; es mentiroso; y, recuerda: sus metas son a robar, matar y destruir.

La Biblia también se refiere al diablo como "el acusador de nuestros hermanos" (Apocalipsis 12:10), y dice que nos acusa delante de nuestro Dios día y noche. El diablo es como un albo-rotador de la escuela que se burla, te convence, y te engatusa para que hagas algo mal, y cuando lo haces inmediatamente te delata ante la maestra. Satanás hace lo peor tentándote a pecar, y tan pronto como lo haces, te lo echa en cara. No solo eso, también te acusa ante Dios. Satanás dice: "Dios, ¿viste lo que hizo él (o ella)? ¿Y se supone que es un cristiano? ¿Uno de tus hijos? ¡Ja!" .

ACUSACIÓN VERSUS CONVICCIÓN

A Satanás le encanta especialmente despotricar y recriminarte tus fracasos anteriores. Te dice: "Mira, nunca vas a arreglar nada con Dios. Sigues recayendo. ¿No te acuerdas del pecado horrible que cometiste el mes pasado? ¿De verdad crees que Dios te va a perdonar por eso y dejarlo pasar? ¡De ninguna manera! Vas a tener que pagar". ¿Qué esta pasando aquí? ¿Es Satanás tratando de ayudar al Espíritu Santo en tu vida? Ni por asomo. Satanás amontona acusaciones sobre ti para condenarte y fomentar que te condenes a ti mismo.

El Espíritu Santo no te da convicción de pecado para condenarte; y tampoco te acusa. Él te convencerá de pecado, de justicia y de juicio (Juan 16:8), para que puedas arrepentirte de tu pecado y ser limpio. Pero una vez que te has arrepentido y recibido el perdón de Dios, Él nunca más volverá a mencionarte ese pecado, ni siquiera en el día del juicio. Dios no te dirá: "¿Recuerdas el pecado que cometiste allá por 1997?" No, ese pecado no está. Si has buscado el perdón de Dios, la sangre de Jesús ha limpiado ese pecado. Dios mismo ha decidido olvidar que ese pecado ocurrió.

Es necesario que reconozcas la diferencia entre las acusaciones de Satanás y la convicción del Espíritu Santo. ¿Cómo puedes saber la diferencia? Fácil. Si te estás sintiendo culpable y avergonzado por un pecado que sabes que ya ha sido perdonado, ese es Satanás tratando de acusarte y acumular más culpa sobre ti. Dile a Satanás que se vaya. Dile: "Mira, diablo, ese pecado ha sido lavado por la sangre de Jesús, y no tienes derecho a desenterrarlo".

Hay otra manera en la que puedes discernir entre acusación y condenación: si tu conciencia de pecado te está alejando de Dios hacia la amargura y el resentimiento en lugar de hacer que lo busques con un corazón arrepentido, entonces sabes que está siendo víctima de una acusación satánica. Recuerda: es Satanás el que trata de usar el pecado contra ti, no Dios. El Espíritu Santo quiere que encuentres liberación de tu pecado, no quiere usarlo como un garrote.

En este sentido, Satanás es un maestro de la psicología inversa. A algunas personas les dice: "Tú no eres tan mala persona, especialmente en comparación con otros. Míralos. Son ellos los que tienen que arrepentirse, no tú. Tu pecado es infinitesimal comparado con el de ellos. Algún día puedes querer arrepentirte, cuando hayas acumulado una pila de pecados graves. Pero ahora no. Después. No molestes a Dios por tu mísero pecadito".

Con otros, Satanás invierte su táctica y dice: "Tu pecado es demasiado horrible. Dios nunca podrá perdonarte. ¿Después de todo lo que has hecho? Ni siquiera pienses en tratar de arreglar las cosas con Dios".

Ambas tácticas son mentiras siniestras. Dios odia el pecado. Punto. Pecados grandes, pecados pequeños, pecados horribles, pecados espantosos, o "mentiritas piadosas". Dios los odia, porque te separan de Él y, si no son limpiados, tienen el potencial de sumergirte en el infierno. Por otra parte, todo pecado, excepto la blasfemia contra el Espíritu Santo, puede ser perdonado.

La blasfemia contra el Espíritu Santo (Mateo 12:24-32) no es meramente decir o hacer cosas desagradables contra el Espíritu de Dios. Puede significar que una persona llegue a ser espiritualmente tan insensible, tan dura de corazón, que ya ni siquiera puede distinguir la voz de convicción del Espíritu Santo. Cuando una persona no puede o no quiere ser convencida de pecado, es imposible que se arrepienta y vuelva a una relación correcta con Dios.

Probablemente, el pecado imperdonable sea atribuir la obra del Espíritu Santo al diablo. Ese fue el pecado que muchos de los líderes judíos cometieron en tiempo de Jesús. No solo se opusieron a Jesús; lo acusaron de realizar milagros por el poder de Satanás. Estaban tan consumidos por su propia pecaminosidad, que rechazaron a Jesús y lo que el Espíritu Santo estaba haciendo justo frente a ellos.

La Biblia dice: "La sangre de Jesucristo su Hijo nos limpia de todo pecado" (1 Juan 1:7). No permitas que el diablo te embauque para que creas que has destruido irreparablemente tu relación con Dios. Si eres siquiera remotamente sensible a la voz del Espíritu Santo hablando a tu corazón y a tu mente, puedes estar seguro de que Dios no te ha dejado.

Cuando te arrepientes, Él restaura

Al diablo le gusta pegarte en la cabeza con sentimientos de indignidad, inseguridad y duda. Pero el Espíritu Santo siempre se presenta como un "caballero", de una manera amable. No es que no sea directo y no vaya al grano cuando trata con el pecado. Lo es. Pero Él siempre se concentra en llevarte al arrepentimiento y la restauración en vez de tirarte barranca abajo.

Así es como el Espíritu Santo trabaja generalmente: desde el momento en que dices o haces algo mal, el Espíritu de Dios habla a tu corazón, a tu mente y a tu conciencia. Dice algo como: "Esas palabras que dijiste pueden haber sido correctas, pero tu actitud estuvo mal". O puede decir: "Lo que hiciste fue correcto, pero tu motivación para hacerlo fue absolutamente egoísta".

En ese momento tienes que tomar una decisión. Puedes arrepentirte de tu actitud y tu motivación equivocadas, o puedes pretender que no te diste cuenta de que el Espíritu Santo te habló, o que no entendiste lo que te quiso decir. El Espíritu nunca es agresivo, pero cuando tratas de engañarlo, vuelve con una poderosa dosis de convicción y por lo general es todavía más específico.

"Le dijiste *eso* a esta persona y tus palabras fueron innecesariamente ásperas. Tú ofendiste a esa persona, y has ofendido a Dios. Es necesario que te arrepientas y hagas lo correcto."

Una vez más tienes una opción. El Espíritu Santo no te obligará a hacer algo que no estés dispuesto a hacer. Él habla suavemente pero con firmeza, mostrándote tu pecado y lo que debes hacer al respecto. El siguiente paso de obediencia depende de ti. Si decides hacer caso omiso de la voz del Espíritu, te vuelves más encallecido en tu espíritu. Te sentirás saliendo de la voluntad de Dios para tu vida, retrocediendo en lugar de avanzar en la obediencia a su Espíritu.

El Espíritu Santo continuará hablándote del problema. De hecho, no podrás seguir avanzando con Dios hasta que trates con el pecado. Pero si sigues endureciendo tu corazón y resistes al Espíritu Santo, sales de debajo del "paraguas" protector del Señor y abres la puerta a los dardos de fuego del diablo. ¿Y adivina donde golpean esos dardos? En el área precisa de la cual el Espíritu Santo te ha estado hablando. Por el bien de tu relación con Dios y por tu propio bien, aprende a arrepentirte del pecado tan pronto como el Espíritu Santo te da convicción de él. Dios te perdonará y te restaurará a una relación correcta con Él, y te dará la valentía para buscar la reconciliación con la persona que ofendiste.

Nadie que sepa dirá jamás que los cristianos nunca pecan. La clave para la vida cristiana exitosa, sin embargo, es mantener "cuentas claras" con Dios. Cuando pecas, arrepiéntete en cuanto el Espíritu llama tu atención al desliz. No le des al diablo otra oportunidad de usar ese fracaso o infracción de la Palabra de Dios en tu contra.

El diablo no siempre lanza una descarga de misiles enviados al azar. Cuando él o sus demonios descubren una zona de desobediencia al Espíritu Santo en tu vida, el diablo pone en marcha una serie de misiles "rastreadores", "bombas inteligentes", usando un teleobjetivo sobre el área no protegida, asestando golpes directos, e infligiendo tanto dolor como sea posible.

Es por eso que tú necesitas volver a ser lleno del Espíritu Santo cada día, para vencer la tentación y para cerrar la puerta a los ataques satánicos. Es tu elección, el diablo o la paloma (símbolo del Espíritu Santo). Hagas lo que hagas, por favor no trates de dominar al diablo o a los demonios si no estás lleno del Espíritu Santo. El diablo ha estado en acción desde hace mucho tiempo. Él sabe cómo detectar cualquier área de debilidad, de carnalidad (los deseos carnales que se derivan del interés propio), o de transigencia en ti, y se apresurará a usar todo lo que pueda en tu contra. Pero cuando estés lleno del Espíritu de Jesús y te pongas diariamente toda la armadura de Dios y resistas al diablo, Satanás huirá de ti (Santiago 4:7).

¿PUEDE UN CRISTIANO TENER UN DEMONIO?

Los eruditos bíblicos difieren radicalmente en sus opiniones en cuanto a si un cristiano puede estar endemoniado o no, o hasta qué grado, No creo que un espíritu maligno pueda *poseer* a un cristiano nacido de nuevo, lleno del Espíritu. Francamente, he visto muy pocos creyentes que sentí que estuvieran poseídos por demonios, si con el término "posesión demoníaca", queremos decir, "completa y continuamente controlado por demonios".

Por otro lado, me he encontrado con muchas personas, tanto cristianas como no cristianas, que están siendo *oprimidas* por demonios. Áreas específicas de sus vidas parecen inusualmente susceptibles a la tentación o a otra actividad demoníaca. Los cristianos sinceros que están siendo oprimidos por demonios a veces hacen cosas que van en contra de todo lo que creen, y sin embargo, los individuos se sienten impotentes para resistir a esos males. ¿Por qué es esto?

La causa por lo general puede atribuirse a dos motivos, uno es la otra cara de la otra. Primero, de alguna manera Satanás ha ganado un punto de apoyo en sus vidas, muy probablemente debido a los efectos del pecado (pecado propio o pecado de otra persona cometido contra ellos). En segundo lugar, no fueron llenos del Espíritu Santo; algún área de su vida estuvo expuesta porque no fue entregada a Cristo, y los emisarios del diablo fueron a llamar a esa entrada desprotegida. Al principio, es posible que hayan resistido los engaños y tentaciones del diablo por su fuerza de voluntad. Pero poco después se vieron deslizar en su vida espiritual y, al mismo tiempo, abrir más la puerta a las influencias demoníacas.

Cualquier área que no está llena del Espíritu Santo y bajo su control es un objetivo completamente abierto para la opresión satánica. Para estar a salvo de los ataques del diablo, todo lo que te concierne debe ser traído bajo el Señorío de Cristo y sometido a su control, incluyendo tu familia, tu carrera, tu vida social, tu dinero, tu coche, tu ropa, tus relaciones, tus actitudes y tus metas. Todo. Tú debes ser lleno del Espíritu Santo, si vas a vivir en libertad. ¿Cómo puedes hacerlo? Veamos.

Capítulo 16

CÓMO SER LLENO DEL
ESPÍRITU SANTO

CON FRECUENCIA ME he preguntado si el apóstol Pablo habrá sido jugador de golf. Su descripción de Romanos 7 se parece mucho a mi juego de golf: "Los golpes que quiero hacer no los hago, y los golpes que no quiero hacer son los que hago". Al menos Pablo podía culpar a Satanás por su frustración espiritual; yo no puedo culpar a nadie más que a mí mismo por mi pobre juego de golf.

Pero soy coherente. Mi puntuación anda invariablemente por los noventa, ¡a veces en los primeros nueve hoyos! En un torneo jugué tan mal, que los patrocinadores me dieron un premio por ser el *peor* golfista de ese día. Creo que la dirección del club pensó que si me humillaba lo suficiente no querría volver a su campo, pero los engañé. Como un masoquista, no dejaba de volver. Después de todo, tengo algunos méritos cuestionables en ese campo. Por ejemplo, ¿conoces a alguien que pueda golpear una pelota de golf, y *perder* terreno? (Al fin y al cabo, no sé por qué siempre ponen esa roca en el medio del campo de golf.)

Pero supongamos que, para agradar a Dios y entrar en el cielo, tengo que ser un buen golfista y mi puntaje debe estar a la par en cada hoyo del campo. ¿Adivina quién tendría un gran problema?

Sí, claro, yo lo estaría intentando, poniendo en el juego lo mejor de mí. Pero sería la historia de siempre: enganches, remates, y caídas al agua (las pelotas que golpean en los estanques, dando un nuevo significado a la Escritura: "Por cuanto todos pecaron y no alcanzan…" (LBLA)).

Ahora imagina que algún genio inventa un suero que me puede ser inyectado y darme la posibilidad de jugar al golf a la par. Yo podría ser un gran golfista, con solo aceptar dos condiciones: (1) admitir que soy un pésimo jugador de golf (como parte de esa confesión, puedo tener que reparar algunas áreas del campo de juego que arruiné con mi palo de golf), (2) someterme voluntariamente a la inyección.

¿Qué crees que haría? ¡Puedes apostarlo! Yo diría: "Dame ese súper suero. Estoy cansado de no alcanzar nunca el objetivo, incluso cuando he hecho mi mejor esfuerzo. Necesito algo que cambie mi naturaleza y me haga la clase de jugador que debería ser".

Por favor, perdona mi tonta ilustración, pero algo como eso sucede realmente (aunque no tiene nada que ver con el golf), cuando el Espíritu Santo viene y llena tu vida. Él te da el poder *interior* para vivir como Dios manda. Lo que importa ya no es tu capacidad, sino tu disponibilidad, tu voluntad de permitir que Él obre en y a través de ti. Ser lleno del Espíritu Santo no es algo que tú haces para Dios. ¡Es algo que Él hace por ti! Entonces, ¿qué necesitas para poder recibir ese regalo?

CREER QUE DIOS TE PUEDE LLENAR

Dios quiere llenarte con su Espíritu, y ha prometido que lo hará si confías en Él. Jesús dijo: "Pues si vosotros, siendo malos, sabéis dar buenas dádivas a vuestros hijos, ¿cuánto más vuestro Padre celestial dará el Espíritu Santo a los que se lo pidan?" (Lucas 11:13).

En el Día de Pentecostés, cuando el Espíritu Santo fue derramado sobre los discípulos y muchos otros, Pedro le dijo a una multitud: "Arrepentíos, y bautícese cada uno de vosotros en el nombre de Jesucristo para perdón de los pecados; y recibiréis el don del Espíritu Santo. Porque para vosotros es la promesa, y para vuestros hijos, y para todos los que están lejos; para cuantos el Señor nuestro Dios llamare" (Hechos 2:38-39).

La llenura del Espíritu Santo no es solo una promesa de Dios, es también un claro mandamiento de Dios. Pablo escribió en Efesios 5:18: "No os embriaguéis con vino, en lo cual hay disolución, antes bien sed llenos del Espíritu".

El contraste que hace Pablo entre estar borracho y ser lleno del Espíritu Santo te puede parecer extraño, pero cuando te paras a pensarlo, el contraste tiene sentido. ¿Alguna vez has visto a una persona que estaba ebria en una sola parte de su cuerpo? Por supuesto que no. Si una persona está ebria, cada parte de su cuerpo y de su personalidad se ve afectada por los "espíritus". Del mismo modo el Espíritu Santo llena y afecta todas las áreas de tu vida.

La vida llena del Espíritu Santo no es un equipamiento opcional para un cristiano. Ni la llenura del Espíritu es meramente una meta a ser buscada pero nunca alcanzada en esta vida. Cuando Dios te da una promesa y un mandamiento, puedes estar seguro de que eso es importante y posible.

Muchos cristianos dan evasivas: "Sí, yo sé que debo ser lleno del Espíritu Santo, pero no lo soy. Sé que necesito ser llenado porque el diablo me está pegando de un extremo a otro, pero yo no estoy preparado". ¡Con una actitud como esa, nunca van a estar listos!

John Wesley, el fundador de la Iglesia Metodista, a menudo les hacía a sus audiencias preguntas agudas como estas:

- ¿Has recibido la plenitud del Espíritu Santo desde que creíste?

- ¿Alguna vez lo necesitaste a Él más que en este momento?

- ¿Algún día estarás "más preparado" que en este momento para recibirlo?

- ¿Alguna vez Dios estará "más preparado" que en este momento para llenarte con su Espíritu Santo?

Si respondiste sí a alguna de las preguntas anteriores, entonces empecemos a creer ya mismo que Dios quiere llenarte con una desbordante porción de su Espíritu Santo. Dile al Señor que estás dispuesto a recibir todo lo que Él quiere darte.

RENUNCIAR A TODO PECADO

Si estuviste coqueteando con prácticas demoníacas, tales como tableros ouija, cartas del tarot, videntes televisivos, brujería (o Wicca), magia negra, adivinos, religiones de la Nueva Era o prácticas ocultistas, arrepiéntete y renuncia ya mismo a esas cosas. Arrepentirse significa dar una vuelta de ciento ochenta grados: apartarse, no parcial sino totalmente, de tus prácticas pecaminosas pasadas. Pídele a Dios que te perdone por adorar a estos dioses falsos, y luego renuncia a todas las asociaciones pecaminosas o fortalezas demoníacas que haya en tu vida. Habla en voz alta y di algo como: "Echo fuera esta cosa, y no lo quiero que esté más tiempo en mi vida. Me niego a seguir sirviéndola. Desde este día en adelante, voy a servir solamente a un Señor, el Señor Jesucristo".

Confiesa al Señor cualquier pecado conocido y pídele que te dé un corazón limpio. Este paso es crucial, porque si el Espíritu Santo está revelando un área de pecado en tu vida y te niegas a arrepentirte de ello, tu progreso espiritual se detendrá en ese punto hasta que estés dispuesto a permitirle que te limpie. Si no estás seguro de cuál pecado, si lo hay, está bloqueando el flujo del Espíritu en tu vida, ora algo similar a esto: "Señor, por favor dame convicción de mi pecado". Y luego ¡estate atento! Puede ser la respuesta más rápida a la oración que recibas nunca.

¿Eres renuente a renunciar a tu pecado? Arriésgate a hacerlo. Francamente, siempre puedes volver a tu inmundicia si encuentras que no estás satisfecho con Jesús. El diablo siempre estará encantado de llevarte de regreso. Por otro lado, una vez que experimentes el poder del Espíritu de Dios trabajando en y a través de ti, por muy sabroso o tentador que sea el pecado, nunca te volverá a satisfacer.

Cuando era niño mis campos de juego favoritos eran los montones de negra, bituminosa escoria de hulla, que se elevaban alrededor de nuestro pueblo de Pensilvania. Después de un maravilloso día en el polvo de carbón, caminaba a casa, buscando idear alguna manera de evitar bañarme. ¡Yo estaba muy sucio y orgulloso de estarlo! Normalmente mis padres tenían que suplicar, amenazar o engañarme para meterme en la bañera.

Hasta que un día descubrí las niñas. De repente, ¡estar limpio me parecía tan emocionante! Nunca quise volver a estar sucio. Algo similar sucederá cuando descubras lo hermosa que puede ser una vida llena del Espíritu. El pecado perderá su atracción fatal.

NO RETROCEDAS NUNCA

Rinde completamente todas las áreas de tu vida al control de Cristo. Este no es momento para ser hipócrita. No puedes negociar con Dios ("Te voy a dar esta área, Dios, si me das ese regalo"). Simplemente obedece a Cristo y permítele tener el control absoluto de tu vida. Mientras lo haces, Él te llenará de su

Espíritu. Luego continuará el proceso, produciendo más y más de su carácter—el fruto del Espíritu—en ti.

Este es un proceso sin fin, conocido como santificación, y continuará mientras vivas. Nunca se agotará la renovada provisión de recursos de Dios en tu vida. Tal vez por eso los cristianos llenos del Espíritu rara vez se aburren. Justo cuando dices: "Está bien, Señor, creo que tengo un llamado al modo de vida cristiana. Creo que he llegado tan lejos como puedo ir", Él dice: "Oh, ¿en serio? Pues fíjate bien, porque voy a hacer algo todavía más increíble en tu corazón, algo que tu mente no ha imaginado aún". ¡Qué emocionante manera de vivir! Y comienza en el momento en que de todo corazón pones tu vida en las manos del Señor.

A William Booth, fundador del Ejército de Salvación, se le preguntó a menudo el secreto de su éxito espiritual. En sus últimos años el gran general respondía: "El secreto de mi éxito es que Dios tenía todo lo que había de William Booth."[1] Ese sería el secreto de su éxito y del mío también.

CONFIAR Y OBEDECER

Confía con fe infantil en que el Señor será fiel a su Palabra. Esta es la promesa de la que estamos hablando, su mandamiento de que seas lleno del Espíritu Santo. Cuando el apóstol Pablo oró para que los nuevos cristianos de Tesalónica fueran llenos del Espíritu Santo, les recordó: "El que los llama es fiel, y cumplirá todo esto" (1 Tesalonicenses 5:24, DHH). No necesitas tratar de evocar alguna experiencia que oíste que le sucedió a otra persona; ni es necesario que imites los dones del Espíritu o el fruto del Espíritu. Permite que Jesús lleve los resultados de su Espíritu a tu vida. Tu trabajo se limita a aceptar graciosamente todo lo que Jesús tiene para ti y a utilizar todo lo que Él te da para su gloria.

El nuevo tú

Al cooperar con el Espíritu Santo en la reprogramación de tu vida, no solo vas a tener un nuevo poder, también percibirás una nueva pureza, un nuevo (o renovado) propósito en tu vida y una paz en tu corazón y mente que nada en el mundo te puede ofrecer (Juan 14:27).

Además notarás que la Biblia se convierte para ti en un libro emocionante. El mismo Espíritu que inspiró la Palabra de Dios va a iluminar las Escrituras en tu mente. Por otra parte, la oración te llevará a una nueva dimensión. Dejará de ser una "lista de Navidad", con un *Amén* clavado en su extremo. Tu tiempo de oración se convertirá en una verdadera comunicación con tu Creador. Además, cuando veas al Espíritu de Cristo obrando en y a través de tu personalidad, sentirás una nueva capacidad y deseo de alabar al Señor Jesús, adorarlo, y decirle a la gente de lo que Él ha hecho en tu vida. Te convertirás en un testimonio de su grandeza.

Pablo habló de la transformación radical que el Espíritu hace en nuestras vidas de esta manera: "En cuanto a la pasada manera de vivir, despojaos del viejo hombre, que está viciado conforme a los deseos engañosos, y renovaos en el espíritu de vuestra mente, y vestíos del nuevo hombre, creado según Dios en la justicia y santidad de la verdad" (Efesios 4:22-24).

En el pasaje que sigue (Efesios 4:25-6:20) Pablo presenta una de las mejores discusiones de cristianismo práctico de la Biblia. En este material maravillosamente "con los pies en la tierra", Pablo parece resaltar dos temas primordiales: (1) "No deis lugar al diablo" (Efesios 4:27), y (2) "No contristéis el Espíritu Santo de Dios" (Efesios 4:30).

¿No es intrigante que Pablo sienta la necesidad de enfatizar estos dos principios a creyentes llenos del Espíritu? Sin embargo, Dios nos está impactando con ese mismo mensaje a nosotros hoy. Algunos de los santos de antaño solían hablar de esto en términos de vencer al mundo, la carne y el diablo (Efesios 2:1-3). Echemos una mirada práctica a lo que eso significa.

Capítulo 17

GARFIOS DEL INFIERNO

EN UNA ESCENA de la película *El capitán Garfio*, de Stephen Spielberg, el villano, el Capitán James Garfio, y su torpe asistente, Smee, están tratando de encontrar una manera de vengarse de Peter Pan por haber derrotado a Garfio mucho tiempo atrás, y provocar indirectamente que perdiera la mano en boca de un cocodrilo.

De repente, Smee tiene una idea: "Los hijos de Pan...", le dice atentamente al Capitán Garfio. "Podría hacer que gusten de usted.... ¡Usted podría hacer que los pequeños lo amen!".

Garfio responde sardónicamente: "No, Smee, no me gustan los niños".

"Capitán, esa es la cuestión", chilla Smee. "Esa es la mayor venganza.... Los hijos de Pan enamorados de Garfio...¡Es la venganza suprema!".

Garfio comienza a ver las posibilidades y canturrea: "Sabes, Smee, me gusta eso. Oh, Smee, ¡acabas de tener una soberbia idea! ¡Mañana voy a hacer que los mocosos de Pan me amen!".[1] Y lo hace. Se dedica a atraer a los hijos de Pan para alejarlos de su padre. Garfio satisface cada deseo que se les ocurre a los hijos de Pan, los malcría para corromperlos como él. Habría terminado por destruirlos si Peter Pan no viniera en su rescate.

Desde los tiempos de Adán y Eva, el diablo ha estado utilizando una táctica similar a la del Capitán Garfio. Satanás ha estado tratando de vengarse de Dios por sofocar su rebelión y echarlo fuera del cielo junto con una tercera parte de los ángeles celestiales. Pero los planes de Satanás y su venganza han sido totalmente infructuosos. Él no pudo evitar que Jesús naciera, no pudo matar a Jesús cuando era bebé, falló en sus esfuerzos por distraer a Jesús de su misión, y fracasó en grande cuando Jesús murió en la cruz, comprando nuestra salvación. El supremo insulto a Satanás (pero de ninguna manera el último) fue cuando todos sus secuaces demoníacos no pudieron mantener a Jesús en la tumba. Satanás no podía sentarse como un espectador cuando Jesucristo se levantó victoriosamente sobre la muerte, el sepulcro y el propio infierno.

La única manera en que Satanás ha tenido éxito en atacar el corazón de Dios ha sido a través de sus "hijos", utilizando todos los métodos posibles para mantenerlos fuera del reino. Durante años Satanás ha golpeado, magullado, y perseguido a los cristianos, matando a todos los que pudo. Ahora, en estos días el diablo ha tomado un rumbo diferente. Está atrayendo a muchos de los hijos de Dios, lejos de su Padre celestial, dándoles cualquier cosa y todo lo que quieren. Usted puede llamar a su estrategia "saturación de pecado".

Sabemos que el Señor Jesús regresará pronto a rescatar a sus "hijos" y el "Garfio del infierno" será definitivamente derrotado. Hasta entonces, sin embargo, Satanás está enganchando los corazones de muchas personas a través de antiguas tentaciones envueltas en nuevos paquetes, bañados de azúcar y adornados con nueva accesibilidad y aceptabilidad.

PECADOS SEXUALES

Tendrías que ser un recién llegado del planeta Zulu para no saber que estamos viviendo en una sociedad de clasificación R. El sexo prematrimonial, el sexo extramatrimonial, las parejas múltiples, el sexo kinky, cualquier y todo tipo de sexo está fácilmente disponible. La pornografía abunda. Los programas de televisión y las películas son cada vez más explícitos en sus presentaciones de material erótico. La homosexualidad es defendida como un "estilo de vida normal", exigiendo la aceptación del público y todos los privilegios del matrimonio heterosexual. Los incidentes de violación, embarazos prematrimoniales y abortos no disminuyen en nuestra "civilizada" sociedad, pero las crecientes estadísticas se deslizan sobre nuestros sentidos entumecidos.

En consecuencia, aun cristianos sinceros están cuestionando los códigos bíblicos de moralidad. Como Satanás usa contra nosotros en muchos aspectos la sexualidad que Dios nos ha dado, una breve revisión de las normas de Dios puede sernos útil. Primero, Dios siempre habla favorablemente de la relación sexual dentro del contexto del matrimonio. Dios no se opone a las relaciones sexuales, pero se opone firmemente al mal uso del sexo. Su Palabra dice: "Tengan todos en alta estima el matrimonio y la fidelidad conyugal, porque Dios juzgará a los adúlteros y a todos los que cometen inmoralidades sexuales" (Hebreos 13:4, NVI).

Es evidente que la Biblia condena toda relación sexual fuera de los lazos del matrimonio. Califica como pecado a tales conductas, y advierte que Dios derramará su ira sobre los fornicarios (los que se involucran en relaciones sexuales prematrimoniales) y a los adúlteros (los que quebrantan sexualmente el compromiso matrimonial). En caso de que nos siguiéramos preguntando sobre la voluntad de Dios en este asunto, su Palabra dice: "No erréis; ni los fornicarios, ni los idólatras, ni los adúlteros, ni los afeminados, ni los que se echan con varones…heredarán el reino de Dios" (1 Corintios 6:9-10).

No te dejes engañar por lo que oyes en los programas de televisión, en las grabaciones musicales o en las películas. Las normas de Dios sobre el sexo no han cambiado. Su Palabra dice: "La voluntad de Dios es que sean santificados; que se aparten de la inmoralidad sexual" (1 Tesalonicenses 4:3, NVI). Eso no deja mucho margen de maniobra, ¿verdad?

¿Por qué Dios nos da reglas tan estrictas para nuestra sexualidad? Sencillo. La relación sexual entre un hombre y una mujer es un símbolo de la intimidad que Dios quiere tener con su pueblo. A lo largo de la Biblia, cuando el pueblo de Dios se rebeló contra Él, fueron denunciados como adúlteros. Hay en el sexo una santidad que nos cuesta entender.

Además, Dios quiere que tú disfrutes de tu sexualidad y que tengas una vida sexual estupenda, en el momento adecuado y con la persona con quien estés casado. Dios sabe que todos los otros tipos de relaciones sexuales son siempre destructivas, por lo que nos ha dado normas que rigen nuestra sexualidad para nuestro propio bien, para que no nos hagamos daño, y para que no perjudiquemos a otros.

Además, cuando una persona ha probado el fruto prohibido de la inmoralidad sexual, se convierte en un objetivo principal de la actividad demoníaca. En tu sexualidad hay algo tan sagrado e íntimo que el diablo sabe que si puede lograr comprometerte sexualmente, te tiene a *ti*.

NO HAY EXCUSAS

Entiende, aunque comprendemos las tentaciones y siempre debemos expresar compasión y aliento a los que han cometido pecados sexuales en el pasado o están luchando para evitarlos en el presente, no nos atrevemos a excusar la inmoralidad sexual. La Palabra de Dios nos dice que cada uno de nosotros es responsable de sus propias acciones y de ser prudente: "Que cada uno de vosotros sepa tener su propia esposa en santidad y honor; no en pasión de concupiscencia, como los gentiles que no conocen a Dios" (1 Tesalonicenses 4:4-5). Sin embargo, no se puede negar que algunos individuos, incluso cristianos, están tan atados por obsesiones sexuales, que parecen incapaces de ayudarse a sí mismos o no están dispuestos a hacerlo.

¿Cómo sucede esto? Una cosa es cierta: la tentación no es de Dios. La Biblia dice claramente: "Que nadie, al ser tentado, diga: «Es Dios quien me tienta». Porque Dios no puede ser tentado por el mal, ni tampoco tienta él a nadie. Todo lo contrario, cada uno es tentado cuando sus propios malos deseos lo arrastran y seducen. Luego, cuando el deseo ha concebido, engendra el pecado; y el pecado, una vez que ha sido consumado, da a luz la muerte" (Santiago 1:13-15, NVI).

El deslizamiento cuesta abajo comienza en la mente, cuando una persona vive con pensamientos impuros. Los pensamientos conducen a una serie de malas decisiones y acciones imprudentes. El Espíritu Santo trae convicción de pecado respecto a las fantasías y actividades inmorales, pero si la persona se niega a arrepentirse de estos pecados y tomar medidas para cambiar la estimulación mental, las acciones pronto se tornarán habituales. La persona tendrá cada vez menos control. En este punto, si hay actividad demoníaca involucrada en el problema, es muy probable que la persona sea incapaz de liberarse a sí misma del pecado sexual.

La buena noticia es que cualquier poder o patrones demoníacos pueden ser rotos por el poder de Jesucristo. Si estás esclavizado a la inmoralidad sexual, quizás quieras buscar ayuda externa de tu pastor o de un consejero profesional, pero te aseguró que puedes obtenerla gratuitamente, si estás dispuesto.

Por lo general, las obsesiones sexuales pueden ser quebradas mediante el arrepentimiento sincero y la renuncia a cualquier control demoníaco que haya en tu vida. Mientras la sangre de Jesús te limpia de todo pecado, permite que su Espíritu Santo venga y llene tu vida. Esto es crucial. La razón por la que muchos cristianos siguen volviendo a sus hábitos pecaminosos después de haber confesado y haberse arrepentido es que se quedan espiritualmente vacíos. La "basura ha sido limpiada", pero no han permitido que el Espíritu Santo llene ese vacío.

Una vez, Jesús estaba reprendiendo a los fariseos por su insaciable deseo de señales espirituales. En la oportunidad usó una ilustración gráfica que es típica de muchos cristianos que se arrepienten sinceramente de sus pecados, pero nunca son llenos del Espíritu Santo. Jesús dijo:

> Cuando el espíritu inmundo sale del hombre, anda por lugares secos, buscando reposo, y no lo halla. Entonces dice: Volveré a mi casa de donde salí; y cuando llega, la halla desocupada, barrida y adornada.
>
> Entonces va, y toma consigo otros siete espíritus peores que él, y entrados, moran allí; y el postrer estado de aquel hombre viene a ser peor que el primero.
>
> —MATEO 12:43-45

Si vas a arrepentirte de pecados sexuales, no te detengas ahí. Permite que Jesús limpie tu corazón, mente y cuerpo y te restaure a una "virginidad espiritual" por la que serás tan puro como si nunca hubieras pecado. A continuación, deja que Él tome el control total de tu vida, incluyendo tu sexualidad. Toma autoridad sobre el diablo en el nombre de Jesús y declárate libre de la esclavitud sexual.

ALCOHOL, DROGAS Y DEMONIOS

El alcohol, las drogas destructivas que alteran la mente, y los demonios, casi siempre parecen llevarse a cuestas unos a otros, y muchos hombres y mujeres se han derrumbado física, mental y espiritualmente bajo estas malignas influencias. El uso abusivo de bebidas alcohólicas y drogas causa problemas por los efectos derivados de la excitación que produce.

En primer lugar, seamos honestos. La Biblia no dice que beber un vaso de vino, cerveza o un cóctel sea un pecado. Dice que no es correcto que un cristiano se embriague. Hoy en día mucha gente desea minimizar esa verdad, pero ser borracho aparece listado junto con otros pecados mayores en el Nuevo Testamento (Efesios 5:18; Romanos 13:13, 1 Corintios 6:9-10; Gálatas 5:19-21, 1 Pedro 4:3). Pablo también enseñó que los líderes cristianos no deben ser borrachos (1 Timoteo 3:3, Tito 1:7, NVI).

Más allá de eso, en una discusión sobre la libertad cristiana y si los primeros cristianos debían comer carne o beber vino que habían sido sacrificados a los ídolos, Pablo vio la posibilidad de que esos elementos tuvieran conexiones demoníacas: "¿Qué quiero decir con esta comparación? ¿Que el sacrificio que los gentiles ofrecen a los ídolos sea algo, o que el ídolo mismo sea algo? No, sino que cuando ellos ofrecen sacrificios, lo hacen para los demonios, no para Dios, y no quiero que ustedes entren en comunión con los demonios. No pueden beber de la copa del Señor y también de la copa de los demonios; no pueden participar de la mesa del Señor y también de la mesa de los demonios" (1 Corintios. 10:19-21, NVI).

¿Después de todo, quién necesita alcohol? A algunas personas, esta pregunta les suena a fariseísmo, pero no quiere decir más que si preguntáramos: "¿Después de todo, quién necesita azúcar?". Es una pregunta válida y digna de consideración.

Deberías preguntarte: "¿Por qué quiero beber alcohol?" Respondamos honestamente. Después de todo, a la mayoría de la gente no le gusta especialmente la cerveza o el whisky las primeras veces que lo prueba (lo mismo puede ser cierto para los cócteles tropicales). Tienen que persuadirse a sí mismos para disfrutar el sabor. Pero lo siguen bebiendo. ¿Por qué? Algunas personas beben para relajarse o para escapar temporalmente de la realidad, otros beben para, consciente o inconscientemente, bajar sus inhibiciones; muchos beben para ser aceptados por sus amigos, colegas o compañeros.

La verdad es que muchos de los que sienten que necesitan una bebida para hacer frente a sus problemas o para ser aceptados por los demás son inmaduros o mentalmente enfermos. Suelen ser inseguros y tener una pobre imagen de sí mismos. Piensan que al beber pueden escapar por un tiempo y ser menos miedosos, tímidos, o cortos. Cuando beben, a veces dicen y hacen cosas que de otro modo no dirían o harían.

¿Que hay de malo en eso?, te preguntarás. Nada, excepto que Dios quiere que encuentres tu libertad en Cristo. No necesitas una bebida o una droga para hacerlo. Jesús quiere que te sientas mejor contigo mismo de modo natural como resultado de conocerlo a Él.

La mayoría de los cristianos son conscientes de los peligros del alcohol. Sabemos que cada año miles de personas mueren en accidentes de tránsito relacionados con el alcohol. Somos conscientes de que el alcohol es un contribuyente principal o causa de divorcio, de violación, de abuso de hijos y cónyuges, y del crimen violento. Con esto en mente, ¿qué mensaje enviamos cuando bebemos?

"Bueno, la bebida no me molesta", se apresuran a decir algunas personas. "No me emborracho". De acuerdo, pero desafortunadamente algunos de tus amigos no se pueden detener con la bebida. En todo lo que hagas, debes considerar el ejemplo que das a otros.

El apóstol Pablo nos dio un buen modelo a seguir. Decidió no comer ni beber nada que pudiera hacer pecar a un cristiano débil. Llamó a esto la "ley del amor". Puedes encontrar su consejo sobre el tema en Romanos 14-15 y 1 Corintios 8-10.

Los demonios de las drogas

En un pueblo próximo a mi casa, varios estudiantes de secundaria recientemente asaltaron una tienda a plena luz del día, esperando conseguir algo de dinero para poder comprar más droga. El robo se complicó, y uno de los ladrones sacó un arma y disparó y mató a la joven que estaba detrás del mostrador. El asesino y la joven del mostrador, se descubrió más tarde, eran novios. Su triste historia nos vuelve a recordar que la adicción a las drogas puede hacer que una persona se vuelva contra su mejor amigo o la persona amada, o sus familiares. Sin duda, el diablo y sus demonios celebran cada tragedia relacionada con las drogas ya que las influencias satánicas están presentes en casi todas las drogas ilegales.

Todo el mundo sabe que las drogas son peligrosas. ¿Por qué alguien arriesgaría su vida por una euforia temporal, momentánea?

La mayoría de las personas comienzan a tomar drogas por curiosidad. "Me pregunto si esto va a hacer que me sienta mejor. Quiero ver cómo es". Como pasa con el alcohol, para muchas personas el uso de drogas es una llave de la puerta que conduce a la aceptación y aprobación entre compañeros. Esto es especialmente cierto de los consumidores jóvenes.

Aunque muchos padres imaginan que un personaje diabólico, maligno acecha en las sombras o merodeando por la escuela, tentando a sus hijos con heroína, la verdad es que la mayoría de los adolescentes son llevados a las drogas por sus propios amigos. Por desgracia, hoy en día las drogas están fácilmente disponibles en la mayoría de las escuelas y lugares de reunión de adolescentes. No tienes que ir a la parte sórdida de la ciudad para encontrarlas. Están a tu alrededor. El fácil acceso a las drogas las hace aún más tentadoras.

Los consumidores de drogas provienen de todas las clases

208

sociales; gente rica, gente pobre, gente brillante y estúpidos. Todo tipo de gente se engancha. Por supuesto, casi nadie piensa en convertirse en adicto, y sin embargo a millones de personas les pasa. Algunas personas usan drogas, como alcohol, para escapar de la realidad. Tal vez están tratando de huir, evitar o bloquear problemas de su casa. A veces se escapan de su propia ira, soledad, o de una vida que perciben como carente de sentido.

En las películas, los consumidores de drogas suelen ser descritos como fuertes, recios y malos. Algunos lo son. Sin embargo, la mayoría de las personas que están involucradas en el abuso de drogas se sienten interiormente inseguras y con miedo. Pueden poner buena cara. Pueden parecer rudos o actuar con dureza. O tal vez traten de transmitir una imagen súper *cool*. En la mayoría de los casos, están sufriendo por dentro. Están obsesionados por sus propios miedos, culpas, frustraciones y otras emociones negativas. A muchos consumidores de drogas les encantaría estar limpios, si pudieran.

Al igual que en el caso del alcohol, el aspecto más peligroso del abuso de drogas es que rompe las puertas de tu corazón y mente, arranca las bisagras y te deja abierto a un ataque demoníaco. ¿Por qué? Porque cuando las personas están bajo la influencia del alcohol o las drogas, no están, obviamente, bajo el control del Espíritu Santo, ni tienen autocontrol. Han rendido su voluntad al alcohol o las drogas, y por lo tanto son un objetivo extremadamente fácil para que los demonios los ataquen y habiten.

Comprende, cada vez que rindes totalmente tu voluntad a alguien o algo que no es Jesús, te vuelves vulnerable a un ataque demoníaco. Del mismo modo, si haces mal uso de tu cuerpo por tomar mucho alcohol o drogarte, estás invitando a los demonios a que se sientan como en casa en tu vida.

Como era de esperar, los consejeros están descubriendo que muchos individuos que necesitan ser liberados de opresión demoníaca tienen antecedentes relacionados con el alcohol o las drogas. Por otra parte, muchos que quedan embelesados por extraños brebajes suelen encontrarse enemistados con amigos, familiares, y con Dios. Esa "compañía" no es para ti.

Si el abuso de alcohol o la adicción a las drogas han sido parte de tu pasado o son una fuente de fuerte tentación para ti, es muy posible que necesites ser liberado de la influencia demoníaca. Esto no significa minimizar tu responsabilidad personal. En efecto, como con cualquier otro pecado o tentación autodestructiva, tú debes tomar la autoridad que Jesús te ha dado en su nombre y declararte libre. Tu liberación puede ser inmediata o progresiva, un proceso en el que te declares día a día libre de la esclavitud. No entraste en cautiverio de la noche a la mañana, y probablemente tampoco salgas así. Pero descansa en la seguridad de que nuestro Dios es capaz de liberarte.

Ten en cuenta que el diablo quiere destruirte a través del alcohol, las drogas o cualquier otra cosa que pueda utilizar para robarte y matarte. Pero Jesús ha venido para que tengas vida en plenitud (Juan 10:10). Vida real, no una falsa "subida", momentáneamente inducida por alcohol o drogas. Él quiere darte una paz duradera. Jesús dijo: "Y conoceréis la verdad, y la verdad os hará libres" (Juan 8:32).

LAS SECTAS, EL OCULTISMO Y LA NUEVA ERA

Durante casi dos meses los medios de comunicación del mundo centraron su atención en el hombre al que llamaban "el mesías loco de Waco". David Koresh afirmaba ser Jesucristo en naturaleza pecaminosa. El psicópata líder de la secta pudo estar, y de hecho estuvo, poseído por demonios. Su comportamiento y su enseñanza hicieron evidente que, como mínimo, estaba oprimido por demonios. Sin embargo, el líder de la secta convenció al menos a ochenta de sus seguidores de que sus interpretaciones eran los únicos enfoques precisos de la Escritura, que solo él tenía la llave para desentrañar los secretos de la Palabra de Dios.

Con su retorcida teología, también convenció a sus seguidores de que, como mesías, él tenía el derecho de tener tantas mujeres como quisiera, incluso si las mujeres estaban casadas con otros. Él solo se permitía tener relaciones sexuales con las mujeres de la secta, ya que su simiente era "divina". Al igual que la mayoría de los líderes de sectas, Koresh utilizó el sexo, el miedo, la privación de alimentos, la vergüenza y la intimidación para mantener a sus seguidores en línea. Añade a esta mezcla una fuerte dosis militarista de predicación apocalíptica—que el mundo está llegando a su fin muy pronto, y nosotros somos los únicos que tienen razón—y tienes todos los ingredientes de una pesadilla.

Lamentablemente, la pesadilla se consumó en el mediodía del 19 de abril de 1993, cuando el mundo vio estupefacto y horrorizado cómo las cámaras de televisión registraban el infierno azotado por el viento que barrió a David Koresh y por lo menos setenta y nueve de sus seguidores a la eternidad. Entre los escombros carbonizados que pudieron ser identificados, los investigadores descubrieron que varios de los miembros de la secta, incluyendo un cuerpo identificado como el Koresh, tenían agujeros de bala en sus cabezas.[2]

Los informes surrealistas e investigaciones que siguieron al "Rancho del Apocalipsis" de Koresh, se preguntaron en repetidas ocasiones: "¿Qué es una secta, en definitiva? Y ¿cómo gente aparentemente sana pudo estar dispuesta a dar su dinero, sus cuerpos, sus hijos, y en muchos casos, sus vidas a un líder loco, obviamente equivocado?".

Miembros de los medios de comunicación nacionales, así como el Congreso de EE.UU. escucharon con atención a cualquiera que tuviese siquiera un indicio de una respuesta. Muchos compararon el desastre de Koresh con el culto religioso liderado por Jim Jones en que más de 900 personas se suicidaron en masa en el recinto del Templo del Pueblo en Guyana en 1978.[3] La única respuesta que casi nadie en los medios de comunicación o entre las autoridades federales querían considerar era la posibilidad de actividad demoníaca tanto en el culto de Koresh y como en el de Jones. Sin embargo, tras cada secta está el espíritu del anticristo, que encuentra sus raíces en el corazón del mismo Satanás.

Jesús profetizó que poco antes de su regreso a la tierra en su Segunda Venida al mundo se vería un aumento de los falsos profetas. Mateo registra a Jesús advirtiendo a sus discípulos que tuvieran cuidado de los falsos maestros en tres ocasiones durante su último gran discurso antes de ir a la cruz:

> Porque vendrán muchos en mi nombre, diciendo: Yo soy el Cristo; y a muchos engañarán.
>
> —MATEO 24:5

> Y muchos falsos profetas se levantarán, y engañarán a muchos.
>
> —MATEO 24:11

> Porque se levantarán falsos Cristos, y falsos profetas, y harán grandes señales y prodigios, de tal manera que engañarán, si fuere posible, aun a los escogidos.
>
> —MATEO 24:24

A pesar de que desde los tiempos de Cristo los falsos profetas han florecido y engañado a gran número de personas que los siguieron, estamos asistiendo a una proliferación sin precedentes de las sectas en el mundo actual. La mayoría de esas sectas han crecido en los últimos doscientos años. Bien podemos ser testigos del cumplimiento de la profecía de Jesús.

Recuerda, no todos los miembros de sectas tienen aspecto

extraño. No todos ellos se afeitan las cabezas y venden libros o flores en lugares públicos. Curiosamente, muchas sectas no atraen a los "miserables y desesperados" tanto como a los que están "bastante bien". He encontrado que muchos miembros de sectas son de clase media alta, blancos y relativamente jóvenes.

Muchos de ellos son muy sinceros. Desean ver un mundo mejor y se sienten frustrados por la incapacidad o falta de voluntad de la sociedad para cambiar. Muchos miembros de sectas han tenido problemas con sus familias y con frecuencia sienten gran necesidad de aprobación. Algunos se inclinan hacia una secta por un fracaso reciente en una relación o un trabajo. Todos los miembros de sectas están buscando algo espiritual en lo que puedan creer.

Muchas sectas niegan que Jesucristo haya venido en forma corporal, vivido, muerto y resucitado. La mayoría de ellas niega que Jesús es Dios (como Colosenses 1:15-16 claramente lo declara). Con frecuencia se centran en torno a una personalidad tan fuerte como las de David Koresh o Jim Jones.

Las sectas mezclan verdades a medias que suenan cristianas, pero en realidad son desviaciones de la fe cristiana histórica. Engañan a mucha gente, especialmente a los que no estudian la Biblia por sí mismos.

Las sectas prosperan en la ignorancia y la incertidumbre, a menudo atraen a cristianos que no saben lo que creen o por qué creen. Además, los cristianos que están desanimados o insatisfechos con sus propias iglesias frecuentemente se sienten atraídos por las sectas, atraídos por el amor y la vida que ven demostrar a miembros de ellas.

ALGUNOS EJEMPLOS DE SECTAS

Según la definición anterior, los siguientes son algunos de los muchos grupos que se consideran sectas:

Practicantes de la Meditación Trascendental (MT). La MT es un tipo de meditación hindú. Pretende proporcionar paz interior y alivio del estrés, sin ser una religión.

Yoga. Se trata de un "primo" de la MT. También es una forma de hinduismo. La palabra *yoga* significa *unión*, con referencia al mítico estado de "unidad de todas las cosas."

La Iglesia de la Unificación, a veces llamada la "secta Moon", por referencia a su líder, Sun Myung Moon. Este grupo a menudo usa otros nombres orientados a la comunidad para atraer el interés local.

Hare Krishna (Sociedad Internacional para la Conciencia de Krishna). Es posible que hayas visto este grupo de aspecto extraño bailando y cantando en la vía pública.

Los Niños de Dios o Familia del Amor. Conocido por promover la promiscuidad sexual. No te dejes engañar por los nombres amorosos.

La Misión de la Luz Divina. Los seguidores de la Luz Divina adoran al regordete gurú Maharaj Ji, de redondo rostro. La Luz Divina es otra variante del hinduismo; afirma que tú puedes encontrar a Dios, o más exactamente, "la comprensión de Dios", solo con la ayuda de un gurú.

Erhard Seminars Training (EST). Fundada por Werner Erhard, EST es, básicamente, una filosofía religiosa que se puede resumir como: "Lo que es, es". Enfatiza la renovación de la imagen de sí mismo al despojarse la persona de los mecanismos emocionales de lucha, y luego reconstruirlos en un centro egoísta. Todo lo que es bueno para ti es considerado "bueno", independientemente de la moral o la ética basadas en la Biblia.

Rastafaris. Los rastas creen que el exemperador etíope Haile Selassie es su mesías. Popularizado por el músico de reggae Bob Marley, muchos rastafaris hacen un uso intensivo de la marihuana y otras drogas, como parte de su fe y su estilo de vida.

El **Mormonismo** (conocido como la Iglesia de Jesucristo de los Santos de los Últimos Días) también es considerado por muchos cristianos como una secta por su dependencia de las revelaciones divinas supuestamente dadas a un hombre llamado José Smith. Muchos cristianos consideran que estas nuevas revelaciones son "otro evangelio".

Obviamente, esto no es más que una muestra de sectas; existen muchas más y otras nuevas, al parecer, surgirán cada día. Una alucinante variedad de sectas opera actualmente en los Estados Unidos y alrededor del mundo. Todas están enseñando a sus seguidores a creer doctrinas extrabíblicas y adorar a dioses falsos, lo que significa que están operando, sin duda, bajo los auspicios de Satanás. Algunos miran a su líder como su salvador. Algunos, como los Testigos de Jehová, enseñan una salvación por obras: "Si distribuyes tantas piezas de literatura, es posible entrar en el cielo". O: "Si cantas estas palabras, puedes encontrar a Dios".

Otras sectas añaden a lo que dice la Biblia. Hablan de "otra revelación" de Jesús. ¡Ten cuidado! El apóstol Pablo reprendió a los cristianos de Galacia por aceptar tal tontería. Él escribió: "Estoy maravillado de que tan pronto os hayáis alejado del que os llamó por la gracia de Cristo, para seguir un evangelio diferente. No que haya otro, sino que hay algunos que os perturban y quieren pervertir el evangelio de Cristo. Mas si aun nosotros, o un ángel del cielo, os anunciare otro evangelio diferente del que os hemos anunciado, ¡sea anatema!" (Gálatas 1:6-8). Pablo no tomó a la ligera el asunto de la falsa enseñanza, y tú tampoco deberías hacerlo.

Lo más importante a tener en cuenta respecto a miembros de sectas es que han sido engañados. No los ayudará mucho que discutas con ellos. Lo mejor que puedes hacer es mostrarles que las Escrituras dicen quién es Jesús y que Él murió por nuestros pecados (Juan 3:16, Hechos 4:12, y otros). Sigue señalándole a la persona que la Biblia es la autoridad absoluta, no tu iglesia o un pastor o predicador de la televisión.

Recuerda: "Y en ningún otro hay salvación; porque no hay otro nombre bajo el cielo, dado a los hombres, en que podamos ser salvos" (Hechos 4:12).

¿Qué es el ocultismo?

Muchas personas usan los términos *secta* y *ocultismo* como sinónimos. Si bien ambos tipos de grupos comparten una aversión al Señor Jesucristo, y ambos están inspirados por Satanás y se superponen en algunos casos, no son realmente lo mismo.

El término *ocultismo* es una expresión general usada para cubrir una variedad de actividades demoníacas, anticristianas. La palabra significa "secreto" o "escondido".[4] Algunas actividades ocultistas parecen inofensivas al principio, pero abren la puerta a una participación más comprometida. Dado que estas prácticas son demoníacas o promovidas por el diablo, como cristiano tendrás que evitar lo siguiente:

La lectura de horóscopos. Esto es parte de una práctica que se conoce como *astrología*. La astrología se confunde a menudo con la astronomía, que es un estudio científico de las estrellas. La astrología no es una ciencia. Es la creencia de que tu futuro puede pronosticarse por el estudio de la posición del sol, la luna, las estrellas y los planetas.

Los horóscopos ofrecen consejos basados en una tabla de los signos del zodíaco, un camino imaginario por el cual los planetas supuestamente viajan. Gran parte de este consejo es general y podría aplicarse a casi cualquier persona. Por ejemplo: "Hoy vas a tener que tomar una importante decisión. Hazlo sabiamente". ¡Probablemente todos los días tienes que tomar decisiones importantes!

Por otro lado, cada vez que busca orientación para el futuro al margen de Dios, los espíritus demoníacos pueden estar influyendo en los que te proveen esas respuestas. La Biblia nos advierte contra la astrología y los medios de revelación del futuro: "Cuando se hallare en medio de ti…hombre o mujer…que hubiere ido y servido a dioses ajenos, y se hubiere inclinado a ellos, ya sea al sol, o a la luna, o a todo el ejército del cielo…entonces sacarás a tus puertas al hombre o a la mujer que hubiere hecho esta mala cosa, sea hombre o mujer, y los apedrearás" (Deuteronomio 17:2-5). Hoy no castigamos a la gente con lapidación, pero te haces una idea de que Dios no se complace con la astrología o en quienes la practican.

Dios dijo algo similar a través de su profeta Isaías. Sus palabras tienen un tono sarcástico hacia ellos: "Que se presenten tus astrólogos, los que observan las estrellas, los que hacen predicciones mes a mes, ¡que te salven de lo que viene sobre ti! ¡Míralos! Son como la paja, y el fuego los consumirá. No salvarán sus vidas del poder de las llamas…no habrá quien pueda salvarte" (Isaías 47:13-15, NVI).

También evita:

Adivinación. Los adivinos dicen ser capaces de decirte tu futuro mediante la lectura de las palmas, mirando en una bola de cristal, o por la lectura de hojas de té o cartas de tarot. Por supuesto, la mayoría de estos pueden ser charlatanes, pero sí existen los que son verdaderamente usados por Satanás.

La clarividencia, la telepatía, ESP, y los poderes psíquicos. Es la creencia de que ciertas personas tienen poderes "extrasensoriales". Serían capaces de leer la mente de alguien o "sentir" cuando algo va a suceder. Ten cuidado con cualquier cosa o persona que te prometa aumentar, desarrollar o aprovechar tus poderes psíquicos.

Brujería y espiritismo. La brujería es un antiguo y falso sistema anticristiano de rituales y cantos. Las brujas dicen que pueden comunicarse con los poderes del mundo invisible y utilizarlos. Los espiritistas son similares en que entran en contacto con los muertos a través de un "médium". Los que practican la brujería están incluidos en la lista de Pablo de personas que no heredarán el reino de Dios (Gálatas 5:19-21).

Satanismo. Cualquier forma de adoración del diablo o pedirle ayuda es muy peligroso. Satanás es el enemigo de Dios. Nadie que toma en serio la guerra espiritual debe fraternizar jamás con el enemigo.

Juegos inspirados en el ocultismo. Tablas ouija, *Dungeons & Dragons* [Calabozos y dragones] y otros juegos de roles de fantasía también pueden ser entradas a problemas. Lo mismo puede decirse de muchos videojuegos centrados en el demonio.

SINTONIZAR UN DEMONIO

Un desarrollo relativamente reciente en el mundo del ocultismo es la comercialización a gran escala de la experiencia psíquica. Ya no está relegada a psíquicos en sórdidas chozas situadas junto a la carretera, con un cartel de "Leo las manos" en el frente. Por el contrario, los psíquicos, adivinos, lectores de cartas del tarot y otros profesionales del ocultismo se promocionan en la televisión y están tan cerca como tu teléfono o computadora. Muchos de estos programas utilizan a conocidas estrellas de los campos del cine, la televisión y la música que avalan su "ayuda" espiritual.

A menudo estos programas y sitios web tienen nombres inofensivos como la Línea Nacional de Atención, que ha utilizado como "gancho" publicitario las palabras de Jesús: "La verdad os hará libres". Sí, lo hará, pero la "verdad" que esta gente está lanzando no es ni verdadera ni libre. Otros programas son más directos en su enfoque, con nombres tales como Chat Psíquico en Vivo, Redes de Amigos Psíquicos (estos psíquicos no son tus amigos), Grupo de Apoyo Psíquico, o La Fundación Psíquica.

Por lo menos no tienes que adivinar de dónde vienen. Sus "infomerciales" de televisión reportan elogiosamente casos de éxito, tales como bebés perdidos que fueron encontrados gracias a la ayuda de los psíquicos, crímenes que se resolvieron, u hombres y mujeres solteros enamorados descontentos con sus citas, que se reunieron con el compañero o compañera de sus sueños a través de una red psíquica. Todo esto suena demasiado bueno para ser verdad...y así es.

Debes comprender que estos programas no son meros juegos de salón, y muchos son francamente demoníacos, se den cuenta o no las personas involucradas en ellos. Si descuelgas el teléfono para llamar a ese programa o vas a ese sitio web en línea, será como si marcaras 1-900-LUCIFER. Estarás marcando una línea directa al infierno. Ni siquiera veas los programas ni visites los sitios web. No es que tengas nada que temer de los contenidos (solo el insulto a tu inteligencia), pero ¿por qué pedirle a alguien que vierta basura en tu espíritu?

Con la tecnología informática exponencialmente en expansión cada año, el diablo usa ahora alta tecnología, empleando módems de computación para acceder a los corazones y mentes de muchas víctimas desprevenidas. Como la mayor parte de la gran tecnología, la Internet puede ser usada para el bien o el mal. Esto último no ha escapado a la atención de Satanás. Por lo tanto puedes relacionarte directamente en línea con un demonio, o engancharte en una amplia gama de servicios ocultistas en directo desde tu monitor. Claramente, esta no es la clase de progreso que consideres de ayuda para tu vida espiritual.

Comprende: la Biblia nunca dice que estas actividades ocultistas sean tontos juegos de salón. Tampoco dice que no den resultado. La Biblia dice simplemente que nos mantengamos alejado de ellos. Dios quiere que obtengas de Él la dirección para tu vida, y Él no esconde lo que les pasa a los que buscan otras fuentes de conocimiento espiritual:

> No sea hallado en ti quien haga pasar a su hijo o a su hija por el fuego, ni quien practique adivinación, ni agorero, ni sortílego, ni hechicero, ni encantador, ni adivino, ni mago, ni quien consulte a los muertos. Porque es abominación para con Jehová cualquiera que hace estas cosas, y por estas abominaciones Jehová tu Dios echa estas naciones de delante de ti. Perfecto serás delante de Jehová tu Dios. Porque estas naciones que vas a heredar, a agoreros y a adivinos oyen; mas a ti no te ha permitido esto Jehová tu Dios.
>
> —DEUTERONOMIO 18:10-14

Los médiums, espiritistas, gente que interpreta presagios, y todo otro tipo de adivinación—ya sea mirar en una bola de cristal o pulsar el ordenador—todos tienen su lugar en la eternidad…y no será el cielo. Con "amigos" como estos…

CUIDADO CON LAS TRAMPAS SATÁNICAS

A estas alturas ya te habrás dado cuenta de que este no es un libro que "ve demonios por todas partes". Con esto en mente, permíteme advertirte respecto al mantenimiento de cualquier prenda de vestir, joyas, literatura, objetos de arte, amuletos u otros materiales que puedan haber estado en contacto con actividad demoníaca. Si crees que un artículo tiene una historia demoníaca, deshazte de él. Aunque el artículo en sí no tiene poder (recordemos las palabras de Pablo acerca de los ídolos en 1 Corintios 10:19), con frecuencia las personas que los han hecho o los utilizaron los han dedicado al diablo, y un espíritu malo parece permanecer con ellos. Tal vez por eso la gente de Éfeso que vino a Jesús desde un pasado lleno de magia negra, instintivamente decidió quemar los elementos que antes había utilizado en la adoración demoníaca (Hechos 19:19).

Como estudiante de una universidad secular se me asignó hacer un trabajo sobre lo oculto. Yo era un cristiano relativamente nuevo con mucho celo y poca sabiduría, así que con entusiasmo me hundí en "donde los ángeles temen pisar". Cargué mi escritorio con la literatura ocultista que usaba para investigar mi tema. Un libro escrito por un líder de la Iglesia de Satanás (sí, realmente existe tal cosa) me resultó especialmente informativo.

A medida que avanzaba pesadamente a través del ensayo, me sentí cada vez más apático respecto a la vida. Estaba cansado e irritable la mayor parte del tiempo e indiferente hacia los que me rodeaban. Cuando por fin terminé el ensayo, descarté todas mis notas y devolví los materiales a la biblioteca o a los amigos que me los habían prestado. Todos, excepto un libro. No lo leí ni me referí a él de ninguna manera. Simplemente lo dejé en mi estantería.

Continué en un estado de profunda depresión durante varias semanas después de ese proyecto. No estaba físicamente enfermo. No había experimentado en mi vida ninguna calamidad importante que me hubiera cargado. Incluso obtuve una A (un 10) en el ensayo. Sin embargo, no podía evitar la oscuridad que me envolvía. Entonces, un día que estaba buscando en mi biblioteca, descubrí el libro que había comprado, el cual había sido escrito por el satanista. Como cristiano nuevo, no tenía idea acerca de la guerra espiritual, pero sentí que el Espíritu Santo hablaba a mi corazón y mi mente, diciendo: "Deshazte de ese libro".

Tomé el libro y lo llevé abajo, a casa de mis padres y lo arrojé al horno. Me quedé mirando con la puerta del horno abierta mientras las llamas lamían todo el libro, y poco a poco se consumió. A medida que el libro se convertía en humo, lo mismo ocurría con mi depresión. Sentí que despegaba casi inmediatamente, y desde entonces nunca he experimentado nada parecido.

¿Fue una coincidencia que esa depresión se fuera? ¡No lo creo! Ahora he llegado a creer que cuando compré el libro, un espíritu vino con él. El espíritu muy probablemente anduvo rondando mi vida mientras el libro estuvo en mi posesión.

En nuestras vidas todos poseemos gran cantidad de exceso de equipaje, algunas cosas que traemos a nuestra experiencia cristiana desde nuestros estilos de vida precristianos. Si algún artículo parece tener influencia o poder inusual en tu vida, deshazte de él. No vale la pena. Como cristiano, no necesitas amuletos de la buena suerte, "polvo de hadas", o cualquier otro objeto para tu protección o provisión. Tú tienes al Señor Dios Jehová-Jiré, el nombre hebreo que significa "el Señor proveerá".

¿Qué es el furor de la Nueva Era?

Muchos cristianos y no cristianos están confundidos respecto al movimiento de la Nueva Era. El movimiento de la Nueva Era no es una banda de asaltantes anticristianos lista para destruir tu fe. Ni siquiera es un grupo bien organizado. Por desgracia, no es más que otro de los retorcidos intentos de Satanás para engañar a los que buscan la verdad espiritual.

Sin embargo, el movimiento de la Nueva Era es peligroso. Aunque no tiene una doctrina distintiva, la Nueva Era cae en la categoría de secta, ya que niega que Jesucristo es Dios. La mayoría de las formas de la Nueva Era enseñan, más pronto o más tarde, que *nosotros* somos dioses. Más allá de que el movimiento cree que *todo* es dios. Irónicamente, la Nueva Era en realidad no es en absoluto nueva. Es una extraña amalgama de antiguas enseñanzas basadas en el hinduismo, el budismo, otras religiones orientales y el ocultismo. En cierto modo, es poco más que un obsoleto panteísmo.

Desde la antigüedad, la gente ha adorado rocas, árboles, animales, nubes, volcanes, personas y todo tipo de objetos. Todo eso es idolatría, adorar al orden de lo creado antes que al Creador. Pero piensa en esto: si Satanás hubiera nombrado al movimiento de la Nueva Era como "Las mismas viejas mentiras estúpidas en que hemos estado cayendo durante los últimos dos mil años", nadie habría querido tener nada que ver con él.

Satanás quería ser igual a Dios, y por ello fue expulsado del cielo. El diablo engañó a Adán y Eva para que cometieran el mismo error de querer ser como Dios. Desde entonces, la gente ha tratado de ser sus propios dioses. Pero nosotros no somos Dios. Somos seres creados. Solo Dios es Dios.

Satanás atrae a la gente a creer que meditando y haciendo uso de su propio potencial interior puede tener poderes divinos. Miles de personas han sido engañadas haciéndoles creer que pueden "salvarse" a sí mismas. Otros creen que un "Cristo" vendrá, trayendo paz y prosperidad al mundo. Pero no están hablando de Jesús.

El peligro de la Nueva Era es que parte de algo que suena similar a la enseñanza bíblica. En toda mentira hay un núcleo de verdad. Si una persona no conoce la verdad de la Palabra de Dios, puede ser fácilmente engañada. En los días venideros, no te sorprendas si más libros, películas y música tienen temas "espirituales". Pero el "espíritu" no va a ser el Espíritu Santo. Va a ser un espíritu engendrado en el infierno.

ALGUNAS PRÁCTICAS COMUNES DE LA NUEVA ERA

La Nueva Era practica una gran variedad de ritos extraños, como el yoga, la meditación, el canto espiritual, las experiencias extracorpóreas, y muchas actividades más, por lo que es difícil dar una lista exhaustiva. Estas son algunas de las prácticas más habituales frecuentemente asociadas con las religiones de la Nueva Era:

Canalización: Los canalizadores son personas que dicen tener o ser "guías espirituales". Insisten en que el espíritu de alguien que murió puede pasarte información (canalización de información) a ti a través de ellos. La Biblia dice que te mantengas alejado de estas cosas. La Palabra es clara: "No sea hallado en ti quien haga pasar a su hijo o a su hija por el fuego, ni quien practique adivinación, ni agorero, ni sortílego, ni hechicero, ni encantador, ni adivino, ni mago, ni quien consulte a los muertos" (Deuteronomio 18:10-11).

Los canalizadores hablan sobre "la apertura a un ser superior". ¡Cuidado! El único ser superior a quien debes querer abrirte es Jesús.

Cristales. Muchos creyentes de la Nueva Era tienen una colección de cristales que colocan en sus casas, sus carteras y sus coches. Estas personas no solo coleccionan piedras de fantasía: creen que los cristales tienen poder. Dicen que algunos cristales pueden curar enfermedades, mientras que creen que otros les traerán salud, amor, paz o dinero. Extraño, ¿no? Las personas que se reían de los "anillos de la felicidad" ahora están comprando piedras de colores que les traigan la felicidad que solo Dios puede dar.

Prácticas de salud holísticas. Una vez más, muchas de estas ideas suenan bien al principio. Pero si miras con cuidado, encontrarás prácticas ocultistas. Ten cuidado con las prácticas de salud como el biofeedback, la hipnosis, algunas formas de acupuntura y la curación psíquica. Estas prácticas también suelen estar mezcladas con misticismo oriental. A menudo incluyen actividades de "la mente sobre la materia", así como la entrega de tu voluntad a otro ser humano.

Muchos devotos de la Nueva Era también creen en la

reencarnación, una idea hindú de que puedes renacer como diferentes personas o animales, hasta que finalmente pongas tu vida en orden. No te preocupes, dicen, si lo echas todo a perder en esta vida. No hay infierno, no hay cielo, solo otra ida y vuelta aquí a la tierra. Si metes la pata en la próxima vida, tal vez lo harás mejor en la siguiente o en la siguiente.

EL PEOR DE TODOS LOS PELIGROS

Si bien los peligros de estas religiones falsas son evidentes hasta para un examen superficial, el peor peligro de la Nueva Era es que impide que gente que busca sinceramente la verdad espiritual encuentre lo real: una relación con Jesús. Se han desviado cayendo en el pozo de la Nueva Era, y muchos están atrapados en una arena movediza espiritual que los está chupando hacia la destrucción.

Nadie ha encontrado a Dios a través de la Nueva Era. Es posible que hayan encontrado un dios hecho a imagen del hombre o alguna otra imagen. Otros pueden haber encontrado al Señor a pesar de la enseñanza de la Nueva Era. Pero las religiones de la Nueva Era no pueden salvar a nadie. No tienen poder para hacerlo.

Nadie va a obtener el perdón de sus pecados a través del movimiento de la Nueva Era. Nadie va a ir al cielo como resultado de las religiones de la Nueva Era. Nadie ha estado o va a estar reencarnado. La Biblia dice: "Está establecido para los hombres que mueran una sola vez y después de esto el juicio" (Hebreos 9:27).

Pero la Nueva Era no va a desaparecer. Está aquí para quedarse. Más que nunca, los cristianos de hoy necesitamos saber lo que creemos y por qué. Con tanta gente en busca de la verdad espiritual, Dios puede usarte para guiar gente de la Nueva Era a Jesucristo, Aquel que dijo: "Yo soy la Verdad".

Cómo desengancharse

Si actualmente estás apresado en cualquier "garfio" de Satanás, o si pecados sexuales, alcohol o drogas, prácticas ocultistas, o participación en una secta o grupo de la Nueva Era han sido parte de tu pasado, puedes necesitar liberación de la actividad demoníaca. Esto no disminuye tu responsabilidad por tus acciones, pero podría ayudar a explicar por qué has estado experimentando tanta dificultad para superar ciertos pecados.

En primer lugar, pídele a Dios que te muestre si hay actividad demoníaca involucrada en la situación con la que estás lidiando. No busques demonios donde no los hay, y no trates de culpar a un demonio por las acciones pecaminosas de las que eres el único responsable. Pide al Espíritu Santo poder ver claramente quién o qué es responsable y lo que, en todo caso, debes hacer.

En segundo lugar, busca la ayuda de tu pastor o un consejero profesional que reconozca la posibilidad de la opresión demoníaca y esté dispuesto a orar por tu liberación. En el nombre de Jesús, tú puedes tomar autoridad sobre el diablo y sus demonios, y no necesitas un compañero de oración para eso. Pero si resulta necesaria la liberación de opresión demoníaca, te recomiendo buscar ayuda.

En la mayoría de los casos, sin embargo, no necesitarás ayuda externa. Simplemente tienes que someterte a Dios y resistir al diablo. La mayoría de las batallas de la guerra espiritual se ganan de rodillas. Yo lo llamo victoria en la sumisión. Déjame mostrarte a qué me refiero.

Capítulo 18

VICTORIA EN LA SUMISIÓN

TIFFANY, UNA PROFESORA de física de secundaria, y sus colegas estaban en problemas. Estaban tratando de tomar autoridad sobre un espíritu maligno que sentían se había infiltrado en su escuela, causando que muchos miembros de la facultad y la administración tuvieran un espíritu de anticristo. Pero sin importar lo que Tiffany y sus amigos hicieran, se encontraron con el fracaso. El club voluntario, dirigido a estudiantes de la Biblia—al que patrocinaban—, se había estado reuniendo durante varios años en el auditorio de la escuela durante el período de actividades, pero de repente las autoridades escolares lo desautorizaron, considerándolo una violación de las leyes que separan ostensiblemente la iglesia y el estado.

Cuando el consejo escolar aprobó un decreto que prohibía la enseñanza de la "ciencia de la creación" como alternativa a la teoría de la evolución, Tiffany y sus colegas volvieron a intentar resistir al diablo en el nombre de Jesús. Junto con más de un centenar de estudiantes, se reunieron una mañana alrededor del mástil de la bandera de la escuela antes del comienzo de las clases y reprendieron al diablo. Pero no pasó nada.

Espiritualmente frustrados y sintiéndose como tontos fracasados, Tiffany y sus amigos se retiraron. Sin embargo, cuando se retiraron de sus testimonios públicos, el diablo lanzó un contraataque. Tiffany y sus compañeros maestros cristianos sufrieron el vacío por parte de sus colegas, las burlas de muchas personas de la comunidad, y fueron llamados ante el consejo de administración para dar cuenta de sus acciones para asegurarse de que no estaban tratando de convertir al cristianismo a los estudiantes. "La escuela no es un lugar para expresar sus puntos de vista religiosos", se les dijo repetidamente.

Decepcionada y abatida, Tiffany se quejó: "¿Qué salió mal? Nosotros resistimos al diablo en el nombre de Jesús, y como consecuencia fuimos destrozados".

¿QUÉ SALIÓ MAL?

¿Qué pasó? La experiencia de Tiffany no es única. Frecuentemente, cristianos bienintencionados se encuentran en una situación en que está ocurriendo cierta actividad demoníaca. En un arrebato de entusiasmo (a menudo después de oír la enseñanza sobre la guerra espiritual o leer un libro como este sobre el tema), se lanzan de cabeza a atacar a las fortalezas satánicas. Con poca planificación, preparación y, lo más peligroso de todo, poca oración, suponen que Satanás va a darse vuelta y hacerse el muerto a causa de sus esfuerzos. Cuando no sucede así, los celosos guerreros espirituales se apartan cojeando, preguntándose qué les golpeó, a menudo con su fe destrozada. ¿Por qué pasa esto?

La razón número uno para la derrota en las batallas espirituales con el enemigo y sus demonios es una mala interpretación de nuestras prioridades. Santiago 4:7 dice explícitamente: "Someteos, pues, a Dios. Resistid al diablo, y huirá de vosotros".

Observe el orden: Someterse a Dios primero y luego resistir al diablo. La mayoría de nosotros revertimos ese orden. Cada vez que el diablo comienza a lanzar sus dardos de fuego, lo primero que normalmente hacemos es dar una respuesta instintiva al enemigo. Allí mismo, lo que tenemos que hacer es someter la situación a Dios. En primer lugar, volver a reconocer que Jesucristo es el Señor de tu vida. También declara en voz alta que Él es Señor de la situación que estás enfrentando. Busca la dirección y el tiempo del Señor en cuanto a cómo debes resistir al diablo.

A Satanás le encanta cada vez que intentas ir contra él en un espíritu de independencia y orgullo y no en un espíritu de dependencia del Señor Jesús y humildad ante los demás. Pero cuando los cristianos nos humillamos ante Dios y entre nosotros, arrepintiéndonos de nuestros pecados, el diablo sabe que no tiene ninguna oportunidad.

En 1978, durante la Copa Mundial de Fútbol, John Dawson llevó a Córdoba, Argentina, un grupo de doscientos miembros de Juventud Con Una Misión (JUCUM), a un alcance evangelístico en las calles de Córdoba. El equipo predicaba en las calles y distribuía literatura evangélica. Pero la mayoría de las personas que asistían a los juegos prestaban poca atención a la predicación y menos aún a la literatura, la mayor parte de la cual fue desechada tras apenas mirarla.

John y el equipo de JUCUM se sintieron frustrados y desanimados, por lo que varios de los dirigentes se reunieron para orar. Mientras lo hacían, Dios les mostró que estaban luchando contra un espíritu de orgullo que impregnaba Córdoba y se manifestaba en la reputación de la ciudad como sofisticación, posesiones, y apariencias de lujo. El Espíritu de Dios también comenzó a tratar con el orgullo de los propios líderes de JUCUM y su preocupación por las apariencias.

Dawson y los otros líderes se humillaron delante de Dios y se arrepintieron, confesaron áreas específicas de su propio orgullo y pidieron al Señor que limpiara sus corazones. Luego fueron a ver a sus 200 compañeros de tarea y se humillaron delante de ellos. Cuando el equipo de JUCUM se sometió al Señor y se arrepintió de su propio orgullo, el Señor les dio una nueva estrategia a emplear para resistir al diablo.

El equipo de JUCUM se dispersó por toda la ciudad: las calles, el estadio y el principal centro comercial. Se arrodillaron delante de algunas de las tiendas más elegantes de Córdoba y comenzaron a orar, a arrepentirse de sus pecados y los de la ciudad. De inmediato, los miembros del equipo vieron un cambio. En lugar de tirar sus tratados evangelísticos, ahora la gente les pedía a los misioneros que le dieran más, incluso pidiéndoles que los autografiaran.

En vez de ignorar la predicación del evangelio, gente de la multitud cayó de rodillas en la Plaza San Martín, arrepintiéndose de sus pecados cuando John Dawson y otros miembros del equipo predicaron la buena nueva. Durante las semanas que siguieron, la gente continuó buscando a los miembros de JUCUM, preguntándoles cómo podían ser salvos de sus pecados. El dominio de Satanás en Córdoba había sido roto, no mediante el poder de la persuasión o gritándole al enemigo, sino por la humildad, el arrepentimiento y la oración.[1]

Tal vez sea eso lo que se necesita para romper las ataduras en tu vida o en tu iglesia o ciudad, o en nuestra nación. Sin embargo, una vez más, no mires a estas armas de guerra espiritual como fórmulas mágicas. El "secreto" es someterse a Dios. Hacer lo que Él te diga, y luego resistir al diablo. El Señor traerá el éxito como lo estime conveniente.

TRES PASOS A LA VICTORIA

Si en la Biblia existe una fórmula para el éxito espiritual, son las triunfantes palabras de Juan en el Libro de Apocalipsis sobre aquellos cristianos que vencieron al "acusador de nuestros hermanos". Curiosamente, Juan está escribiendo proféticamente sobre el futuro, pero registra esta visión en tiempo pasado. En otras palabras, él bien podría estar hablando de ti y de mí. Juan escribe: "Y ellos le han vencido por la sangre del Cordero y por la palabra del testimonio de ellos, y menospreciaron sus vidas hasta la muerte" (Apocalipsis 12:11).

La sangre de Jesús

Satanás odia que se le recuerde la sangre de Jesús. Fue por "la sangre del Cordero" derramada en el Calvario que Jesús desarmó a los principados y potestades de Satanás, a los gobernantes y autoridades, y los exhibió públicamente (Colosenses 2:15). Hasta nuestros días, la sangre de Jesús es una vergüenza para el diablo. Los demonios eludirán a alguien o algo que esté "cubierto por la sangre de Jesús".

Considera esto: Yo odio los insectos, así que cada mes tengo en nuestra casa una empresa que pulveriza pesticidas para evitar que entren. El *spray* que se utiliza crea una barrera invisible alrededor de todas las entradas, ventanas y rendijas de nuestra casa. Cuando un insecto se acerca, puedes verlo sentir la protección invisible y marcharse. Si cruza esa línea invisible, está muerto. Los efectos residuales de la pulverización lo matan.

Perdóname por darte una ilustración tan cruda, pero algo similar sucede cuando los demonios se acercan a alguien o algo que esté cubierto por la sangre de Jesús. El diablo y sus demonios pueden acercarse, pero cuando perciben la sangre, retroceden temiendo por sus vidas.

Los miembros de mi familia oran diariamente: "Señor Jesús, cúbreme [nos] con tu sangre". Oramos de esa manera sea que estemos en casa, en un coche en la ciudad, o subidos a un avión al otro lado del mundo. Oramos de manera similar antes de ir a la cama cada noche. No estamos utilizando la sangre de Jesús como una fórmula mágica; básicamente le estamos pidiendo al Señor que vuelva a aplicar su sangre a nuestras vidas y circunstancias.

Francamente no creo que Jesús *requiera* que lo hagamos.

Por lo que a Él concierne, nos compró con su sangre y aplicó la sangre a nuestros corazones. Le pertenecemos. Pero *nosotros* necesitamos ese recordatorio. Necesitamos la nueva aplicación de la sangre del Cordero para cubrir nuestras faltas, debilidades y pecados. Además, hemos encontrado que ciertamente no hace daño "revisar todas las portezuelas" antes de entrar en una pelea con el enemigo. Necesitamos la sangre del Cordero como nuestra invisible cubierta protectora.

La sangre de Jesús es una de las armas más potentes que tú tienes en la guerra espiritual. ¿Te acuerdas de la vieja canción "Hay poder en la sangre"? Bueno, es cierto. Realmente hay poder en la sangre: poder para salvarnos, poder para sanarnos, poder para protegernos de la opresión demoníaca.

¿Cómo se puede "usar" la sangre de Jesús como un arma? La próxima vez que Satanás te dé algún problema, simplemente recuérdale lo que significa la sangre de Jesús. Por ejemplo, cuando Satanás te diga: "No eres más que un sucio pecador. No puedes orar, no debes esperar que Dios te dé la hora", simplemente date vuelta y dile algo como: "La Palabra de Dios me dice que mis pecados han sido perdonados y ahora cada vez que quiero, puedo tener confianza para entrar al Lugar Santísimo por la sangre de Jesús" (Hebreos 10.19). Otro texto muy importante que podrías usar contra el diablo es el siguiente: "La sangre de Jesucristo su Hijo nos limpia de todo pecado" (1 Juan 1:7).

Comienza citándole a Satanás la Escritura sobre la sangre de Jesús. El diablo odia eso. Si no puedes recordar algunos versículos, lee en voz alta algunos. Por supuesto, esta es una buena razón por la que debes hacerte el hábito de memorizar pasajes clave de las Escrituras. Yo también anoto en el frente de mi Biblia versículos importantes que podría necesitar para combatir al diablo en situaciones específicas.

¿Por qué debemos declarar o citar al diablo las Escrituras sobre la sangre de Jesús? Porque sostener la sangre de Cristo sobre la cabeza del diablo, hace actual la victoria de la cruz. Le recuerda al diablo que él no es más que un ser creado, que Jesucristo lo venció en la cruz, y que la sangre de Jesús sigue siendo suficiente para vencerlo. Satanás no tiene más remedio que escabullirse avergonzado cuando es confrontado con la sangre de Jesús, especialmente cuando se combina con la Palabra de Dios.

La palabra del testimonio de ellos

Cuando declaras la verdad sobre Jesucristo y lo que Él ha hecho por ti y puede hacer por otros, el diablo se encoge. Es como echarle sal en las heridas. Esto es guerra espiritual ofensiva, no solo defenderse de los ataques demoníacos, sino estar firme y luchando, ganando territorio para Dios.

Frecuentemente deberás refutar los informes negativos del enemigo al testificar en fe. Un fascinante relato de guerra espiritual se registra en tres sitios distintos de la Escritura (2 Reyes 18-19; 2 Crónicas 32:1-23; Isaías 36-37). El pueblo de Dios, dirigido por el rey Ezequías, estaba sitiado por el rey Senaquerib de Asiria. El enemigo se había apoderado ya de las grandes ciudades fortificadas de Judá, y los asirios estaban ejerciendo una fuerte presión sobre Jerusalén, la ciudad capital. En forma verdaderamente satánica Senaquerib exigió al pueblo de Dios un rescate considerable y luego envió a su emisario, el Rabsaces, para intimidar a Ezequías para que hiciera un trato. Cada día el Rabsaces se paraba fuera de las murallas de la ciudad, gritando insultos contra Ezequías, contra Dios y contra su pueblo.

Cuando varios emisarios de Ezequías fueron a reunirse con el representante del rey enemigo, el Rabsaces arremetió contra ellos, diciendo: "¿Qué es esa confianza que ustedes tienen? Ustedes dicen que tienen consejo y fuerzas para la guerra, pero eso son solo palabras vacías. ¿Qué es eso de rebelarse contra mí?". El último intento de engaño del Rabsaces se produjo cuando dijo:

"¿Acaso he venido a atacar y a destruir este lugar sin el apoyo del Señor? ¡Si fue él mismo quien me ordenó: Marcha contra este país y destrúyelo!" (2 Reyes 18:25, NVI).

¿Puedes creerlo? Él, que es el emisario del rey de Satanás, le dice al pueblo de Dios que el Señor lo había enviado allí para destruirlos. Está diciendo: "Dios me dijo que hiciera esto".

Los emisarios de Ezequías intentaron impedir que el oprimido pueblo de Dios escuchara los insultos del Rabsaces, pidiéndole que hablara en arameo en lugar de hebreo, pero el Rabsaces se negó. Alzó la voz y empezó a despotricar, presentando tres "razones lógicas" por las que el pueblo de Dios debía someterse a Senaquerib.

En primer lugar, rugió: "¡Oigan las palabras del gran rey, el rey de Asiria! Así dice el rey: No se dejen engañar por Ezequías. ¡Él no puede librarlos de mis manos! No dejen que Ezequías los persuada a confiar en el Señor, diciendo: 'Sin duda el Señor nos librará; ¡esta ciudad no caerá en manos del rey de Asiria!" (2 Reyes 18:28-30, NVI).

En segundo lugar, el Rabsaces tentó al pueblo de Dios, diciéndole: "Vamos a hacer un negocio, hagan las paces conmigo. Vamos a cuidar bien de ustedes. Les daremos comida para comer, una tierra de pan y de viñas. Cada uno de ustedes podrá tener su propio lugar donde vivir". (Fíjate en 2 Reyes 18:31-32.) Sin duda, para el cansado, hambriento, sitiado pueblo de Dios, que escuchaba sobre el muro las palabras del Rabsaces, el trato del poderoso enemigo sonaba tentador. Finalmente el Rabsaces racionalizó el asunto diciendo: "Miren, ¿alguno de los dioses de otras naciones ha librado a nadie de la mano del rey de Asiria? No, ninguno de ellos. ¿Qué les hace pensar que ustedes son diferentes?" (lee 2 Reyes 18:33-35).

Entiende, el diablo te dirá absolutamente cualquier cosa si

cree que lo ayudará a conducirte a la destrucción. A veces hasta te dirá la verdad si eso sirve a sus propósitos infernales.

Ezequías había advertido al pueblo de Dios que no se puede librar batalla verbal con el enemigo, y el pueblo obedeció la orden. Cuando el rey se enteró de las burlas del Rabsaces, rasgó sus vestiduras y se cubrió de cilicio como signo de su dolor desgarrador y su humillación ante Dios. Ezequías fue a la casa del Señor para orar.

Sin duda, si Ezequías se hubiera arrojado en manos de la desesperación, la batalla hubiera sido perdida por el pueblo de Dios. Pero Ezequías no hizo eso. En cambio, se sometió a Dios, y dio testimonio de la grandeza del Señor. Nota que también resistió al enemigo, primero al negarse a responder a los tontos enfrentamientos verbales, y luego al llevar las amenazas del enemigo al Señor en oración.

Cuando oró, Ezequías no comenzó presentándole a Dios su lamentable dilema. Comenzó a alabarlo. Dijo: "Jehová Dios de Israel, que moras entre los querubines, sólo tú eres Dios de todos los reinos de la tierra; tú hiciste el cielo y la tierra" (2 Reyes 19:15).

Con el diablo golpeando en su puerta, Ezequías hizo una pausa para alabar al Señor y dar testimonio de su increíble poder antes de pedirle ayuda. Entonces mandó a buscar al profeta Isaías, con la esperanza de que él tuviera una palabra del Señor.

Isaías la tuvo. Les dijo a los emisarios de Ezequías que le dijeran al rey: "Así ha dicho Jehová: No temas por las palabras que has oído, con las cuales me han blasfemado los siervos del rey de Asiria. He aquí que yo pondré en él un espíritu, y oirá un rumor, y volverá a su tierra; y haré que en su tierra perezca a espada" (Isaías 37:6-7).

Poco después de esto Senaquerib misteriosamente recibió la noticia de que Babilonia estaba en rebelión. Abandonó súbitamente el sitio de Jerusalén y dirigió su ejército de regreso a casa, hacia la actual Bagdad. Pero Dios todavía no había terminado con Senaquerib. Nadie blasfema al Dios todopoderoso y se sale con la suya por mucho tiempo. "Y salió el ángel de Jehová y mató a ciento ochenta y cinco mil en el campamento de los asirios; y cuando se levantaron por la mañana, he aquí que todo era cuerpos de muertos" (v. 36).

Senaquerib, el hombre del diablo, regresó a casa derrotado y tiempo después fue asesinado por sus propios hijos. Ezequías y el pueblo de Dios ganaron una gran victoria en la batalla rindiéndose al Señor.

Si alguna vez tienes alguna duda acerca de cuán fuerte es el ángel del Señor, que esta cuenta haga brotar fe en tu corazón. Un ángel destruyó durante la noche a 185.000 de los mejores guerreros del demonio. Y la Biblia dice: "El ángel de Jehová acampa alrededor de los que le temen" (Salmo 34:7). Repetidamente la Biblia dice que hay ángeles a nuestro alrededor. Además, el profeta Eliseo dijo: "No temas, porque los que están con nosotros son más que los que están con ellos" (2 Reyes 6:16). Estos ángeles son "espíritus ministradores, enviados para servicio a favor de los que serán herederos de la salvación" (Hebreos 1:14 Además de eso, la Biblia indica que Dios ha asignado ángeles guardianes para proteger y ayudar a cada uno de nosotros (Mateo 18:10).

Saber que los demonios del diablo están en inferioridad numérica te puede dar un sentido de confianza en la guerra espiritual, y así debería ser. Pero en ninguna parte de la Biblia se nos dice que pongamos nuestra fe en los ángeles. Nuestra confianza está en Jesucristo.

LA ALABANZA COMO ARMA ESPIRITUAL

La Biblia está repleta de mandatos al pueblo de Dios para que dé testimonio de la excelencia y grandeza de Dios y lo alabe. Quienes lo hacen, descubren que la alabanza es un arma poderosa en la guerra espiritual. La alabanza no consiste simplemente en pronunciar las palabras: "¡Alabado sea el Señor!" Tampoco se limita a cantar coros y canciones sobre Jesús. Es entrar en una sincera actitud de alabanza y exaltación del Señor. Puedes cantar, gritar, bailar, levantar las manos, o manifestar una variedad de otras expresiones externas, pero la alabanza, si ha de ser genuina, tiene que empezar en tu corazón, en tu espíritu.

Realmente hay poder en este tipo de alabanza, probablemente más del que pensamos. Por ejemplo, el Salmo 149 revela a la alabanza como arma espiritual:

> Regocíjense los santos por su gloria,
> Y canten aun sobre sus camas.
> Exalten a Dios con sus gargantas,
> Y espadas de dos filos en sus manos,
> Para ejecutar venganza entre las naciones,
> Y castigo entre los pueblos;
> Para aprisionar a sus reyes con grillos,
> Y a sus nobles con cadenas de hierro;
> Para ejecutar en ellos el juicio decretado;
> Gloria será esto para todos sus santos.
> Aleluya.
> —SALMOS 149:5-9

Este pasaje describe una batalla espiritual; no es una razón para que los cristianos bombardeen clínicas de aborto, asesinen a figuras políticas, o intenten derrocar gobiernos. De hecho, en lugar de la confrontación física con los enemigos de Dios, toda la Biblia nos instruye a orar por ellos, alabar al Señor, y dejar el resto a Dios. Por supuesto, a veces en la Escritura leemos que el pueblo de Dios tiene que luchar físicamente. Con más frecuencia nos encontramos con que las verdaderas victorias se pueden ganar sin mover un dedo.

El relato de Josafat, rey de Judá, es un maravilloso ejemplo de esto. El rey Josafat se enfrentaba a un ataque inminente de un arrollador ejército enemigo. El rey estaba francamente atemorizado, pero hizo lo correcto; "Humilló su rostro para consultar a Jehová" (2 Crónicas 20.3). Mientras lo hacía, se levantó y exaltó públicamente al Señor delante del pueblo de la tierra. Dijo: "Jehová Dios de nuestros padres, ¿no eres tú Dios en los cielos, y tienes dominio sobre todos los reinos de las naciones? ¿No está en tu mano tal fuerza y poder, que no hay quien te resista?" (v. 6).

Cuando el pueblo de Dios oró junto con Josafat, el Espíritu del Señor vino sobre un hombre llamado Jahaziel, y profetizó: "Oíd, Judá todo, y vosotros moradores de Jerusalén, y tú, rey Josafat. Jehová os dice así: No temáis ni os amedrentéis delante de esta multitud tan grande; porque no es vuestra la guerra, sino de Dios" (v. 15).

El Señor les dio a Josafat y el pueblo instrucciones específicas sobre la batalla inminente. Al día siguiente, el pueblo de Dios salió a luchar contra el enemigo, no con espadas y lanzas, sino con alabanza y adoración al Señor. Josafat "puso a algunos que cantasen y alabasen a Jehová, vestidos de ornamentos sagrados, mientras salía la gente armada, y que dijesen: Glorificad a Jehová, porque su misericordia es para siempre" (v. 21).

Cuando la gente comenzó a cantar y alabar, el Señor puso emboscadas a los enemigos, y fueron derrotados (v. 22). El autor Dean Sherman comenta sobre este pasaje: "A medida que los guerreros de alabanza de Josafat alzaron sus voces a Dios, ángeles fueron enviados para derrotar a un enemigo físico. El enemigo físico fue derrotado porque los enemigos invisibles habían sido esparcidos por el poder de la alabanza".[2]

Al proclamar la palabra de tu testimonio, dando gloria a Dios por lo que Él es y lo que ha hecho por ti, los enemigos demoníacos que intentan atacarte serán rechazados. ¡La manera de hacer retroceder la oscuridad del diablo es dejar que tu luz brille para Jesús!

NO TENGAS MIEDO DE MORIR

La tercera clave para el éxito en la guerra espiritual es que "menospreciaron sus vidas hasta la muerte" (Apocalipsis 12:11). En otras palabras, los victoriosos héroes que Juan está describiendo no tuvieron miedo de arriesgar sus vidas por el Señor Jesús.

No hemos visto a muchos héroes de ese calibre en nuestras filas últimamente. Corrie ten Boom fue una. Te debes a ti mismo leer su libro o ver la película *El refugio secreto*. Corrie se crió en Holanda, y el mundo nunca hubiera oído hablar de ella si no hubiera surgido en Alemania un maníaco demoníaco. A poco de comenzar su régimen Adolf Hitler decidió exterminar al pueblo judío de su Tercer Reich. Cuando su policía secreta, la Gestapo, comenzó a arrestar a los judíos en los Países Bajos y enviarlos a los campos de la muerte, Corrie ten Boom y su familia decidieron que tenían que hacer algo.

A pesar de la posibilidad de un castigo, y con gran riesgo personal para sí mismos, la familia de Corrie protegió todo lo posible a muchos judíos de los nazis, ayudando a muchos a escapar hacia la libertad. Finalmente, Corrie y su familia fueron arrestados. Su papá, Casper, murió a los diez días de ser detenido. Corrie y su hermana Betsie fueron condenadas a las cámaras del horror del campo de concentración de Ravensbrück. Allí sufrieron indecible humillación personal, dolor y tortura. Betsie murió en el campo de concentración nazi; Corrie misma apenas logró salir con vida, lucía como un esqueleto caminante.[3]

¿Y por qué? ¿Por qué hicieron lo que hicieron? Porque amaban a Jesús más de lo que amaban a sus propias vidas.

Hoy en día una de las armas más eficaces de Satanás contra

los cristianos tibios, saturados de la ética de situación, son las circunstancias que amenazan la vida. "Será mejor que no trates de venir en mi contra", advierte, "o te mato". La mayoría de los cristianos que no están acostumbrados a la guerra espiritual o a las engañosas tácticas del diablo gritón, retroceden inmediatamente.

"Mantén la boca cerrada respecto a Jesús", advierte Satanás, "o perderás tu trabajo o te echarán de la escuela".

"No te metas en los campos de las artes, el entretenimiento y los deportes; esos son míos", miente el diablo. "No te metas en los medios de comunicación y la política. También me pertenecen a mí. Mantengan su fe en la iglesia, donde debe estar, o en sus hogares. Dejen las otras áreas para mí".

Tristemente muchos cristianos se han acobardado y huido con miedo ante la primera señal de las amenazas de Satanás. Pero en estos días Dios está levantando un ejército perspicaz de cristianos, hombres y mujeres que reconocen quién y qué es el diablo, un embustero, un mentiroso, un enemigo derrotado y un engañador. Este grupo de creyentes está armado con la Palabra de Dios, confiado en Cristo y lleno del Espíritu Santo.

Cuando Satanás dice: "Te voy a matar si tratas de llevar el Evangelio allí", estos creyentes valientes dan media vuelta y dicen: "Adelante, diablo. Tú no puedes hacerme daño. Lo único que puedes hacer es acelerar mi regreso a casa".

Pero eso no significa que nunca tendrás que volver a enfrentar el miedo. Simplemente significa que tu amor por Jesús prevalecerá contra él. En el punto más alto del loco intento de Idi Amin de Uganda de deshacerse de los cristianos a finales de 1972, el demoníaco dictador mató a más de noventa mil personas inocentes en menos de tres meses. Kefa Sempangi pastoreaba una gran iglesia cristiana en Uganda, así que él y los cristianos que se congregaban a adorar fueron los principales objetivos de la locura de Amin.

Los soldados de Amin golpeaban con salvajismo inhumano por capricho. Una de las familias, que vivía en una sección rica de Kampala, fue atacada en pleno día, cuando toda la familia estaba en casa. Soldados de Amin irrumpieron en la casa, rodearon a la familia, y luego se apoderaron del padre. Después de obligarlo a someterse a atrocidades indecibles, le cortaron las manos y violaron a su esposa mientras él yacía agonizante. Los soldados saquearon la casa, tomaron lo que quisieron, y luego se subieron a su camioneta del ejército y se fueron, riéndose a carcajadas. Los amigos y los miembros de la familia trajeron al pastor la traumatizada viuda. Su rostro estaba hinchado y estaba cubierta de moretones; estaba emocionalmente paralizada, y tenía los ojos fijos con una mirada vacía.

Sempangi y algunos de los ancianos de la iglesia oraron por la mujer, y ella fue sanada milagrosamente. Dos semanas más tarde, ella, sus hijos y sus parientes se sentaron en la primera fila de la iglesia. Fue una notable recuperación, y Dios usó el milagro para traer a mucha más gente a Jesús.

Con los horribles recuerdos de la cara amoratada de la mujer y el cuerpo desmembrado de su marido aún frescos en su mente, el pastor Sempangi se sintió comprensiblemente aterrorizado cuando, el domingo de Pascua, cinco soldados de Amin entraron en su oficina de la iglesia, blandiendo los rifles ante su cara y anunciando que lo iban a matar.

Un hombre alto le dijo en voz baja, pero con odio a Sempangi: "Si usted tiene algo que decir, dígalo antes de morir". Más tarde Sempangi contó sus sentimientos de ese momento:

> Solo podía mirarlo. Por un nauseabundo momento sentí todo el peso de su ira. Nunca nos habíamos visto antes, pero su deseo más profundo era hacerme pedazos. Sentía mi boca pesada y mis piernas comenzaron a temblar.... *No tienen necesidad de matarme*, me dije a mí

mismo…*Voy a caer muerto yo solo y nunca volveré a ver a mi familia*…. Desde lejos oí una gran voz, y me quedé asombrado al darme cuenta de que era la mía. "No es necesario alegar mi propia causa", me oí decir. "Yo soy un hombre muerto. Mi vida está muerta y escondida en Cristo. Son sus vidas las que están en peligro, porque están muertos en sus pecados. Le pido a Dios que después que me hayan matado, él los libre de la destrucción eterna". El alto dio un paso hacia mí y se detuvo. En un instante, su rostro cambió. Su odio se volvió a curiosidad…. Entonces el hombre alto volvió a hablar. "¿Va a orar por nosotros ahora?", me preguntó.[4]

Sempangi hizo una oración sencilla por los soldados, pidiendo a Dios que los perdonara por sus pecados. Mientras oraba, el pastor esperaba ser asesinado en cualquier momento. Pero cuando terminó y miró a los hombres, reconoció que algo había cambiado en sus rostros. El hombre alto hizo un gesto a los otros, y los cinco soldados salieron, dejando a Sempangi y su familia sanos y salvos.

Unas semanas más tarde, el soldado alto volvió a entrar en el despacho de Sempangi. Instintivamente el pastor sintió el mismo temor por su vida que había conocido cuando se sabía en la mira del cañón de la pistola del soldado durante su primer encuentro. Una vez más, el soldado lo sorprendió. "Ahora que he nacido de nuevo", preguntó, "¿qué debo hacer?".

El pastor supo más tarde que el soldado había matado a más de 200 personas con sus propias manos. Le dijo a Sempangi: "Todo este tiempo, pensé que estaba trabajando para Amin, pero he estado trabajando para Satanás". Entonces el soldado le contó al pastor el resto de su historia:

"Cuando llegamos a matarlo la mañana de Pascua", dijo, "íbamos a matarlo en frente de todos. Íbamos a mostrar nuestro poder. Pero nos quedamos sentados durante el servicio. No escuché todo lo que dijo, yo solo podía ver viudas y huérfanos a mi alrededor. Conocía a algunos de ellos. Yo había matado a sus hombres con mis propias manos, y esperaba el llanto y el luto. Pero ellos aplaudían, cantaban sus canciones y eran felices. Su alegría me causó tanto miedo. Me dije a mí mismo que, si por un momento podía entender, me gustaría renunciar a todo. Cuando llegamos a la habitación y usted oró por nosotros, me hizo entender. Sentí en mi vida algo que nunca había sentido antes".[5]

El pastor Sempangi oró que el soldado pudiera encontrar el completo perdón por sus pecados, a pesar de que eran horribles y muchos. El hombre lo hizo. No solo encontró el amor de Jesús, además trajo a sus cuatro amigos, y ellos también encontraron a Cristo.

Esto es guerra espiritual, y es de ese tipo de confianza, incluso frente a la muerte, de lo que el apóstol Juan estaba hablando cuando escribió: "Y ellos le han vencido por medio de la sangre del Cordero y de la palabra del testimonio de ellos, y menospreciaron sus vidas hasta la muerte" (Apocalipsis 12:11).

En los días por venir, cada uno de nosotros va a ser llamado a tomar posición por Cristo Jesús y resistir valientemente al diablo. Esa es la batalla a la que estamos llamados, cada uno a su propia manera. ¡Sé audaz! Sé valiente. La batalla es del Señor, y en el nombre de Jesús somos más que vencedores. Podemos resistir y luchar.

¡Qué Dios te proteja y te bendiga mientras lo haces!

NOTAS

CAPÍTULO 2
LA SERPIENTE EN EL CÉSPED

1. C. Peter Wagner, *Engaging the Enemy* [Combatir al enemigo] (Ventura, CA: Regal, 1991), xiii.

2. Dean Sherman, *Spiritual Warfare for Every Christian* (Guerra espiritual para todos los cristianos) (Seattle, WA: YWAM Publishing, 1992), 28.

CAPÍTULO 3
¿DE DÓNDE VINO SATANÁS?

1. Dennis J. Hester, *The Vance Havner Notebook* (Grand Rapids, MI: Baker Book House, 1989).

2. LaMar Boschman, *El renacimiento de la música*. (La Casa Publicadora – Destiny Image. Shippensburg, PA), 4.

3. Thinkexist.com, "Flip Wilson quotes," http://thinkexist.com/quotes/flip_wilson/ (Consulta en línea, 15 de octubre de 2012).

4. Wikipedia.com, "The Church Lady," http://en.wikipedia.org/wiki/The_Church_Lady (Consulta en línea, 16 de octubre de 2012).

5. Emory Stevens Buck, gen. ed., *Interpreter's Dictionary of the Bible* (Nashville, TN: Abingdon, 1962), 52

CAPÍTULO 4
¿CÓMO NOS METIMOS EN ESTO?

1. Winkie Pratney, *The Thomas Factor* (Old Tapan, NJ: Chosen, 1989), 86.

CAPÍTULO 6
PASAR EL PUNTO SIN RETORNO

1. Cliff Spieler, Jerry Brydges, Don Glynn, and Bill Nelson, *Niagara Falls Gazette*, July 10, 1960, 1.

2. *La pasión del Cristo*, dirigida por Mel Gibson (Los Ángeles: 20th Century Fox Home Entertainment Home Entertainment, 2004), DVD.

3. Sherman, *Spiritual Warfare for Every Christian*.

CAPÍTULO 7
EL PLAN DE JUEGO DEL DIABLO

1. Tom Landry con Gregg Lewis, *Tom Landry, An Autobiography* [Autobiografía de Tom Landry] (Grand Rapids, MI: Zondervan, 1990), 100.

2. Ibíd., 145.

3. Ed Murphy, *The Handbook for Spiritual Warfare* (Nashville, TN: Thomas Nelson, 1992), 445. Hay versión en español: *Manual de guerra espiritual.* Ed. Caribe, Miami, Florida, 1994

4. Estoy en deuda con Winkey Pratney por sus percepciones sobre 1 Samuel 11. Fue orador en el retiro Last Days Artist en julio de 1986. El ministerio Last Days se encuentra en Lindale, TX.

CAPÍTULO 8
PUESTOS DE COMBATE

1. David Seamands, "Temptation" (Pasadena, CA: Tape Ministers, 1976).

CAPÍTULO 9
¡LÁVATE LA BOCA CON JABÓN!

1. Sherman, *Spiritual Warfare for Every Christian.*

2. James Orr, gen. ed., *International Standard Bible Encyclopedia* (Grand Rapids, MI: Wm. B. Eerdmans Publishing Co., 1939), s.v. "curse," http://www.internationalstandardbible.com/C/curse.html (Consulta en línea, 17 de octubre de 2012).

3. Brainy Quote, "Respect Quotes," http://www.brainyquote.com/ quotes/keywords/respect_2.html (Consulta en línea, 17 de octubre de 2012).

CAPÍTULO 10
EL LUCHADOR Y EL GUERRERO

1. Kenneth Wuest, *Ephesians in the Greek New Testament* (Grand Rapids, MI: Eerdmans, 1983).

2. Mark I. Bubeck, *The Adversary* (Chicago, IL: Moody, 1975).

3. C. Peter Wagner, *Engaging the Enemy.*

4. David Manske, "Death at Midnight," Alliance Life, 19 de febrero de 1992, 6.

Capítulo 11
Tu vestimenta y tus armas

1. Corrie ten Boom, *Not Good If Detached* (Fort Washington, PA: Christian Literature Crusade, 1970).

Capítulo 12
Pistolas y rosas

1. Sherman, *Spiritual Warfare for Every Christian*, 132. Consultado en Google Books.
2. Adaptado de from Jack Taylor, *Much More!* (Nashville, TN: Broadman, 1972), 56-57.

Capítulo 14
Poder para atar, poder para desatar, ¡poder para salvar la vida!

1. C. Peter Wagner, *Engaging the Enemy*, 15. Consultado en Google Books.
2. A. W. Tozer, *I Talk Back to the Devil* (Harrisburg, PA: Christian Publications, 1972).
3. Loren Cunningham, *Making Jesus Lord* (Seattle, WA: YWAM Publishing, 1988), 119.

Capítulo 15
El diablo o la paloma

1. V. Raymond Edman, *They Found the Secret* (Grand Rapids, MI: Zondervan, 1984), 14.
2. Ibíd., 12, 14.
3. W. E. Vine: *Vine Diccionario expositivo de palabras del Antiguo Testamento y del Nuevo Testamento Exhaustivo.* Ed. Caribe, Colombia, 2005. Sección Nuevo Testamento, Art. Consolar, consolación, consolador. B. Nombres. 3. *parakletos*.

Capítulo 16
Cómo ser lleno del Espíritu Santo

1. Tal como es citado en *365 Daily Treasures of Wisdom* [365 tesoros diarios de sabiduría] (Uhrichsville, OH: Barbour Pub Inc, 2007).

Capítulo 17
Garfios del infierno

1. *El capitán Garfio*, dirigida por Steven Spielberg (Culver City, CA: Sony Pictures Home Entertainment, 2000), DVD.

2. John C. Danforth, *Final Report to the Deputy Attorney General Concerning the 1993 Confrontation at the Mt. Carmel Complex Waco, Texas*, 8 de noviembre de 2000, http://www.waco93.com/Danforth-finalreport.pdf (Consulta en línea, 18 de octubre de 2012).

3. Biography.com, "Jim Jones biography," A&E Networks, http://www.biography.com/people/jim-jones-10367607 (Consulta en línea, 18 de octubre de 2012).

4. The Free Dictionary, s.v. "occult," http://www.thefreedictionary.com/occult (Consulta en línea, 19 de octubre de 2012).

Capítulo 18
Victoria en la sumisión

1. John Dawson, *Taking Our Cities for God* (Lake Mary, FL: Charisma House, 2001), 2-4.

2. Sherman, *Spiritual Warfare for Every Christian* (Guerra espiritual para todos los cristianos), 194. Consultado en Google Books.

3. Museo corrie ten Boom, "History," http://www.corrietenboom.com/history.htm (consultado en línea el 18 de diciembre de 2012).

4. F. Kefa Sempangi, *A Distant Grief* (Ventura, CA: Regal, 1979), 119-120.

5. Ibíd., 126.

EQUÍPATE CON EL
ARMA MÁS PODEROSA

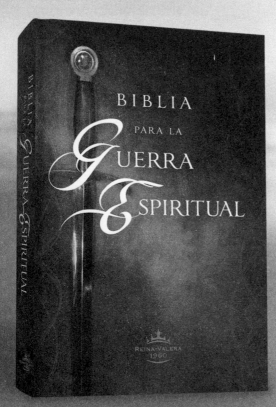

CARACTERÍSTICAS Y BENEFICIOS

- Versión Reina-Valera 1960 (la versión de la Biblia más leída en español).

- Incluye materiales adicionales de estudio, escritos por más de veinte líderes y autores cristianos de renombre.

- Provee información práctica para prepararte y equiparte en la guerra espiritual.

- Contiene herramientas de entrenamiento para la guerra espiritual, tanto para el estudio individual así como para grupos pequeños.

- Incluye referencias y mapas a color.

La **Biblia para la guerra espiritual**, te ayudará a prepararte y equiparte como un guerrero espiritual

CASA
CREACIÓN

ADQUIÉRELA EN
CUALQUIER TIENDA DE LIBROS

REINA-VALERA
1960

SÍGUENOS EN: FACEBOOK.COM/CASACREACION   TWITTER.COM/CASACREACION

11223A